Friedhöfe in Berlin

Klaus Hammer

Friedhöfe in Berlin

Ein kunst- und
kulturgeschichtlicher Führer

Jaron

1. Auflage dieser Ausgabe 2006

Umschlaggestaltung: Bauer + Möhring, Berlin, unter Verwendung eines Fotos von Günter Schneider
Satz: LVD GmbH, Berlin
Druck und Bindung: Westermann Druck Zwickau

ISBN-10: 3-89773-132-0
ISBN-13: 978-3-89773-132-5

Dieser kompakten Ausgabe liegt das 2001 erschienene Werk »Friedhofsführer Berlin« zugrunde.

Inhalt

Vorwort zur Neuausgabe 2006

Lange Jahre war der »Friedhofsführer Berlin« ein beliebter und bewährter Begleiter beim Besuch der wichtigsten Begräbnisstätten Berlins. Die Neuausgabe erscheint nun in modifiziertem äußeren Erscheinungsbild, wurde neu bearbeitet und aktualisiert. Die historischen Friedhöfe und Grabmale im Kirchenraum im Zentrum Berlins werden jeweils in eigenen Kapiteln dargestellt. Aus den Friedhöfen und Grabstätten, die außerhalb des Zentrums liegen, wurde eine Auswahl getroffen. Die wichtigsten Persönlichkeiten aus den nicht erfassten Begräbnisarealen sind in einem zusätzlichen Kapitel unter Angabe ihrer jeweiligen Ruhestätten erfasst. Ein ausführliches Register weist sowohl die Künstler, die Schöpfer der Sepulkralplastiken und -architekturen, als auch die Verstorbenen aus.

Klaus Hammer, im Februar 2006

Einleitung

Die Berliner Friedhöfe

Berlin hat keinen Père Lachaise wie Paris und keinen Campo santo wie die alten italienischen Städte, eine heilige Stadt, wo die Großen beieinander ruhen. Deren Grabstätten sind in Berlin auf mehr als 60 Friedhöfen verstreut, umspannt von Straßen und Gleisanlagen die eine Begräbnisstätte, an kahle Brandmauern mehrstöckiger Häuser, an die sich zu ebener Erde die Fassadenarchitektur der Erbbegräbnisse anlehnt, die andere. Friedhöfe, die einer Parkanlage ähnlicher sind als so manches ausgewiesene Grünareal, Friedhöfe, bei deren Besuch sich die nicht mehr zahlenmäßig zu erfassende Monotonie der Totentafeln der in den beiden Weltkriegen Gefallenen und Umgekommenen wie eine bleierne Last auf den Betrachter legen kann, Grabstätten auch, die wie die jüdischen nichts als ein einziger Ort bitterster Anklage und Trauer sein können – vorausgesetzt, man weiß um die nicht enden wollende Verantwortung für die Untaten jüngster deutscher Geschichte.

In diesem Buch der historischen Friedhöfe und Grabmäler in Berlin sind mehr als 80 Begräbnisarcale genannt, grün verstreut über das ganze Stadtgebiet bis an die äußerste Peripherie, der Stahnsdorfer Friedhof sogar außerhalb Berlins, südwestlich der Stadtgrenzen.

In Berlin als einem Zentrum der Reformation standen die meisten Friedhöfe unter evangelischer Obhut – darunter befinden sich zwei der Brüdergemeinde –, später dann auch in städtischer Verwaltung, viele katholische kamen hinzu, wenige jüdische sind erhalten geblieben, ein muslimischer Friedhof, ein russisch-orthodoxer und eine buddhistische Grabanlage. Da kann nicht unbedingt von religiöser Vielfalt die Rede sein, doch sehr wohl von kulturhistorisch einzigartigen Begräbnisstätten, unter denen sich nicht nur Meisterwerke der Bildhauerei und Architektur befinden, sondern deutsche Geschichte quasi gebündelt dargeboten wird. Berlin ist ja schließlich nicht nur die heutige Hauptstadt der Bundesrepublik Deutschland, sondern war Hauptstadt des Deutschen Reiches, königliche und vormals kurfürstliche Residenzstadt und schließlich ganz früh mittelalterliche Handelsstadt. Das sind sehr unterschiedliche politische Epochen, deren Einstellung zu Leben und Tod, deren gesellschaftliche Konflikte und Widersprüche sich in den »heiligen Stätten« widerspiegeln. Die Berliner Grabstätten zählen sicher einzeln wie in ihrer Gesamtheit zu den »sprechendsten«, zu den bedeutsamsten und aufregendsten in Deutschland.

Wie kommt es aber, dass Berlin über eine derart große Zahl verstreut liegender Grabstätten verfügt? Wer einen Stadtplan aufschlägt, wird sofort erkennen, dass Berlin aus einem disparaten Verbund zahlreicher, ehemals eigenständiger Städte und Dörfer besteht, mit zwei Zentren: Berlin-Mitte – die einstige Doppelstadt Berlin-Cölln – und Charlottenburg, die während der Spaltung Berlins auch die historischen Altstädte in Ost und West bildeten. Zumeist 1920 eingemeindet, sind die Dorfzentren mit ihren Dorfkirchen, Dorfauen und niedrigen Wohnhäusern bis zum heutigen Tage an den Radien Berlins aufzuspüren. Bis zum Mittelalter fanden Bestattungen in der Kirche oder den unmittelbar angefügten Kirchhöfen statt. Ein Besuch der Marien-, Nikolai- und Parochialkirche in Berlin-Mitte, der St. Nikolaikirche in Spandau, aber auch der größtenteils im 13. und 14. Jh. errichteten Dorfkirchen in den Berliner Außenbezirken vermittelt einen lebendigen Eindruck von der Art und Weise der Bestattung und des Gedenkens an die Toten jener Zeit. In den Kirchen und Grabkapellen wurden traditionsgemäß nur noch Angehörige des Hofes und des Adels und bedeutende Persönlichkeiten der Bürgergesellschaft bis in das 18. Jh. beigesetzt. Aber auch die Friedhöfe lagen bis zu dieser Zeit noch innerhalb der Stadtgrenzen, waren keine abgeschiedenen Gedächtnishaine, sondern Stätten der unmittelbaren Begegnung von Leben und Tod.

Erst im 18. Jh. verlagerte man die Friedhofskomplexe vor die Stadtmauern. So entstanden die Friedhöfe vor dem Halleschen Tor, der Invalidenfriedhof oder der Dorotheenstädtische und Französische Friedhof an der Chausseestr. Doch nicht lange darauf lagen sie schon wieder mitten im Treiben der wuchernden Stadt, und mit ihr wuchsen auch Entfernung und Größe der nach draußen gelagerten neuen Friedhöfe. In der zweiten Hälfte des 19. Jhs. entstanden die ersten künstlerisch gestalteten Reformfriedhöfe; der älteste ist der 1881 angelegte Städtische Zentralfriedhof Friedrichsfelde, der dann eine besondere Bedeutung als Begräbnisstätte für die Führer der politischen Linken erhielt. Ihm folgten Wald- und Parkfriedhöfe bis in unsere Zeit: vom 1909 eröffneten Südwestfriedhof des Berliner Stadtsynodalverbandes in Stahnsdorf bis zu dem 1951 geschaffenen Heidefriedhof Mariendorf. Auch das Bestattungswesen veränderte sich: 1911 hatte der preußische Staat Feuerbestattungen genehmigt, die schon seit 1850 heftig diskutiert wurden. Bereits ein Jahr später ist das erste Krematorium Berlins in der Weddinger Gerichtstr. mit dazugehöriger Urnenhalle entstanden, dem dann drei weitere folgten. Man wandelte nun nicht mehr zum Gedächtnis der Toten durch Kirchenräume oder unter freiem Himmel, sondern an übermannshohen Wänden mit eingelassenen Urnennischen entlang.

Der Zahn der Zeit, Witterungseinflüsse und Umweltschäden, aber auch menschlicher Unverstand haben an vielen historisch wertvollen Grabgelegen unübersehbare Spuren hinterlassen: bis auf die Grundsubstanz marode, Steine – umgestürzt, Zinnsärge – aufgebrochen, plastischer Schmuck – entwendet. Mit der Mauer quer durch und rings um den Westteil der Stadt wurden zur »Grenzsicherung« rücksichtslos Todesschneisen durch die »Refugien des Friedens« geschlagen – und unersetzliche Werke pietätlos vernichtet.

Der 2. Weltkrieg hat den Bestand an Grabmälern vor allem in den Kirchen dezimiert. In der zerstörten Klosterkirche befand sich Berlins ältester Grabstein aus dem Jahre 1308, der ins Märkische Museum überführt wurde. Er zeigt in Lebensgröße den Ratsherrn und Bürgermeister Konrad von Belitz, der ein Jahr vor seinem Tod die beiden Städte Berlin und Cölln zu einer »Bundesstadt« vereinigte. Mit dem Belitzschen Grabmal wird ein bedeutsames Kapitel Berliner Kulturgeschichte aufgeschlagen. Fragen kommen auf: Wer waren die Menschen, denen man ein Denkmal setzte, wer die Künstler, die die Erinnerung an den Verstorbenen in Stein, Bronze, Eisen und andere Materialien meißelten und stichelten, schnitten und gossen? Welche Zeit hat welche künstlerische Ausdrucksformen gewählt, wann war die Ära der freistehenden Figuren und der Bildnisse, der Sarkophage und Mausoleen? Welche Symbole, Allegorien und Attribute gab man Leben und Tod, der vergänglichen Zeit und der Ewigkeit, der Jenseitserwartung und der Auferstehung, der Liebe, dem Nichtvergessen-Können, der Trauer und dem Leid? Welchen Wandlungen waren sie in den zurückliegenden Jahrhunderten bis zum heutigen Tag unterzogen?

Barock und Klassizismus

Ausgewählte Beispiele sollen hier für ganze Kunstgeschichtsepochen, stilistische Richtungen und Grabmalstypen stehen. Am Bildnisgrabstein haben Adel wie Bürgertum lange festgehalten; in selbstbewusster Haltung und reicher Tracht stellen sich die Verstorbenen dar, Rollwerk rahmt Schrifttafeln und Wappenschilde ein.

In der Grablege der Hohenzollern im Berliner Dom am Lustgarten treffen wir mit dem bronzenen Grabmal für den Kurfürsten Johann Cicero (gest. 1439), ausgeführt 1530 von Hans Vischer aus Nürnberg unter Beteiligung Peter Vischers d. Ä., den in dieser Zeit charakteristischen Typus des Tischgrabmals an: eine gleichsam in die Horizontale gelegte Stele, auf der der Verstorbene eher steht als liegt. Die Bodenplatte zeigt den Toten im Flachrelief, darüber, von sechs Pfeilern mit davor hockenden Löwen getragen, die obere Platte mit der vollplastischen Liegefigur des »Lebenden« und den Insignien seiner Macht. Fast zwei Jahrhunderte später trägt eines der bedeutendsten barocken Herrschergräber, der vergoldete Prachtsarkophag der Königin Sophie Charlotte (gest. 1705) von Andreas Schlüter, das Reliefbildnis der Verstorbenen, das von den Allegorien der Vergänglichkeit und des ewigen Schlafes gehalten wird. Am Fuße des Sarges aber sitzt der Tod als eine mumifizierte, in einen weiten Kapuzenmantel gehüllte Gestalt, die den Namen der Königin in das Buch der Unsterblichkeit einträgt. An die Stelle der ganzen Person sind neben das Bildnismedaillon die herrscherlichen Embleme getreten. Dagegen stellt das panoramaartige Marmorwandgrab des dem Großen Kurfürsten dienenden Feldmarschalls Otto Christoph von Sparr (gest. 1666) in der Marienkirche den Verstorbenen vor triumphbogenartiger Hintergrundarchitektur in Rüstung kniend vor seinem Hausaltar dar, während über dem Gebälk Trophäen, antikisierende Kriegsgötter und Sklaven ruhmreiche Taten verherrlichen.

Auf den Friedhöfen stammen die ältesten Grabmäler aus der Zeit des Barock und des Klassizismus. Kaum noch erscheint der Tod als Knochenmann, umso häufiger der Zeitgott Chronos als langbärtiger hagerer Greis mit Sanduhr und Axt. Auf dem Friedhof am Halleschen Tor stützt sich auf dem Grabmonument des Obristen und königlich-preußischen Landjägermeisters Friedrich Wilhelm von Lüderitz (gest. 1795) Chronos auf eine mit dem Wappen des Verstorbenen verzierte

Urne, während ein weinender Putto seiner Trauer Ausdruck gibt. Putten, selbst Bilder blühenden Lebens, spielen in dieser Zeit eine bevorzugte Rolle. Sie halten Stundengläser und Totenschädel, lassen Seifenblasen steigen, um auf die Vergänglichkeit des menschlichen Daseins hinzuweisen, deuten mit gesenkten Fackeln das Verlöschen des Lebens an oder posaunen den Ruhm des Verstorbenen aus.

In der Zeit des Klassizismus begegnet uns immer wieder das Antikenzitat in den Grabmälern Johann Gottfried Schadows und seiner Zeitgenossen. An etruskische Sarkophage erinnert das Wandgrab mit Nische für Johann Carl Wilhelm Moehsen (gest. 1795), den Leibarzt Friedrichs II., am Halleschen Tor. Die Schlange des Äskulap und die dargebotene Opferschale weisen die auf der Tumba gelagerte Frauengestalt als Hygieia, die Personifikation der Gesundheit, aus und geben so einen Bezug zur ärztlichen Tätigkeit des Verstorbenen.

Tod, Vergänglichkeit und Auferstehung hatte Schlüter noch in von furchtbarem Leben erfüllten allegorischen Figuren verkörpert. Dagegen ist in dem von Christian Rauch geschaffenen Sarkophag der Königin Luise (gest. 1810) im Mausoleum Charlottenburg das Irdische vom Jenseitigen nicht mehr so ohne weiteres geschieden. In den Gesichtsausdruck der Königin legte Rauch etwas von jener Harmonie, wie sie als Ideal der deutschen Klassik galt. Eher Schlaf als Tod rührt uns an. Eine ähnliche Stimmung strahlt das Grabdenkmal des Grafen von der Mark aus, das Schadow 1790 für die Dorotheenkirche schuf und das sich heute in der Alten Nationalgalerie auf der Museumsinsel befindet.

Den alten Typus des freistehenden Hochsarkophages hat Karl Friedrich Schinkel 1824 in dem monumentalen Grabmal für den preußischen Heeresreformer Gerhard von Scharnhorst auf dem Invalidenfriedhof in gänzlich architektonischer Weise abgewandelt. Der auf zwei schweren Sockeln ruhende Marmorsarkophag wirkt durch seine blockhafte Form und als Träger eines reliefierten Frieses wie ein zweites Postament für den mächtigen ruhenden Löwen, der, von Rauch entworfen, das Denkmal bekrönt. In enger Zusammenarbeit mit Schinkel produzierte die 1804 eröffnete Königliche Eisengießerei auch Grabkreuze und -denkmäler, von denen sich auf den Berliner Friedhöfen zahlreiche schöne Exemplare bis heute erhalten haben. Von Schinkel stammt auch das stattliche Eisengussgrabmal für den preußischen Kriegsminister Job von Witzleben (gest. 1837): ein von Säulen getragenes und von Adlern mit ausgebreiteten Schwingen bekröntes Tabernakel mit einer Statuette der Siegesgöttin. Hier, auf dem Invalidenfriedhof wie auf dem Alten und Neuen Garnisonfriedhof in Mitte und Neukölln, hat sich Preußens »Glanz und Gloria« erhalten, das immer zugleich Elend und Grauen einschloss und damit auch ein Stück unverwechselbarer deutscher Geschichte ist.

19. Jahrhundert

Welche Vielfalt unterschiedlicher Grabmalstypen, figürlicher, bildnishafter oder architektonischer Gestaltungen finden wir auf den Friedhöfen des 19. Jhs.! Schadow führte das Grabmal für den Heldendarsteller Johann Friedrich Ferdinand Fleck (gest. 1801) als Marmor-Urne mit den Masken der Tragödie und Komödie aus. Dagegen trägt die gusseiserne Ara des nicht weniger berühmten Schauspielers Ludwig Devrient (gest. 1832) eine antikische Henkelschale. Nur sieben goldene Lettern in Schreibschrift bilden den Namen *Iffland,* und darunter in kleineren Buchstaben *starb 1814,* auf dem unauffälligen Wandgrab des Mannes, dem einstmals Berlin als Theaterstadt sein Ansehen verdankte. Auf hohem Sockel erhebt sich die Bildnisstatue Schadows selbst, mit Zirkel und Meißel, die 1822 sein Schüler Heinrich Kähler geschaffen hat. Die Grabstele Christian Rauchs ist von einem geflügelten Genius bekrönt und trägt ein Medaillon des Verstorbenen. Eine Büste von Reinhold Begas vor einer sternfunkelnden Marmorarchitektur schmückt das Grab der »kleinen Eminenz«, des Malers Adolph Menzel (gest. 1905), an der Bergmannstr.

Die Zitierung des Verstorbenen in Bildnisform führte vornehmlich auf Unternehmergräbern zu aufwendigen Figurengruppen oder monumentalen architektonischen Einbindungen. Die Büste des »Lokomotivenkönigs« August Borsig (gest. 1854) von Rauch auf denkmalartigem Sockel, an dem später als vollplastische Gruppe das Porträtrelief der Ehefrau hinzugefügt wurde, ist in einem tempelartigen Baldachin aufgestellt. In neubarocker Deklamatorik gestaltete Reinhold Begas 1874 die figurenreiche Gruppe für den jung verstorbenen Sohn des »Eisenbahnkönigs« Bethel Strousberg: Vom Tod hingestreckt ruht der Jüngling auf der Tumba, von zwei Putten mit Efeu und Rosen bekränzt und von einem weiblichen Todesgenius in den Armen gehalten. Besonders angesehene, reiche Bürgerdynastien ließen sich einen »Friedhof im Friedhof« der Gemeinde errichten. So erbaute Friedrich Hitzig 1877 ein dreiteiliges Mausoleum mit einem von dorischer Säulenbalustrade abgeschlossenen Denkmalsgarten und einem an das römische Scipionengrab anklingenden Sarkophag in der Mitte für die Bankiersfamilie Hansemann auf dem Matthäusfriedhof. Einem solchen Privatfriedhof für die Familien von Helmholtz und von Siemens gab 1906 auch Adolf von Hildebrand auf dem Neuen Friedhof Wannsee den architektonischen Rahmen. Er fand dann seine Fortsetzung mit der 1922 als Innenhof angelegten Familiengrabstätte Werner von Siemens in Stahnsdorf.

Die ganze Weltruf genießende Berliner Bildhauerkunst des 19. Jhs. ist mit Namen wie Schadow, Tieck, Rauch, Drake, Wolff, Siemering, Schaper, Uphues, Begas und Gaul repräsentativ auf den Berliner Begräbnisstätten vertreten. Gegen Ende des 19. Jhs. tritt das Bild der Person gegenüber der abstrakteren, symbolträchtigeren Repräsentation des Werkes und Wertes des Verstorbenen zurück. Ein hervorragendes Beispiel ist Siemerings Relief für das pergolaartige Grab des Architekten Martin Gropius (gest. 1880) auf dem Dreifaltigkeitsfriedhof mit dem Todesgenius und der trauernden »Kunst«, eine Mappe mit den Arbeiten des Verstorbenen unter dem Arm. Auf die Leistung des berühmten Ägyptologen Heinrich Brugsch (gest. 1894) verweist die stelenartig aufgerichtete mächtige Sargplatte aus Sakkara (4000 v. Chr.). Schaffenskraft und Erfolg sind seit der Gründerzeit die Synonyme arrivierter Bürger. Für das Grabmal des Fabrikanten Robert Stock (gest. 1912) auf dem Luisenstädtischen Friedhof wurde die lebensgroße Bronzestatue eines Schmiedes verwendet, übrigens ein Stück aus dessen Kunstsammlung.

Auf vielen Friedhöfen des 19. Jhs. erheben sich aufwendige Jugendstil-Erbbegräbnisse, neobarocke Mausoleen, phantastisch romanisierende Wandarchitekturen, gründerzeitliche Marmorsarkophage, dorische Tempelruinen, neogotische Kapellen, mittelalterliche Burgverliese, Nischenarchitekturen in der Nachfolge antiker Brunnenhäuser, renaissancehafte Bogenarchitekturen, Monumente in ägyptisierendem Stil, Terracotta-Arkaturen aus dem kaiserzeitlichen Berlin. Zu den mächtigsten Erbbegräbnissen um die Jahrhundertwende gehört der auf die Grundform römischer Grabdenkmäler zurückgehende imposante rote Granitbau für den Bankier Sigmund Aschrott (gest. 1915), der das Römische Reich mit dem Deutschen Reich in Beziehung setzen soll. Ausdruck dieses Zeitgeistes ist auch die Kolossalfigur des geflügelten und bärtigen Chronos auf dem architektonischen Grabmal für Georg Wolff (gest. 1904), das an den schlafenden Kaiser des Kyffhäuser-Denkmals erinnert und auch von dem gleichen Künstler, Bruno Schmitz, geschaffen wurde.

Der Jugendstil ist vielfältig präsent: in den Plastiken der beiden Grabstelen Emy und Karl Wilhelm Bennewitz von Loefen am Halleschen Tor – die eine mit dem Medaillon eines Frauenkopfes als Personifikation der Kunst, die andere mit einem bekrönten Frauenkopf, der wie eine Blüte aus dem Grabpfeiler wächst, von Ignatius Taschner –, architektonisch in dem die Vorstellung vom Gottesthron assoziierenden Grabmal Israel Baer in Weißensee oder dem die Himmelspforte symbolisierenden Grabmal Heider auf dem St. Georgen-Friedhof. Das Erbbegräbnis Hermann Stücklen nimmt vermutlich Rheingold-Motive Richard Wagners auf. Das wohl beeindruckendste Jugendstil-Erbbegräbnis ist das für Max Krause von Schmitz und Franz Metzner (1907), eine gewaltige Synthese von Architektur, Plastik und Malerei. In Jugendstil-Schönlinigkeit phantasievoll verbunden sind gotisches Maßwerk, rosenbestückte Fialen und das Baumodell des Verstorbenen vorweisende Engel in dem großartigen Grabmal für den Baumeister Johannes Otzen (gest. 1911), dessen von ihm entworfene Trauerhalle sich gleich daneben auf dem Neuen Friedhof in Wannsee befindet.

20. Jahrhundert

Beinahe durchgängig begegnet man um die Jahrhundertwende der gleichzeitigen Verwendung von Elementen vergangener Kunstrichtungen (Neugotik, Neubarock, Neuklassizismus), manchmal miteinander oder mit anderen Stilrichtungen verbunden, aber aus zeitgenössischem Geist und durchaus eigenständig. Eine ausdrucksvolle, überlebensgroße Grabplastik »Versunkenheit« hat William Wauer aus expressionistischem Geiste für Helene Halperin-Ginsburg auf dem Parkfriedhof Lichterfelde ausgeführt. Von Fritz Klimsch stammt die ganz vom verhaltenen Ernst attischer Stelen geprägte Abschiedsgruppe für das Grabmal Emilie Loeffler auf dem Neuen Dorotheenstädtischen Friedhof. Derselbe Bildhauer hat auch das schönlinige und symbolträchtige Grabmal für Emil Fischer (gest. 1919) geschaffen: Mann und Frau kniend, eine Schale emporhaltend, über der die Namenszüge des Verstorbenen erscheinen. Die klassizistische Form des Bildnisses und die neubarocke Formulierung des Leidens hat Gustav Eberlein in der expressiven Marmorbüste »Das Leid« über dem Grabstein der Josefa Müller (gest. 1927) auf eine neue symbolistische Formel gebracht.

Dann hört die bildliche Darstellung von Person, Abschied, Leid oder Trost auf. Die architektonische Grabmalkunst hatte schon um 1800 ihren charakteristischen Ausdruck in der 1938 wieder entdeckten Grabanlage des Architekten David Gilly (gest. 1808) gefunden, einer nur durch einen weit schwingenden halbkreisförmigen Bogen unter schlichtem Giebel gegliederten Wand, die wohl von ihm selbst geschaffen wurde. Monumentale Architekturformen bieten dann mehr als ein Jahrhundert später die Grabmäler für den Architekten Alfred Messel (gest. 1909) oder für den Politiker Gustav Stresemann (gest. 1929). Dem einen wurde auf dem Matthäusfriedhof eine dorische Tempelfront mit eingeblendeten Säulen gesetzt, die einen Fries mit girlandenhaltenden Putten tragen, dem anderen ein architektonisch gerahmter Sarkophag von Hugo Lederer auf dem Luisenstädtischen Friedhof. Zu den vielen Fassadenarchitekturen dieser Zeit setzt die von Walter Gropius entworfene Kleinarchitektur des Grabmals Mendel in Weißensee mit ihrer belebenden Symmetrie und räumlichen Wirkung einen Gegenakzent. Die Umrissformen des Grabmals für den Architekten Hans Poelzig (gest. 1936) auf dem Alten Friedhof Wannsee sollen denen des von ihm geschaffenen ersten Funkhauses Deutschlands in der Masurenallee ähneln. Als einzigartige expressionistische Raumstruktur aus Stahlbeton wurde 1920 das Grabmal Wissinger in Stahnsdorf nach dem Entwurf des Architekten Max Taut errichtet. Aus kristallin stilisiertem Wurzelwerk wächst eine Arkatur aus Schäften und spitzgiebeligen Bögen hervor, die die räumliche Idee einer dreijochigen gotischen Halle vermittelt. Taut hatte bereits einige Jahre zuvor einen expressionistischen Grabstein für die Familie Reibedanz auf dem Luisenstädtischen Friedhof entworfen, eine konische Kalksteinstele mit »Kometenschweifen« an den vier Seiten, oben in einen vielzackigen Stern endend.

Gesockelte Büsten bzw. Stelen mit Bronzefiguren sind dann noch einmal auf den Grabstätten bedeutender Künstlerpersönlichkeiten errichtet worden, so die unsignierte, klassisch-antikem Vorbild verpflichtete Marmorbüste für das Schriftstellerpaar Clara und Hermann Sudermann (gest. 1924 und 1928), die auf hoher Stele sich wie in einem Totentanz bewegende Figur »Genius« von Georg Kolbe auf der Grabstätte des Komponisten Ferruccio Busoni (gest. 1924), die von Gerhard Marcks schon 1937 geschaffene Bronzefigur der Friedensgöttin »Eirene« für den Schauspieler Paul Bildt (gest. 1957) oder die überlebensgroße bronzene Bildnisbüste Heinrich Mann (gest. 1950) von Gustav Seitz. Georg Kolbe hatte 1927 seine eigene Familiengrabstätte an der Heerstr. entworfen und den Grabplatten drei pfeilförmige Marmorsäulen zugeordnet, Symbole für das Werden und Vergehen zwischen Erde und Himmel. Die schlichte Steinplatte für den Tierbildhauer August Gaul hatten einst drei kleine Bronzeeidechsen belebt. Die Grabplatte für den Dichter Theodor Däubler (gest. 1934) zitiert wie auf einer Buchleiste die Schlussworte des »Nordlicht«-Epos, während Gerhard Marcks das stelenhafte Grabzeichen seines Bildhauerfreundes Richard Scheibe (gest. 1964) mit einem Vers von Angelus Silesius versehen hat. Wie aus stilisierten Scherenblättern ist in lapidarer Kürze das H-Monogramm auf der Stele für den Fotomonteur und Grafiker John Heartfield (gest. 1968) zusammengesetzt, während zwei unbearbeitete Granitfindlinge lediglich die Namen des Dichters Bertolt Brecht (gest. 1956) und der Schauspielerin Helene Weigel (gest. 1971) tragen. In der Schlichtheit liegt der Ansatzpunkt für die Grabmalgestaltung unserer Zeit.

Ist also die Zeit des figürlich geschmückten oder architektonischen Grabmals endgültig vorbei? Ist die Eintönigkeit ewig gleichen Steins auf die Berliner Friedhöfe niedergegangen? Von den Serien einander gleichender Inschriftensteine heben sich hin und wieder originelle Schöpfungen ab. Dafür drei Beispiele: die witzig-liebevolle Ritzzeichnung auf einem unbehauenen Findling für den Malerdichter Günter Bruno Fuchs von Günter Anlauf, die grob behauenen Gedenksteine Kurt Mühlenhaupts für die zum Teil noch nicht verstorbenen Familienmitglieder mit köstlich naiv gemalten Medaillons, und, als seltenes Beispiel einer abstrakten Plastik, die aufstrebende Pflanze für die Grabstätte Seidler von Volkmar Haase an der Heerstr.

»Nicht alle sind tot, die begraben sind«

Originalität und Wiederholung, Variation und Vielheit, Kontrast und Wandlung, Stilreinheit und Vermischung sind die Merkmale, die auf jedem der Friedhöfe zu finden sind, eine schier unendliche »Schatztruhe« tut sich für den Besucher der geweihten Erde auf. Über 300 der namhaftesten und bekanntesten, auch der vergessenen und verkannten Künstler sind in diesem Buch der Grabmalkunst eingetragen.

Wer wird sie finden im Labyrinth der Grabstätten der Stadt? Diese Vielfalt gilt ebenso für Herkunft, Lebensstationen und Schicksale der über 1500 hier aufgeführten Bestatteten. Gräber berühmter Persönlichkeiten tragen mitunter nur einen schlichten Stein oder eine einfache Tafel, während heute gänzlich Unbekannten pompöse Grabanlagen, aber auch kunsthistorisch wertvolle Grabmäler gesetzt wurden. Auf dem Dorotheenstädtischen Friedhof haben sich vor allem die Bildhauer, Baumeister und Philosophen aus klassischer Zeit zusammengefunden: Schadow, Rauch, Schinkel, Fichte, Hegel. Nach 1945 hat auch die ostdeutsche Prominenz aus Kunst, Wissenschaft und Politik hier ihre letzte Ruhestätte gefunden.

Tieck, Schleiermacher und Menzel ruhen auf dem Dreifaltigkeitsfriedhof. Die schlichten Obelisken der Märchenbrüder Grimm findet man auf dem Matthäusfriedhof. Geht man den Weg der Romantik ins 19. Jh. weiter, muss man sich am Halleschen Tor zu Chamisso, E. T. A. Hoffmann und Adolf Glaßbrenner begeben. Kleists Grabstein steht ganz draußen am Kleinen Wannsee, wo auch heute das Leben lärmt – nur an grauen Novembertagen wird die Melancholie dieser Stätte wieder lebendig. Lediglich ein einfaches Steinkreuz erinnert an den Komponisten Felix Mendelssohn-Bartholdy am Halleschen Tor, während Albert Lortzing auf dem »Musikerfriedhof« an der Bergstr. Frieden fand. Eine schmucklose Grabtafel deutet auf dem Französischen Friedhof an der Liesenstr. auf die letzte Ruhestätte des berühmten Berliner Romanciers und »Wanderers durch die Mark Brandenburg« Theodor Fontane, während der weltberühmte Maler Max Liebermann 1935 von nur wenigen Getreuen auf dem Jüdischen Friedhof an der Schönhauser Allee zu Grabe getragen wurde. Der idyllische Friedhof an der Heerstr. birgt viele Namen aus der Berliner Kunstwelt vor und zwischen den beiden Weltkriegen (Arno Holz, Joachim Ringelnatz, George Grosz, Tilla Durieux, Theodor Däubler, Maximilian Harden, Ferdinand Bruckner,

Georg Kolbe, Paul Wegener). Auf dem Waldfriedhof Dahlem sind die Schriftsteller Gottfried Benn und Erich Mühsam, die Maler Carl Hofer und Karl Schmidt-Rottluff begraben, während dessen Gefährte aus der »Brücke«-Zeit Max Pechstein neben dem Bildhauer Richard Scheibe auf dem Friedhof an der Schmargendorfer Kirche liegt. Vater Zille hält ebenso wie der Maler Lovis Corinth in Stahnsdorf ewigen Schlaf. Auf dem Zentralfriedhof Friedrichsfelde ziert das Grabmal der 1945 verstorbenen Käthe Kollwitz ihr Relief »Ruht in Frieden seiner Hände«. Das Grab des ermordeten Ministers Walter Rathenau befindet sich in Oberschöneweide, Otto Lilienthal, der erste Pionier des Flugwesens, wurde in der Nähe seines Absturzortes in Lichterfelde begraben. Die Grabstätten, zu denen heute wohl am häufigsten gewallfahrt wird, sind die von Rosa Luxemburg und Karl Liebknecht in Friedrichsfelde, von Ernst Reuter und Willy Brandt auf dem Zehlendorfer Waldfriedhof sowie von Johannes Rau auf dem Dorotheenstädtischen Friedhof. Aber nicht weniger besucht wird seit 1992 das Grab der zum Mythos gewordenen Marlene Dietrich auf dem Dritten Schöneberger Friedhof.

Nicht alle sind tot, die begraben sind, verkündet ein Grabspruch auf dem Stahnsdorfer Friedhof. Begräbnisstätten reflektieren die Gesellschaft, die Kultur, die ethischen Vorstellungen und Werte der einstmals Lebenden. Sie sind aber auch ein Spiegelbild für den Zeitgeist der heute Lebenden, für ihren Umgang mit den Toten. Sie sind wie ein Bilderbuch, das wir nur recht zu lesen verstehen müssen. Sie sind wie elysische Gefilde aus Stein und Gras, Strauchwerk und Bäumen und Bänken, mit Himmel und Erde, Sonne, Regen und Schnee, in denen wir mit Andacht und Trauer, aber auch mit Lust und Vergnügen wandeln können. Wer sie als Quelle eigener Neugier betrachtet, wird auf seinen Exkursionen und Wanderungen quer durch Berlin wohl auch auf Bekanntes und Vertrautes, aber vornehmlich auf Neues, Unvorhergesehenes stoßen. Beides könnte sich dann auf sinnvolle Weise ergänzen.

Im Zentrum von Berlin

Gruftkirche im Dom

Karl-Liebknecht-Str./Lustgarten, 10178 Berlin

Für die einen gilt der am Lustgarten 1893–1905 von Julius Raschdorff als »Hauptkirche des preußischen Protestantismus in Berlin« im Stile der italienischen Hochrenaissance erbaute Dom als eine der schönsten europäischen Hallenkirchen, für die anderen ist er nur ein wilhelminischer Prunk- und Protzbau, »ein hässliches Monster von 100 Meter Länge und 100 Meter Höhe«. Mittlerweile gehört das »Monstrum« zu den Wahrzeichen der zusammengewachsenen Hauptstadt, und dass es die größte Beisetzungsstätte der Hohenzollern ist, gibt ihm seine besondere Bedeutung. Der Dom wurde 1945 stark beschädigt, und lediglich die Gruftkirche konnte in der Folgezeit vorübergehend für Gottesdienste benutzt werden.

1993 ist die Predigtkirche mit ihren 1600 Sitzplätzen wieder eingeweiht worden. Die Prunksärge des Großen Kurfürsten und seiner zweiten Gemahlin Dorothea, das Bronzegrabmal für den Kurfürsten Johann Cicero und das Grabdenkmal für Kaiser Friedrich III. wurden, da man die Denkmalskirche, ihren ursprünglichen Standort, 1975 abgerissen hatte, unterhalb der Orgel und die Prunksärge für den ersten preußischen König Friedrich I. und seine zweite Gemahlin Sophie Charlotte unterhalb der Südempore aufgestellt. (Die Sarkophage werden im folgenden Abschnitt über die Gruftkirche behandelt).

In der 1999 wieder eröffneten Fürstengruft, einer der größten und bedeutendsten Grablegen Europas, befinden sich etwa 90 Sarkophage und Grabmäler von Angehörigen des Hauses Hohenzollern. Die Sarkophage aus dem 16. bis frühen 18. Jh. sind vorwiegend aus Zinn, mit ornamentalem und figürlichem, dem Zeitgeschmack folgendem Dekor; ab dem 18. Jh. aber, seit Friedrich Wilhelm I., zumeist aus Holz, samt- oder brokatbezogen sowie mit Tressen und ornamentalem Schmuck. So veranschaulichen sie in der zeitlichen Abfolge den lückenlosen Wandel von der Renaissance zum Barock.

Ein Meisterwerk der älteren Erzbildnerei ist das mächtige Bronzegrabmal für den Kurfürsten Johann Cicero (1455–1499). Dessen Sohn

Joachim I. hat es 1524 der Vischerschen Gießhütte in Nürnberg in Auftrag gegeben, und es ist, unter Beteiligung von Peter Vischer d. Ä., bis 1530 von dessen Sohn Hans Vischer ausgeführt, das Hauptwerk des Künstlers. Die Figur des Kurfürsten kann mit dem Grabmal Friedrichs des Weisen in Wittenberg verglichen werden. Nicht eindeutig geklärt ist die Entstehungsgeschichte. Ursprünglich in der Klosterkirche Lehnin bei Brandenburg aufgestellt, wurde das Grabmal 1545 in den Berliner Dom verbracht. Es hat die mittelalterliche Form eines Tischgrabes: Die Bodenplatte gibt die Darstellung des Verstorbenen (in Kurtracht) im Flachrelief wieder. Darüber befindet sich, von sechs Renaissancepfeilern mit davor hockenden Löwen getragen, die Deckplatte als Prunkbett mit der vollplastischen Liegefigur des Kurfürsten in Rüstung und reich gemustertem Mantel sowie den Insignien seiner Macht. Am Plattenrand zieht sich die Grabschrift nebst Wappentafeln entlang.

Die barocken Prunksarkophage sind in zwei Gruppen zu unterteilen: Die erste Gruppe wurde von Johann Michael Döbel geschaffen. Es sind zwei vergoldete Prunksarkophage für Kurfürst Friedrich Wilhelm (Großer Kurfürst, 1620–1688) und seine zweite Gemahlin Dorothea von Holstein-Glücksburg (1636–1689). Döbel hat sie wohl nach einem Entwurf von Arnold Nering ausgeführt. Der Kurfürstensarkophag wird von besiegten Kriegern und Löwen getragen, er ist mit reichem plastischem Schmuck versehen. An den Ecken des durch Kurhut und Wappen geschmückten Deckels halten Adler Bänder mit Inschrifttafeln in ihren Schnäbeln. An den Seitenwänden befinden sich Embleme und allegorisch auf den Verstorbenen bezogene Reliefmedaillons, unter anderem eine Ansicht der Festung Berlin und eine Darstellung der Schlacht bei Fehrbellin gegen die Schweden, alle reich verziert durch Trophäendraperien und Akanthusblattwerk. Der Sarkophag der Kurfürstin ist ähnlich gestaltet. Vier Löwen tragen den Sarg, an den Wandungen und am Deckel befinden sich zahlreiche Putten, Schwäne, Akanthusblattwerk, Lorbeer- und Palmenzweige sowie Blumengirlanden. Verwandt im Typ und figürlich ähnlich dekoriert ist der Sarkophag des Markgrafen Karl Philipp (gest. 1695), urkundlich 1699 von Döbel gestaltet. Stilistisch werden Döbel auch die Sarkophage der Kurprinzessin Elisabeth Henriette, der ersten Gemahlin des späteren Königs Friedrich I. (gest. 1683), und des Markgrafen Ludwig (gest. 1687) sowie der Kindersarkophag für Friedrich August (gest. 1686) zugeschrieben.

Die zweite Gruppe barocker Prunksarkophage stammt von Andreas Schlüter, dem Hauptmeister des nordeuropäischen Hochbarock, und seinem Kreis. Zu seinen Meisterwerken zählen die beiden prachtvollen, vergoldeten Sarkophage für den ersten König von Preußen, Friedrich I. (1657–1713), und seine zweite Gemahlin Sophie Charlotte (1668–1705), ausgeführt von Johann Jacobi in einer Blei-Zinn-Legierung – es sind Höhepunkte barocker Sarkophaggestaltung. Der Sarkophag der Königin ist nach Schlüters Modell in 143 Tagen für die feierlichen Beisetzungszeremonien am 25. Juni 1705 gefertigt worden. Das neue Königtum ist Hauptthema der bildnerischen Gestaltung: Ein kronenbesäter, hermelingefütterter Mantel liegt über dem Sarkophagdeckel, die Königskrone steht über dem am Kopfende aufgerichteten Porträtmedaillon sowie über beiden seitlichen Kartuschen. Sie tragen die Inschrift und Wappen der welfischen Prinzessin und werden jeweils von zwei Welfenrössern gestützt. Der preußische Adler beherrscht die zwei Ecken zu Füßen, das riesige Königlich Preußische und Kurfürstlich Brandenburgische Wappen rahmend. Allegorische Reliefs an den stark gebauchten Sarkophagseiten bringen die Tugenden der Verstorbenen zum Ausdruck. Die zu Füßen hockende Gestalt des Todes, eine vom schwingenden Mantel umhüllte Freifigur, schreibt den Namen der Königin in das große Buch der Ewigkeit. Diese Todesgestalt, durch ihre Haltung und Tätigkeit von furchtbarem Leben erfüllt, wird noch verstärkt durch den Kontrast zu der Figur am Kopfende, der im Kronenmantel Schlummernden, wohl einer Allegorie des ewigen Schlafes. Ihr gegenüber die Allegorie der Vergangenheit. Der Sarkophag des Königs, das letzte Werk Schlüters in Berlin, 1713 möglicherweise nach einem bereits 1705 durchdachten Gesamtplan geschaffen, ist auf den der Königin derart bezogen, dass, besonders auch in Hinblick auf die einseitig erhöhten allegorischen Frauenfiguren, die Konzeption beider Werke wohl bereits 1705 erfolgte. Hier wird das gerahmte Bildnis von weiblichen Personifikationen der »Kurmark« und der »Borussia« begleitet. An der Vorderseite entspricht dem Tod eine große Klagefigur, die einen Seifenkugeln blasenden Putto neben sich hat als Zeichen der Vanitas, der Vergänglichkeit. Als Schlüter 1708 den Auftrag für den Kindersarkophag des Prinzen Friedrich Ludwig (gest. 1708), des erstgeborenen Sohnes des Kronprinzen Wilhelm, erhielt, gab er dem Auferstehungsglauben ergreifenden Ausdruck: Zu Häupten die Königskrone, zu Füßen der mächtige, wie ein Wächter hockende

Adler, richtet sich ein nackter Knabe von idealer Schönheit mit sprechender Geste überlebensgroß empor. Er ruht noch auf dem Leichentuch über dem hermelingefütterten Mantel, der den Sarkophagdeckel mit seinen vier grausigen Totenkopfgriffen halb bedeckt. Das Kind ist kein Porträt im eigentlichen Sinne, sondern Verkörperung der sich erhebenden Seele – so wird dem fast übermächtig vorgetragenen Gedanken von Tod und Vergänglichkeit die verheißungsvolle Verkündigung der Auferstehung hinzugefügt. Offensichtlich ist der Sarkophag des Prinzen Friedrich Ludwig von dem frühbarocken Kindersarkophag des Prinzen Wilhelm Heinrich (gest. 1649) angeregt worden. Schlüter zugeschrieben werden auch die Kindersarkophage für Friederike Dorothea Henriette von Brandenburg-Schwedt (gest. 1701) und Georg Wilhelm von Brandenburg-Schwedt (gest. 1704). Dass der theologische und dynastische Gehalt unvermittelt zum Ausdruck kommt, sich in den verschiedenartigen, das Gefühl anregenden Gestalten und in den lebhaft agierenden Wappentieren ebenso ausspricht wie in der ornamentalen Pracht und kraftvollen Plastizität der Sarkophage, ist Schlüters unverbildetem Genie zu verdanken, dem die meisterhafte Gießerkunst von Johann Jacobi zur Seite stand. Die Sarkophage sind aus einer leichter als Bronze zu behandelnden Blei-Zinn-Legierung, die Figuren vergoldete Bleigüsse.

Wenn auch nicht mehr von Schlüter selbst geschaffen, gehört zu dieser Gruppe auch der vergoldete Prunksarkophag für Markgraf Philipp Wilhelm von Brandenburg-Schwedt (gest. 1711), vermutlich von Johann Georg Glume d. Ä., dem Hauptmeister der Schlüter-Nachfolge in Berlin, 1715 vollendet. Von berstenden Kanonenkugeln getragen, die Ecken eingefasst von Kanonenrohren, nehmen auch die Darstellungen der Wandungen Bezug auf die Tätigkeit des Verstorbenen als Generalfeldzeugmeister: die Mitte beider Langseiten mit idealisierten Reliefbildern des Markgrafen, umgeben von Tugenden, seitlich davon und an den Schmalseiten Waffen und Kriegs- sowie Vermessungsgerät, ferner emblematische Darstellungen – alles von vorzüglicher Qualität. Der Kindersarkophag des Prinzen Friedrich Wilhelm (gest. 1711) stammt ebenfalls von Johann Georg Glume d. Ä., es ist sein frühestes nachgewiesenes Werk. Die Särge weiterer Schwedter Markgrafen wurden 1983 von Schwedt in die Gruft des Berliner Doms überführt, in der ja schon der erste Schwedter Markgraf Philipp Wilhelm mit seiner Familie ruhte.

Unter den spätesten Beispielen ragt der völlig restaurierte Marmor-Kenotaph für Kaiser Friedrich III. (1831–1888) von Reinhold Begas heraus, dem Hauptvertreter der neubarocken Plastik in Deutschland. Er wurde 1905 aus dem Mausoleum an der Friedenskirche in Potsdam nach Berlin verbracht: auf der Tumba die lebensgroße Liegefigur des Verstorbenen, mit Lorbeerblättern und einem Palmwedel bedeckt, von den Füßen hängt ein Krönungsmantel herab. Am Kopfende des Sarges stehen zwei Adler. In Potsdam ist eine eigenhändige Replik von 1905 verblieben.

Die Hohenzollern-Gruft soll auch die Särge der letzten deutschen Kaiserin Auguste Viktoria, der zweiten Frau Kaiser Wilhelms II., von Prinzessin Hermine sowie von drei Hohenzollernprinzen aufnehmen, die zur Zeit noch unzugänglich im Potsdamer Antikentempel stehen. Nicht nach Berlin umgebettet wird der in Doorn/Holland beigesetzte Wilhelm II., der in einem Testamentsnachtrag vom Dezember 1933 Hitlers Pläne durchkreuzt hatte, seinen Sarg nach Potsdam bringen zu lassen.

Die Fürstengruft des Domes sowie das Mausoleum der Königin Luise im Garten des Charlottenburger Schlosses sind die Grablege der Hohenzollern. 1992 sind zudem die Gebeine Friedrichs II. aus der Stammburg Hohenzollern nach Potsdam-Sanssouci überführt worden.

Marienkirche
Karl-Liebknecht-Str., 10178 Berlin

Die brandenburgischen Kurfürsten und preußischen Könige ruhen im Dom, der mit seiner mächtigen Kuppel die Silhouette der Innenstadt prägt. Dagegen ist die Marienkirche am Neuen Markt zwischen dem Berliner Rathaus und der Stadtbahn ein ehrwürdiges Zeugnis Berliner Stadtgeschichte. In ihr und um sie herum sind sie begraben, die Bürgermeister und Stadthonoratioren, die hohen Militärs und kurfürstlichen Räte zwischen Renaissance, Barock und dem neuen Rationalismus des 18. Jhs.

Die Pfarrkirche der nach Mitte des 13. Jhs. gegründeten Neustadt erhebt sich als langgestreckter Backsteinbau über hohem Feldsteinsockel. Die dreischiffige Hallenkirche von sechs Jochen, mit einschiffigem, einjochigem Chor und siebenseitigem, aus dem Zwölfeck gebildeten Schluss wurde nach dem Stadtbrand 1380 erneuert und später durch den Ostgiebel des Langhauses und die dreischiffige Vorhalle erweitert, mit hoch aufragendem Turm über dem mittleren Joch. Im nördlichen Teil der Turmhalle befindet sich der gotische Totentanz, die bedeutendste erhaltene mittelalterliche Darstellung dieses Themas in Norddeutschland und zugleich das Hauptwerk der Berliner Malerei des 15. Jhs. Er ist um 1485, wohl unmittelbar nach einer großen Pestepidemie, entstanden.

Ein Fries von 2 m Höhe und etwa 22 m Länge: Die Vertreter der geistlichen und weltlichen Stände, jeweils von Leichnamen geführt, schreiten in einer Art Reigentanz von links nach rechts; am Nordwestpfeiler, zwischen der geistlichen und weltlichen Gruppe, befindet sich eine wahrscheinlich etwas ältere Kreuzigungsdarstellung mit Stiftern; unterhalb der Darstellung ein Schriftband mit moralisierenden Texten in niederdeutscher Sprache. Der Totentanz wurde 1860 freigelegt und mehrfach stark ergänzt, 1955–1958 konserviert und von Übermalungen befreit. Er befindet sich in schlechtem, stark gefährdetem Zustand.

Ein Meisterwerk auch die Marmorkanzel von Andreas Schlüter, 1702/03, ein Hauptbeispiel Schlüterscher Dekorationskunst. Der reiche Bestand an Tafelbildern und Epitaphien bietet einen repräsentativen Überblick über die Berliner Malerei und Plastik vom Mittelalter bis zum späten 18. Jh.: Im Chor macht die Beweinung Christi zwischen Johannes und Maria Magdalena sowie dem Stifterpaar Blankenfelde vom Meister des Epitaphs Win, Ende des 15. Jhs., auf sich aufmerksam. Ihr zugehörig der bemalte Rahmen mit vier Heiligen. Oben ein kunstvoll verschlungenes Spruchband, unten die ikonographisch interessanten Passionsattribute. Unter der Westempore die Kreuzigung Christi mit Heiligen und der Familie des Stifters Thomas von Blankenfelde, im Hintergrund eine Landschaft mit Stadtansicht, ebenfalls von Win, um 1505. Beide Tafelbilder waren ehemals in der Franziskanerkirche. Auch unter der Westempore befindet sich das Epitaphgemälde mit dem Weinberg des Herrn (Allegorie nach einem Holzschnitt von Erhard Schoen) und Christus in der Kelter, für ein unbekanntes Paar um die Mitte des 16. Jhs. angefertigt.

Eine Anzahl von Epitaphien aus dem zweiten und dritten Viertel des 16. Jhs., geprägt vom neuen protestantischen Gedankengut, werden

Michel Ribestein zugeschrieben, der 1539 als Neubürger in Berlin und kurfürstlicher Hofmaler genannt wird: das Epitaph für Peter Matthias und Frau, Christus, die Hölle bezwingend, 1553, unter der Empore (ehemals Nikolaikirche); das Epitaphgemälde für Hans Tempelhoff, Jüngstes Gericht, 1558, im nördlichen Seitenschiff; das Epitaphgemälde für Simon Mehlmann, Christi Höllenfahrt, 1562, im südlichen Seitenschiff. Von anderen Künstlern stammen: das Epitaph für ein unbekanntes Paar, Auferstehung Christi, in Renaissancerahmen, Ende des 16. Jhs., im nördlichen Seitenschiff; das Epitaphgemälde für Marcus Goltze (gest. 1612) und Frau, Lehrender Christus im Tempel, ein bedeutendes spätmanieristisches Werk unter dem Einfluss Hans von Aachens, unter der Westempore (ehemals in der Nikolaikirche); das Epitaphgemälde für Bürgermeister H. Rötzlow (gest. 1642), Jakobs Traum, in der ursprünglichen Rahmung, Michael Conrad Hirt zugeschrieben, unter der Westempore.

Im Chor vom Süden nach Norden: das Wandepitaph für den Bürgermeister Joh. Joachim Lietzmann (gest. 1712), Sandstein, ein bewegter Aufbau mit reichem allegorischem Figurenschmuck, die wappengeschmückte Inschrifttafel durch eine Urne zwischen den Personifikationen Justitia und Caritas bekrönt, unten ein geflügelter Chronos und Totenkopf, zu beiden Seiten zwei weibliche Allegorien mit gesenkter bzw. erhobener Fackel, vermutlich von Johann Georg Glume d. Ä.; das Inschriften-Doppelepitaph für Schlosshauptmann Balthasar von Schlieben (gest. 1639) und Frau (gest. 1673) zeigt eine Marmortafel in Sandsteinrahmung.

Bedeutsam für den Einfluss des flämischen Barock auf die vorschlütersche Plastik in Berlin ist das Wandgrabmal des brandenburgischen Generalfeldmarschalls O. Chr. von Sparr (gest. 1668), Marmor, 1662/63 von Artus Quellinus d. Ä. aus Antwerpen gefertigt: ein großer Säulenaufbau, im Mittelfeld vor triumphbogenartiger Hintergrundarchitektur der gerüstete Feldmarschall, vor seinem Hausaltar kniend, begleitet von einem helmtragenden Pagen und einem Hund, im Aufsatz zu seiten des Familienwappens Mars und Minerva, ferner Gefangene, Sklaven, Kriegs- und Siegestrophäen. Das Werk ist im Gesamtaufbau wie in den Details von hoher Qualität. Die dazugehörige Familiengruft birgt zehn ornamentierte Särge des 17. Jhs. Das schöne schmiedeeiserne Gitter befindet sich jetzt vor dem Röbelschen Grabmal.

Im nördlichen Seitenschiff von Osten nach Westen: das Epitaph Ehrenreich von Röbel (gest. 1630) und Frau (gest. 1642), Sandstein, ein retabelartiger manieristischer Architekturaufbau, von Engelskaryatiden getragen, die Verstorbenen kniend vor dem Gekreuzigten, an den Seiten in Tabernakeln mit wappenverzierten Säulen die Personifikationen der Klugheit und des Glaubens, im Aufsatz drei weitere Figuren, die Hoffnung, flankiert von Johannes und Paulus, aus Holz, Anfang des 17. Jhs., das Ganze reich mit Roll- und Knorpelwerk verziert, das die starre spätmanieristische Figurendarstellung in Bewegung versetzt. Davor das feine schmiedeeiserne Gitter, das ursprünglich zum Grabmal Sparr gehörte. Weiter das Grabdenkmal für drei Kinder des Pfarrers Martin Lubarth (gest. 1654/61), Sandstein; das Epitaph H. Krause (gest. 1677), in Sandsteinrahmung; das Denkmal für den Pfarrer D. E. Roloff (gest. 1743) und Frau (gest. 1773), von 1794, eines der Hauptwerke Emanuel Bardous. Auf hohem Inschriftsockel die lebensgroße frühklassizistische Marmorstatue der Hoffnung mit Anker und Schlange an eine Urne gelehnt, daran die vorzüglichen Reliefbildnisse der Verstorbenen, davor das strenge eiserne Gitter der Zeit; das Epitaph für A. Margaretha Hoffmann (gest. 1741), Marmor, Inschriftkartusche mit Putto, der das Reliefbildnis hält; dazu ein Epitaph ohne Inschrift, hölzerner Sarkophagaufbau mit Urne und zwei trauernden Putten, Ende des 18. Jhs.

Ebenfalls im nördlichen Seitenschiff das Stuckepitaph für den Hofschneider Johann Korn (gest. 1671), hinter dem Tischaltar die Halbfigur des Verstorbenen im Gebet, mit allegorischem Beiwerk; das Epitaph für Joh. Melchior Leonhard (gest. 1697), eine Inschrifttafel in reicher Rahmung; das Inschriftepitaph für Bürgermeister Andreas Weber (gest. 1694), Sandstein; das Doppelepitaph Margarethe Tieffenbach (gest. 1687) und Tochter (gest. 1687), marmorne Inschrifttafeln in aufwendigem Akanthus-Holzrahmen mit symbolischen Reliefdarstellungen.

Im südlichen Seitenschiff von Westen nach Osten: drei Inschriftepitaphien für R. Stiller (gest. 1712), C. Stiller (gest. 1710) und A. Stiller (gest. 1719), sämtlich Sandstein; Epitaph für Ph. Christians (gest. 1687), Sandstein; darüber das Epitaph für J. Zerer (gest. 1543), von Hans Schenk, genannt Scheusslich, Sandstein, eine Reliefbüste in architektonischer Rahmung, ein wichtiges Zeugnis der Berliner Renaissance-Plastik; das Inschriftepitaph für S. Seger (gest. 1654) und Tochter (gest. 1677), Marmor; darüber das Inschriftepitaph für M. Sartorio und Frau (gest. 1708) in Sandsteinrahmung; der Inschriftgrabstein für D. Pollborn (gest. 1691), Marmor mit Sandsteinrahmung; das Wandepitaph für J. G. Hackert (gest. 1704) und Frau (gest. 1710), Sandstein, der Sarkophagaufbau mit Inschriftkartusche und trauernden Putten; das Inschriftepitaph für M. Weise (gest. 1693) und Frau (gest. 1671), Sandstein. Das Erbbegräbnis der Familie Simon, Sandstein, 1715 gestiftet, besteht aus einer architektonisch gerahmten Portalnische, darauf eine trauernde weibliche Gewandfigur mit Urne, gefertigt von Bartholomé Damart; außen die ehemalige Gruft mit schmiedeeisernem Gitter. Weiter das Inschriftepitaph für J. Berchelmann (gest. 1631) und Frau (gest. 1666), Sandstein; zwei Inschriftplatten für G. Königsdorff und Frau (gest. 1715 bzw. 1716), Sandstein. Das Epitaph für den Advokaten J. Flaccus (gest. 1562) und Frau (gest. 1560), das in architektonischer Rahmung das Relief des Abendmahls, darüber das Gethsemanerelief, enthält, wird Hans Schenk, genannt Scheusslich, zugeschrieben. Über der Tür zur alten Bibliothek das Epitaph für A. Schilling (gest. 1698), eine reiche Sandsteinrahmung mit gemaltem Porträtmedaillon. Schließlich das Kinderepitaph A. Ritter (gest. 1595), Sandstein, mit Relieffigur; der Epitaph Lubath (gest. 1667 bzw. 1671), Sandstein.

In der Turmhalle drei Grabplatten mit den ganzfigurigen Reliefdarstellungen der Verstorbenen, J. Steinbrecher (gest. 1598), E. Steinbrecher (gest. 1599), G. Steinbrecher (gest. 1598); zwei hölzerne Totenschilde für F. v. Götzen (gest. 1669) und C. E. v. Platen (gest. 1669), reich geschnitzt und mit symbolischem Beiwerk.

In der südlichen Vorhalle die Inschrifttafel für J. F. Schmidt (gest. 1813), Marmor; das Kinderepitaph A. und E. Ritter (gest. 1588), Sandstein mit Relieffiguren; das Inschriftepitaph für E. Pancovius (gest. 1658), Sandstein; das architektonische Wandepitaph für den Kaufmann H. Müller und Frau (gest. 1811 bzw. 1803), Sandstein, mit klassizistischem Ornamentschmuck und Inschriften; das Inschriftepitaph für den Hofmedikus T. Pancovius (gest. 1665), Sandstein. In der Kapelle (ehemals Magistratsloge) das Inschriftepitaph für K. Pancovius (gest. 1683), Sandstein.

Am Außenbau befinden sich mehrere Grabsteine des 17. und 18. Jhs. An der Turmfront steht seit 1726 ein steinernes Sühnekreuz für die Ermordung des Propstes Nikolaus von Bernau im Jahre 1325 an dieser Stelle.

Nikolaikirche
Poststr., 10178 Berlin

Die älteste und vornehmste Pfarrkirche Berlins, an der Poststr. in unmittelbarer Nähe des Molkenmarktes gelegen, des Zentrums der sich entwickelnden Stadt, wurde im 2. Weltkrieg schwer zerstört und erst seit 1982 wieder aufgebaut. Sie ist heute für Besucher geöffnet und wird auch für Ausstellungen und Veranstaltungen genutzt.

Der Gründungsbau, eine kreuzförmige Feldsteinbasilika mit drei Apsiden, querrechteckigem Westbau, um 1230 begonnen, wurde noch im 13. Jh. zu einer frühgotischen Hallenkirche umgewandelt. Baubeginn des bestehenden Baus, einer spätgotischen Hallenkirche aus Backstein, war etwa 1380. Um 1400 wurde der Hallenumgangschor mit Randkapellen zwischen den Strebepfeilern vollendet, es stellt das früheste Beispiel dieses Typs in der Mark dar. Dem System des Chores folgt auch in geringfügiger Abwandlung das fünfjochige Langhaus, das dann erst in der zweiten Hälfte des 15. Jhs. abgeschlossen wurde. Parallel zu den Arbeiten am Langhaus wurden die Anbauten ausgeführt, die 1452 gestiftete Liebfrauenkapelle im Südwesten und die ebenfalls zweigeschossige Chornordkapelle für Sakristei und Bibliothek.

In den Randkapellen am Chor und an der Südseite des Langhauses waren Gruftkapellen eingebaut, so die für die Familien Kötteritz um 1610 (Untergeschoss der Liebfrauenkapelle), Distelmeier um 1590 (Südseite des Langhauses), Schindler um 1730 (Südseite des Chores), Pufendorf um 1695 (Nordseite des Chores) und – eines der vorzüglichsten Kunstwerke des 18. Jhs. in Berlin – Krauth um 1725 (Turm). Die Alabasterbüste des Ministers im General-, Ober-, Finanz-, Kriegs- und Domänendirektorium Johann Andreas von Krauth bekrönt den figuralen Aufbau an der Nordwand des Turmes. Der Schöpfer des Grabdenkmals, Johann Georg Glume, setzte als talentiertester Schüler Schlüters dessen künstlerische Tradition fort. Während die Restaurierung der Krauthschen Kapelle 1989 abgeschlossen werden konnte, war die Grabkapelle für den kurfürstlichen Rat Johann von Kötteritz im Untergeschoss der Liebfrauenkapelle – ein einzigartiges Zeugnis manieristischer Kunstauffassung – nahezu völlig zerstört worden. Lediglich die zweijochige, kreuzgewölbte Kapelle wurde wiederhergestellt.

Ein Epitaph für den Kaufmann Joachim Heinrich Baurmeister (gest. 1727), das den Gedanken der Vergänglichkeit aufgreift, verkleidet den

Gruftzugang an der Westwand der Kapelle. An der Südseite der Kirche tritt die 1737 für den Manufakturunternehmer Severin Schindler und seine Frau Rosina geschaffene Schindlersche Kapelle hervor. Die Volutenverdachung wird vom Kopf eines geflügelten Chorus gestützt und von einer Engelsgloriole bekrönt.

Im Chorumgang füllt das monumentale Epitaph für den Obristen Karl Konstantin von Schnitter (gest. 1721) die gesamte Rückwand der Randkapelle. Von Wappen umrahmt, zeigt ein Medaillon das Brustbild des verstorbenen Militärs mit einer üppigen Allongeperücke. Er war ein bekannter Festungsbaumeister und entwarf im Auftrage des Kurfürsten Friedrich Wilhelm an der Goldküste Afrikas eine Festungsanlage Groß-Friedrichsburg.

Seine Gebeine ruhen hier, seine Seele ist in den Himmel aufgenommen, sein Ruhm flattert über dem ganzen Erdkreis – so lautet übertragen die lateinische Inschrift auf einer schlichten Sandsteinplatte in einer der Chorkapellen. Samuel von Pufendorf (1632–1694) fand hier in der Kirche seine Ruhestätte. Der berühmte Rechtsgelehrte und Historiker war der erste einer langen Reihe von Historikern, die in Berlin wirkten: Ranke, Sybel, Treitschke, Droysen, Mommsen, Meinecke und viele andere. Er war 1686 einem Ruf des Kurfürsten Friedrich Wilhelm von Brandenburg als Hofrat, Historiograph und Kammergerichtsbeisitzer gefolgt und gilt als Begründer des Natur- und Völkerrechts.

Der Figurenaufbau der benachbarten Grabkapelle für den Hof- und Kammergerichtsrat Johann Wolfgang Bewert ist ebenfalls Johann Georg Glume zuzuweisen. 1721 ist das Grabmal – ähnlich dem Figurenschmuck der Krauthschen Kapelle – errichtet worden.

Der älteste erhaltene Epitaphstein der Kirche zeigt die Gestalt des kurfürstlichen Rates Gregor Bagius (gest. 1549), der eine Schlange mit einer Schriftrolle und einem Apfelzweig in seiner Hand hält. Links davon ist die Höllenfahrt Christi in das Ornament eingefügt. Der sitzende Heiland hält an Ketten Tod und Teufel. Rechts unten Adam und Eva mit dem Kreuz der Erlösung. Das Gerippe mit dem Stundenglas, umringelt von Schlangenleibern, senkt die Sichel auf den Verstorbenen. Inschriften weisen auf Ewigkeit und Vergänglichkeit hin.

An der Westwand des lichtdurchfluteten Hallenraumes begegnen wir heute wieder dem 1700 von Andreas Schlüter geschaffenen Grabmal für den Hofgoldschmied Daniel Männlich, das, in den 60er Jahren aus der Ruine genommen, bis 1986 im Bode-Museum verwahrt wurde.

1698 war die Frau Männlichs gestorben, er folgte ihr ein Jahr nach Vollendung des Schlüterschen Meisterwerkes. Auf die Umgliederung des Grufteingangs hatte der Bildhauer die großartige Bildwerkgruppe aufgebaut, deren Figuren er eine dramatische Lebendigkeit verlieh. Wie das Triumphsymbol des Todes thront die Urne auf dem Dach der Rahmung, und an das Gefäß war ursprünglich ein Porträtmedaillon des Ehepaares geheftet. Der Profession des Bestellers entsprechend, hatte man es vergoldet, doch fiel es wohl samt der Inschrifttafel den Buntmetallmardern der Nachkriegszeit in die Hände. Links der Urne aber hockt die Figur des Todes, doch nicht als der übliche Knochenmann. Furchterregend ist der Anblick jener herben Strenge und des unabwendbaren Griffes nach dem Kinde. Der Knabe scheint verzweifelt in letzter Minute fliehen zu wollen. Ein Gefährte beschaut das Geschehen angstvoll von rechts, doch ohne helfen zu können. In harter Dissonanz stehen Symbol der Verwesung und Genius des Lebens hier einander gegenüber. Die Allegorie, in der die alten Totentanzmotive zu erwachen scheinen, wird im dekorativen Verband zur grimmigsten Wirklichkeit gestaltet. Zur Findung dieser drastischen Form in ihrer unerbittlichen Wahrhaftigkeit mag Schlüter die eigene Schicksalserfahrung geholfen haben: Eben war sein jüngster Sohn Gotthard einjährig gestorben. So will dem Betrachter scheinen, dass des Todes Augen drohend auf ihn niederblitzen. Daher kann man nicht zuletzt an jenem Ort, der so beredt von Männlichs Geld und Schlüters Ruhm zu künden weiß, dem Tod ins Auge schauen.

An den Außenmauern der Nikolaikirche befindet sich noch immer eine Reihe von Steinen, so der des Begründers des Pietismus, Philipp Jakob Spener (1635–1705), Probst an St. Nikolai. Seine Religiosität, auf Mystik und Spiritualismus zurückgehend, Feind aller toten Orthodoxie und allen leeren Kirchenchristentums, regte das geistige Leben auch der deutschen Klassik und Romantik an. Noch der Berliner Theologe Schleiermacher und die moderne, auf Kierkegaard zurückgehende Philosophie nahmen pietistische Einflüsse auf. Hier ruhen auch seit 1698 Johann Kaspar Schade, der Verfasser des Liedes »Meine Seel ist stille zu Gott«, seit 1734 der Ratsmann Stanislaus Rücker, seit 1748 der Buchhändler Ambrosius Haude, Speners Schwiegersohn, und seit 1804 der Probst, Theologe und Schriftsteller Johann Joachim Spalding. Neueren Datums sind die Tafeln: *Paul Gerhardt, 1607–1676, wirkte an der S. Nikolaikirche in Berlin von 1657 bis 1666. Lobet den Herrn alle, die ihn ehren,* und *Johann Crüger, 1598–1666, Kantor an der S. Nikolaikirche in Berlin von 1622–1662. Nun danket alle Gott.*

Invalidenfriedhof
Scharnhorststr. 25, 10115 Berlin

Der 1748 angelegte, nach dem Garnisonsfriedhof zweitälteste Militärfriedhof Berlins war ursprünglich nur als letzte Ruhestätte für die »lahmen Kriegsleut« des Invalidenhauses gedacht. Nach den Freiheitskriegen und 1848 wurde er zunehmend zu einer Erinnerungsstätte wechselvoller preußisch-deutscher Geschichte. Hier wurden die mit dem Eisernen Kreuz und dem Orden Pour le mérite ausgezeichneten hohen Militärs beerdigt. Seit Ende des 19. Jhs. fanden auch Zivilpersonen hier ihre letzte Ruhe. Da Berlin seit 1810 Sitz der Kriegsakademie war, erhielt der Invalidenfriedhof (und seine nächste Umgebung mit der 1852 als Nationaldenkmal errichteten Säule und den zahlreichen Gefallenendenkmälern) bis in den 2. Weltkrieg eine besondere Funktion für den Heldenkult. Während der NS-Zeit gab es Vorstellungen, die wichtigsten Grabmäler in einer gigantischen »Soldatenhalle« mit Gruftgewölbe aufzustellen, die nach Plänen von Wilhelm Kreis an der so genannten Nord-Süd-Achse entstehen sollte. Da das Territorium des Friedhofs für einen von Hitlers Hauptarchitekten Albert Speer projektierten Großbau (das Oberkommando der Kriegsmarine) benutzt werden sollte, schlug Ernst von Harnack in seiner 1941–1943 verfassten Denkschrift vor, alle bedeutenden Grabstätten in den Ehrenhof des Invalidenhauses zu überführen. Der Verlauf des 2. Weltkrieges verhinderte diese Aktionen; ebenso unterblieb auch die Errichtung eines bombastischen Ehrenmals für den SS-Führer Reinhard Heydrich (1904–1942) durch den Architekten Wilhelm Kreis mit Plastiken von Arno Breker, das als Pendant zum Scharnhorst-Denkmal gedacht war. Die Namen der Toten, die hier ruhen, sind gleichermaßen mit den besten patriotischen Traditionen wie mit der verhängnisvollen militaristischen und nationalsozialistischen Geschichte verbunden. Neben Scharnhorst, Boyen und Friesen oder den Offizieren des gescheiterten Attentates auf Hitler vom 20. Juli 1944 sind hier Schlieffen, Seeckt, Todt und Heydrich bestattet. 1950 wurde die Schließung des Friedhofes verfügt und mit einer Abräumung abgelaufener bzw. ungepflegter Grabstellen begonnen. Der Mauerbau vom 13. August 1961 brachte brutale Eingriffe in die Friedhofsanlage: Die drei westlichen Bestattungsfelder E, F und G lagen im »Todesstreifen«, die Felder H, C und B – mit dem Scharnhorst-Denkmal – im Grenzgebiet. Grabdenkmäler, die im Sperrgebiet »sichtbehindernd« wirkten, wurden flachgedeckt bzw. demontiert, andere vollständig beseitigt und die Ruhestätten eingeebnet.

Dem Schicksal der völligen Liquidierung entging der Friedhof nur knapp. Von 3000 Grabstätten sind heute nur noch etwa 230 in unterschiedlichem Zustand erhalten. Seit der Maueröffnung am 9. November 1989 ist der Friedhof wieder uneingeschränkt zugänglich. Geplant ist nicht die Rekonstruktion der Gesamtanlage, sondern die Erhaltung des Vorhandenen. Auch die Mauer soll an dieser Stelle als historisches Dokument stehen bleiben. Die Hauptallee ist wiederhergestellt und mit jungen Bäumen bepflanzt worden.

Von überragendem Kunst- und Geschichtswert ist das 1826–1834 von Schinkel entworfene Grabmal für Gerhard Johann David von Scharnhorst (1755–1813). Der weitsichtige General in den Befreiungskriegen und Reorganisator des preußischen Heeres war in der Schlacht bei Großgörschen als Generalstabschef Blüchers verwundet worden und in Prag verstorben. Von dort wurden seine sterblichen Überreste 1826 nach Berlin auf den Invalidenfriedhof überführt. Bereits 1820 hatte Schinkel eine Grabkapelle für Scharnhorst entworfen, die in Prag errichtet werden sollte. Sein zweiter Denkmalsentwurf – Schinkels reifste Leistung auf dem Gebiet der Grabmalkunst, so der Schinkel-Biograph Paul Ortvin Rave – hat unbeschädigt die Zeiten überdauert. Ein klassizistisch strenger Aufbau von 5,6 m Höhe: auf abgetrepptem Sockel zwei glattflächige Rechteckpfeiler, auf denen als mächtiger Quader aus Carrara-Marmor ein Hochsarkophag ruht, auf seinem umlaufenden Relief antikisierend dargestellte Szenen aus Scharnhorsts Leben von Christian Friedrich Tieck, die erst 1833 fertig gestellt wurden; an seinem Deckstein Widmungsinschriften. Als Bekrönung des Denkmals ein ruhender monumentaler Löwe, ein bedeutender Bronzeguss der Königlichen Eisengießerei, 1828 von Theodor Kalide nach dem Modell von Christian Daniel Rauch ausgeführt. In ursprünglichem Zustand erhalten ist auch das gusseiserne Gitter, ebenfalls von Schinkel entworfen. Nach Umbettung der Gebeine konnte das Grabmal 1834 enthüllt werden.

Der alte Typus des frei stehenden Hochsarkophags ist hier in architektonischer Weise abgewandelt, da der Marmorsarkophag – auf zwei schweren Sockeln ruhend – durch seine blockhafte Form und als Träger eines reliefierten Frieses wie ein zweites Postament für den mächtigen, auf dem Deckel ruhenden Löwen wirkt. Rauch modellierte den Löwen nach der Natur; im Gegensatz zu Thorvaldsens 1818 für das Luzerner Kriegerdenkmal entworfenem Löwen, der in illusionistischer Weise in einer Felshöhle tödlich getroffen liegt, erhielt er hier durch das Motiv des Schlafens einen ganz anderen Symbolwert: Der Friede ist gemeint und zugleich die mögliche Erweckung stärkster Kräfte bei Gefahr. Als einer der ersten glänzend gelungenen Bronzegüsse der Kgl. Eisengießerei (aus dem Metall alter Kanonen, das Prinz August geschenkt hatte) markiert er den Neubeginn der gerade in Berlin zu besonderem Ruhm aufsteigenden Erzbildnerei. Wie jedoch Schinkel den reichbewegten Reliefstil durch Zurücksetzung und markante, horizontal gelagerte Steinblöcke einzubinden verstand und auch den ruhenden Löwen dem blockhaften Umriss unterordnete, ohne ihm etwas von seiner Lebenskraft zu nehmen, ist ein hervorragendes Beispiel dafür, dass große Architekten oft die besten Denkmäler entwerfen.

Für Karl Friedrich Friesen (1785–1814), der maßgeblich an der Erneuerung der preußischen Armee nach 1806 beteiligt, Leutnant und Adjutant im Lützowschen Freikorps und Mitbegründer der deutschen Turnbewegung (er legte den ersten Turnplatz in der Hasenheide an) war, ließ König Friedrich Wilhelm IV. 1842 lediglich ein schmuckloses Eisenkreuz zur Rechten des Scharnhorst-Monumentes errichten. Es wurde 1872 durch die Berliner Turnvereine erneuert, die alljährlich zum Todestag Friesens an dessen Grab Lorbeerkränze niederlegten. Friesen war 1814 in der Nähe des französischen Dorfes La Lobbe bei Rethel als Versprengter erschossen worden. Er hatte mit seinem Freund August Freiherr von Vietinghoff gelobt, dass beim Tode des einen der andere dessen Gebeine zur Ruhestätte in vaterländischer Erde heimführen sollte. Erst 1816 aber konnte Vietinghoff das Grab ausfindig machen und öffnen. »Er nahm die Gebeine mit sich von Garnison zu Garnison, 26 Jahre hindurch, bis er endlich als Oberstleutnant a. D. sich in Berlin niederlassen konnte«, berichtet die Zeitschrift »Der Bär« in einem Beitrag vom 2. Juni 1900. Nach Genehmigung durch Friedrich Wilhelm IV. konnte 1843 die Bestattung Friesens auf dem Invalidenfriedhof stattfinden.

Unweit von den Ruhestätten Friesens und Scharnhorsts erhebt sich das von Friedrich Wilhelm IV. gestiftete architektonische Grabmal für den Generalleutnant Friedrich von Rauch (1790–1850), Generaladjutant Friedrich Wilhelms IV., und für weitere Mitglieder der Familie von Rauch. Es geht auf einen Entwurf Friedrich August Stülers zurück und steht in der Schinkel-Nachfolge: Ein langgestrecktes, von Pfeilern eingefasstes Postament wird von einem rundbogigen Portikus übergiebelt, in dem sich wohl ursprünglich eine Statue befand. Von dem früher unmittelbar vor, heute links neben dem Scharnhorst-Denkmal liegenden Erbbegräbnis des Generalfeldmarschalls, preußischen Kriegsministers und Heeresreformers Hermann von Boyen (1771–1848), ebenfalls von Stüler im Auftrag Friedrich Wilhelms IV. entworfen, ist nur noch die schlichte niedrige Rückmauer mit den Schrifttafeln vorhanden. Die einst hochragenden Ecksäulen mit ihren von Viktorien bekrönten Kapitellen wurden 1952 wegen Baufälligkeit beseitigt.

Erst zu seinem 100. Todestag wurden die sterblichen Überreste des Generalleutnants Hans Carl von Winterfeldt (1707–1757) 1857 aus dem schlesischen Pilgramsdorf nach Berlin überführt und dem durch seine Freundschaft mit Friedrich II. berühmt gewordenen Feldherrn auf dem Invalidenfriedhof in Anlehnung an barocke Vorbilder ein aufwändiges Grabmal errichtet. Das Zitat des Königs am rückwärtigen Teil des Sockels *Er war ein guter Mensch, ein Seelenmensch. Er war mein Freund* bezeugt die historisch volksnahe Betrachtungsweise der Biedermeierzeit. Der hoch aufragende Granitunterbau trägt ein Bronzemedaillon mit der Porträtbüste des Verstorbenen sowie auf der Rückseite ein Relief mit einer trauernden Viktoria. Er wird gekrönt von einem Tropaion, das auf den Fahnenbändern die Ruhmestaten der Schlesischen Kriege verzeichnet und durch die Schriftrolle auf das Bündnis zwischen Russland und Preußen 1840 hinweist. Es sind Arbeiten von Heinrich Freiherr von Ledebur, aus dem Jahr 1859.

Die stilistisch verwandte, aber wesentlich schlichter gestaltete Granitstele für den Generalleutnant und Divisionskommandeur Ferdinand August von Witzleben (1800–1859), die von einem Federbusch bekrönt wird, trägt ein unsigniertes Bronzemedaillon mit vollplastisch gearbeiteter Porträtbüste des Kriegsministersohnes, das 1990 gestohlen wurde. Das Grabmal stand ursprünglich links von der Ruhestätte der Familie Rauch und wurde nach 1945 hinter das Scharnhorst-Denkmal versetzt.

Die Königliche Eisengießerei ist noch durch mehrere Werke auf dem Friedhof vertreten: Mitten auf der Kreuzung der beiden Hauptwege trifft man auf die wappengeschmückte Eisenplatte für den Generalleutnant und Kommandanten des Invalidenhauses Gustav Friedrich von Kessel (1760–1827). Die Grabplatte für den General Johann August Friedrich Freiherr Hiller von Gaertringen (1772–1856) schmückte ursprünglich ein Lorbeerkranz aus Bronze, dagegen erinnern zwei einfache Schriftplatten an den General August Friedrich von Reiche (1775–1855) und den General und Chef des Generalstabs der Armee Carl Friedrich Wilhelm von Reyher (1786–1857). Wenigstens drei weitere Grabmäler von Schinkel sind nachgewiesen, aber nicht mehr vorhanden. So wurde 1984 das neogotische Eisenkunstguss-Denkmal für den General und Kriegsminister Job Wilhelm Carl Ernst von Witzleben (1783–1837), 1840 im Auftrage Friedrich Wilhelms III. nach Entwürfen Schinkels entstanden, ein von Säulen getragenes und von Adlern mit ausgebreiteten Schwingen bekröntes Tabernakel mit einer Statue der Siegesgöttin, wegen völliger Verrostung abgeräumt. Andere sind zur Restaurierung 1990 abgebaut worden, so z. B. das Grabmal für den Generalmajor und Invalidenhauskommandanten Ernst Otto von Reineck (1729–1792): in Gestalt einer Säule mit Urne und einem Waffengehänge mit Lorbeerkranz am Sockel. Das Sandsteinmal für den General und Kriegsminister Friedrich Wilhelm von Rohdich (1719–1796) in Form einer großen elliptischen Urne wurde schon 1920 in den ursprünglichen Empireformen erneuert. Das älteste und bemerkenswerteste Grabmal ist das mächtige, den klassizistischen Typ der Ara verkörpernde Sandsteinmonument für den Obersten und Kommandanten des Invalidenhauses Michael Lodewig von Diezelsky (1708–1779), ein kubischer Inschriftstein mit Bildnisrelief, ganz antikisch als Profilkopf im Rund von einer Lorbeergirlande umhangen, bekrönt von Schild und Federbuschhelm, nach einem Entwurf des Malers Bernhard Rode. Das 3,45 m hohe Mal ist beispielhaft für den Berliner Klassizismus der Jahrhundertwende; es war auch am stärksten verwittert und gefährdet und wurde deshalb sichergestellt.

An diesen Grabmalstyp knüpfen stilistisch auch die nebeneinander stehenden Eisengussdenkmäler für die Brüder Otto Carl Lorenz von Pirch (1765–1824) und Georg Dubislaw Ludwig von Pirch (1763–1814) an, beide Generalleutnants in der preußischen Armee. Die beiden Monumente, auf deren hohem lorbeergeschmücktem Sockel sich der Federbuschhelm über Schwert und Eichenkranz erhebt, gehen auf einen Entwurf Schinkels zurück, der 1825 auf der Neujahrsplakette der Kgl. Eisengießerei abgebildet war; sie sind ebenfalls zur Restaurierung abgebaut worden.

Auf dem Grabfeld C haben sich einige bemerkenswerte Denkmäler des 20. Jhs. erhalten. Bei dem Kalksteinmal für Generaloberst Ludwig Freiherr von Falkenhausen (1844–1936) folgten die Bildhauer Hans Dammann und Heinrich Rochlitz klassizistischen Vorbildern – wie dem Monument Pirch: Gesenkte Fackeln begrenzen die Ara, auf der ein mächtiger Helm über Schwert und Lorbeerkranz ruht. Im Stile der Neuen Sachlichkeit ist Otto Hitzbergers Grabstein für Generalfeldmarschall Hermann von Eichhorn (1848–1919). Er trägt auf der Rückseite die zeittypische Inschrift: *Sein Leben war geweiht Pflicht, Ehre, Vaterland. Er starb in unerschütterlichem Glauben an das heilige Recht des deutschen Schwertes, in ritterlicher Treue zugetan seinem König und Kaiser, vertrauend und ergeben in die göttliche Vorsehung.*

Die mächtige rötliche Granitplatte über der Ruhestätte des Generalfeldmarschalls Alfred Graf von Schlieffen (1833–1913) umgab früher – wie viele andere Denkmäler – ein Kunstschmiedegitter. Schlieffen war 1891–1905 Chef des Generalstabes und arbeitete den »Schlieffen-Plan« für den Weltkrieg aus. Dieser Aufmarschplan sah im Falle eines Zweifrontenkrieges für die deutschen Armeen Zurückhaltung im Osten und Konzentration der Kräfte am westlichen Nordflügel vor. Hier liegt auch Hellmuth von Moltke (gest. 1916), Generalstabschef bei Ausbruch des 1. Weltkrieges, dem die Schuld für die Nichtbefolgung des Schlieffen-Planes in die Schuhe geschoben wurde. In der Nähe findet sich ebenfalls die Granitplatte für Generaloberst Werner Freiherr von Fritsch (1880–1939), der als Oberbefehlshaber des Heeres in militärische Opposition zu Hitler geriet und deshalb 1938 entlassen wurde. Umgesetzt vom abgeräumten Feld E wurde das Grabmal für Generalmajor Max Hoffmann (1869–1927), der 1917/18 die deutsche Delegation bei den Friedensverhandlungen von Brest-Litowsk leitete: Die überlebensgroße Sitzfigur eines männlichen Aktes des Klinger-Schülers Arnold Rechberg ist ein Bronzeguss der Berliner Werkstatt Hermann Noack.

Zur Linken erhebt sich die lebensgroße Jugendstil-Marmorfigur einer Trauernden vor einem zyklopischen Kreuz aus schwarzem Granit über der Grabstätte Julius Noltes (gest. 1908); sie stammt von dem Hannoveraner Bildhauer Roland Engelhard. Auf dem Städtischen Friedhof Zehlendorf gibt es eine identische, 1905 geschaffene Plastik.

Nur hier, auf keinem anderen Berliner Friedhof, ist ein Heiliger Georg im Kampf mit dem Drachen anzutreffen, eine Bronzeplastik von Otto Feist, gegossen bei Peters in Karlsruhe. Sie befindet sich vor einer Granitstele für den Generalmajor Julius von Groß, genannt von Schwarzhoff (1850–1901), inmitten des Feldes D links vom Eingang. Der Jenaer Bildhauer Natter schuf für Hans-Joachim Buddecke (1890–1918) einen Steinpfeiler, der in einem stilisierten Jagdfalken ausläuft. Das heute bis zur Unkenntlichkeit verwitterte Sandsteinrelief »Mutter Erde nimmt ihren Sohn auf« für den Leutnant Werner John (1898–1918) ist eine Arbeit von Emil Cauer d. J.; einer leicht abgewandelten Marmorausführung kann man auf dem Stahnsdorfer Friedhof an der 1915 angelegten Ruhestätte Wolff begegnen.

An der Nordostmauer des Grabfeldes A befand sich vor der einzigen erhaltenen Grabkapelle, um 1902 für die Generalsfamilie Voigts-Rhetz in dorischer Tempelform erbaut, der 1990 sichergestellte kniende Marmorengel vom früheren Grab des Generals Julius von Verdy du Vernois (1832–1910).

Aber auch weitere Persönlichkeiten wie der Industrielle Ludwig Wöhlert (1798–1877), der Maurermeister Carl Rabitz (1825–1891), durch die Rabitzwand »unsterblich« geworden, der als Graue Eminenz bekannte preußische Politiker Friedrich von Holstein (1837–1909) oder der Generalintendant der Königlichen Schauspiele (auch der in Kassel, Wiesbaden und Hannover) Botho von Hülsen (1815–1886), der über 30 Jahre lang eine ganze Generation von Dramatikern und Schauspielern mitbestimmte, sind hier beerdigt. Ihre Grabstätten sind allerdings zerstört.

Auf dem Invalidenfriedhof sind auch die sterblichen Überreste der Kampfflieger Manfred Freiherr von Richthofen (1892–1918), Werner Mölders (1913–1941) und Ernst Udet (1896–1941) beigesetzt worden. Richthofen war der tollkühnste und wagemutigste Fliegeroffizier im 1. Weltkrieg, Kommandeur des Jagdgeschwaders Nr. 1, auch nach der Farbe seines Flugzeugs der »Rote Baron« genannt. Er kam zu 80 Abschüssen, nach dem 16. erhielt er den Orden Pour le mérite. Mölders Grab wurde beim Mauerbau planiert, im Herbst 1991 aber wieder eingeweiht, direkt unter den Resten der Hinterlandmauer, auf dem Todesstreifen. Ernst Udet, das Vorbild für Zuckmayers Nachkriegsdrama »Des Teufels General«, war einer der erfolgreichsten Jagdflieger – 62 Abschüsse im 1. Weltkrieg –, er wurde 1938 zum Luft- und Generalluftzeugmeister der deutschen Luftwaffe befördert, 1940 zum Generalobersten ernannt. Da er später von Hitler und Göring für den Misserfolg in der Luftschlacht um England verantwortlich gemacht wurde, ging er in den Freitod. In den USA vernahm Zuckmayer allein die falsche offizielle Meldung, Udet sei beim Ausprobieren einer neuen Waffe tödlich verunglückt – die Propagandaversion, die dem Wunschbild des Fliegerhelden Udet gemäß war.

Neben den Tätern wurden die Opfer des Krieges begraben. In den letzten, den schrecklichsten Bombennächten Berlins bestattete man in Massengräbern die Toten der Luftangriffe. Auch die Schwestern des Kaiserin-Augusta-Hospitals liegen hier.

Friedhof der Dorotheenstädtischen und Friedrich-Werderschen Gemeinden

Chausseestr. 126, 10115 Berlin

Ursprünglich gab es fünf Friedhöfe vor dem ehemaligen Oranienburger Tor an der Chausseestr. Es waren im Westen der ehemalige Charité-Friedhof, gegründet im 18. Jh., 1856 geschlossen; südwestlich in etwa durch die Hessische Str. und einen Teil der Hannoverschen Str. begrenzt. Östlich von ihm, getrennt durch eine z. T. erhalten gebliebene Mauer, liegt der 1762 angelegte Dorotheenstädtische Friedhof, der mit einem schmalen Stück bis an die Hannoversche Str. herangeführt wird und von der Chausseestr. 126 zugänglich ist. Unmittelbar an der Chausseestr. 127, zwischen dieser und dem Dorotheenstädtischen Friedhof, befindet sich der Friedhof der französischen reformierten Gemeinde, der seit der Gründung 1780 in ursprünglicher Ausdehnung überliefert ist. Im südlich anschließenden Zwickel existierten vormals noch zwei kleinere Friedhöfe: der 1777 gegründete, 1902 beräumte katholische St.-Hedwigs-Friedhof und der etwa gleichzeitig entstandene, bereits 1887 zur Bebauung verkaufte Friedrich-Werdersche Friedhof.

Der Dorotheenstädtische Friedhof wurde zwischen 1814 und 1826 dreimal erheblich vergrößert. Seit Schließung des Friedrich-Werderschen Friedhofs war er für beide Gemeinden bestimmt. 1889 wurden auch einige Grabstätten aus dem beräumten Friedhof an die jetzige

Stelle verlegt, so diejenigen von Johann Gottlieb Fichte, Georg Wilhelm Friedrich Hegel, Christoph Wilhelm Hufeland und des Juristen K. A. C. Klenze.

Der Dorotheenstädtische Friedhof ist die traditionelle Begräbnisstätte bedeutender Gelehrter, Künstler, Industrieller und Politiker bis in die jüngste Zeit. Es gibt wohl kaum einen Friedhof, an dem so viel Geistes- und Kulturgeschichte sichtbar wird: vom Geist des Napoleonischen Freiheitskampfes, den Fichte beschwor, bis zum Widerstandskampf im Dritten Reich, vom Klassizismus bis zum Dadaismus, vom Industrialismus bis zum sozialistischen Staat. In buntem Durcheinander ruhen hier auf engstem Raum der preußische Minister Delbrück, der Theaterintendant Wolfgang Langhoff und der Vorsitzende der LDPD, Hans Loch; der Erfinder der Anilinfarben, Hofmann, und der Komponist Hanns Eisler liegen neben Rungenhagen, dem Direktor der Singakademie, Brecht und Helene Weigel im Schatten von Hufeland, dem Arzt Schillers, Goethes und des Königs. Der Bildhauer Rauch hat sein Grab neben Borsig, einem Vizeadmiral und einem Konditor, weiterhin Kollegen Hegels, wie Eduard Gans, August Boeckh und Bürger ohne Titel und Rang. Auf dem von Pappeln umsäumten Hauptweg – am früheren Wohnhaus von Brecht und Helene Weigel vorbei – kommt man zur großen Marmorstatue Martin Luthers, 1909 von Ernst Waegener nach dem 1821 für den Wittenberger Marktplatz geschaffenen Original Johann Gottfried Schadows kopiert, ursprünglich in der Dorotheenstädtischen Kirche, 1975 hier aufgestellt.

Die Berliner Grabmalkunst des 19. Jhs. ist auf dem Friedhof typologisch nahezu vollständig durch eine Reihe qualitätvoller Denkmäler aus dem Kreis der klassizistischen Baumeister und Bildhauer – Schinkel, Schadow, Rauch, Tieck – sowie deren Schulen vertreten. Das Material ist in der Regel roter und schwarzer Granit, geschliffen und poliert, bzw. Sandstein; der plastische Schmuck und die Inschriften in Bronze. Aus Gusseisen sind einige Grabkreuze aus der ersten Hälfte des 19. Jhs. an drei Stellen erhalten. Barocke Denkmäler sind nicht überliefert. Ältestes klassizistisches Grabmal ist das für den Lederfabrikanten Jacob F. Frölich (1737–1807), ein urnenbekrönter (die Henkel der marmornen Deckelurne fehlen), rechteckiger Grabaltar von schönen Proportionen, mit Inschrifttafeln und einer Öllampe im Relief unter gedrücktem Halbkreisbogen, in den kubischen Formen der Gilly-Schule. Das 3 m hohe Grabmal für Marie Henriette Caroline Schadow

(1784–1832) wurde von Johann Gottfried Schadow für seine zweite Frau errichtet: eine abgeschnittene Sandsteinsäule mit einer Deckelurne (sie ist ohne antikes Vorbild) aus grauem Marmor als Symbol der Vergänglichkeit. Schadow (1764–1850) gilt als der bedeutendste deutsche Bildhauer um 1800. Seine Hauptwerke sind das Grabmal des Grafen von der Mark, das erste lebensgroße Doppelstandbild des Klassizismus »Prinzessinnengruppe« (beide Alte Nationalgalerie, Berlin), die Quadriga auf dem Brandenburger Tor, das Relieffries für die Münze (heute Altenwohnheim am Charlottenburger Schloss). Der durch ihn begründete realistische Stil der Berliner Bildhauerschule wirkte bis zum Ende des 19. Jhs. nach. Schadows eigenes Grabmal ist ein überaus realistisch durchgebildeter, schlanker Pfeiler mit Volutenkapitell, darauf die Statuette des damals 60-jährigen Schadow im Alltagskleid mit den Attributen seines Handwerks nach dem Modell seines Schülers Heinrich Kähler von 1822. Als Schadow diese Arbeit sah, gefiel sie ihm so gut, dass er einen Bronzeguss (1822) als Schmuck für sein Grabmal bestimmte. Das Original wurde dann durch einen Zinkguss ersetzt. Ein Bronzeguss von 1850 befindet sich im Gemeindehaus, Johannes-Dieckmann-Str. 3.

Die einfachste Form des klassizistischen Grabmals – eine in die Mauer eingelassene Inschrifttafel – ist an der Familiengrabstätte Krüger von 1844 zu finden, dort auch die Tafel für den Hofmaler Franz Krüger (1797–1857). Er wurde der »Pferdekrüger« genannt, weil er zahlreiche Kriegs- und Jagdszenen wie Reiterbilder malte. In der Alten Nationalgalerie befindet sich sein Kolossalgemälde »Parade auf dem Opernplatz in Berlin 1822« von 1829; es gibt die Atmosphäre jener Zeit wieder und stellt Berühmtheiten des damaligen Berlin vor. Johanna Eunicke, die 1821 in der Premiere von Carl Maria von Webers »Freischütz« die Rolle des Ännchen sang – diese Aufführung bezeichnete man seitdem als Geburtsstunde der deutschen Oper –, wurde 1825 Krügers Frau. Sie starb 1856 und ist hier ebenfalls beigesetzt. Von derselben Schlichtheit das Grabmal für den Arzt Christoph Wilhelm Hufeland (1762–1836) und seine Familie, ein violett schimmerndes Marmorkreuz. Hufeland war 1798 als königlicher Leibarzt, erster Arzt der Charité und Mitglied der Akademie der Wissenschaften nach Berlin gekommen und übernahm bei Gründung der Universität die Professur für spezielle Pathologie. Er war nicht nur Arzt von betont christlicher Gesinnung, sondern auch Begründer der Medizinisch-Chirurgischen

Gesellschaft. Seine »Makrobiotik oder Die Kunst, das menschliche Leben zu verlängern« (1796) wurde in viele Sprachen, selbst ins Chinesische, übersetzt. Einzigartig das – heute stark verrostete – Eisengussdenkmal für Martin August Freund (1806–1827), Mitbegründer der Freundschen Eisengießerei in Charlottenburg: ein großer Lekythos mit Reliefdarstellung der Norne Skuld vor einem schreitenden Pferd, in Anlehnung an attische Vorbilder, auf würfelförmigem Postament, vom Bruder des Verstorbenen, dem Kopenhagener Bildhauer Hermann Ernst Freund; das Gefäß wurde in Gleiwitz gegossen.

Zwei ausgewählte Beispiele für die Obeliskform sind einmal der hohe, dreiseitige Obelisk vom Grab des Philosophen und Patrioten Johann Gottlieb Fichte (1762–1814), des ersten Rektors der Berliner Universität, bekannt geworden durch seine gegen die französische Fremdherrschaft gerichteten »Reden an die deutsche Nation«. Das Grabmal, ursprünglich aus Gusseisen der Königlichen Eisengießerei, wurde nach 1819 errichtet (der Entwurf von Karl Friedrich Schinkel ist umstritten), 1945 zerstört und 1950 durch ein gedrungeneres aus Sandstein ersetzt. Das originale, von Eichenlaub umkränzte Bildnismedaillon aus vergoldeter Bronze von Ludwig Wichmann befindet sich jetzt in der Johannes-Dieckmann-Str. 3. Zum anderen der hohe Granitobelisk für den klassischen Philologen August Boeckh (1785–1667) mit dem schönen Bronzemedaillon von Reinhold Begas.

Die gebräuchlichste Form des klassizistischen Grabmals, die Stele, ein in der Regel schlank proportionierter, aufrecht stehender Monolith, häufig mit Bildnismedaillon und übergiebeltem Abschluss, ist in zahlreichen Beispielen vertreten. Ausnahmsweise mehr quaderförmig gedrungen und betont schlicht der kleine Cippus aus Granit ohne Bildnis am Grab des berühmten Philosophen Georg Wilhelm Friedrich Hegel (1770–1831). Er hatte schon zu Lebzeiten einen Platz neben seinem Vorgänger Fichte ausgewählt. Üblicher dagegen die Form des Grabmals für Philipp Karl Buttmann (1764–1829), mit zwei erneuerten Reliefs von Friedrich Tieck; von denen eines das Bildnis des Verstorbenen wiedergibt. Entsprechend auch die Grabstelen für Karl August Clemens Klenze (1793–1838), den Rechtsgelehrten und Bruder des Baumeisters Leo von Klenze, den Juristen Eduard Gans (1797–1839) oder den Komponisten C. F. Rungenhagen (1778–1851), Zelters Nachfolger als Direktor der Singakademie, eine breite Stele mit steinernem Kreuz darauf. Der schlichten Stele für den Bildhauer Felix Schadow

(1819–1861), den Sohn von Johann Gottfried Schadow, schräg hinter der Porträtstatuette seines Vaters, fehlt das Medaillon. An der Granitstele für den Bildhauer F. A. Hermann Schievelbein (1817–1867) stammt das Bildnismedaillon 1870 von Gustav Bläser. Daneben die Stele für den Bauunternehmer J. C. Otto (1787–1865). Die Grabstele aus rotem Granit für den Bildhauer Christian Daniel Rauch (1777–1857) wurde nach eigenem Entwurf von 1855 mit der bekrönenden Allegorie der Hoffnung aus Bronze, einem mit flehender Gebärde aufblickendem Genius, und mit dem Reliefbildnis von Albert Wolff, 1859, versehen.

Rauch, dessen monumentales Reiterstandbild für Friedrich II. Unter den Linden als bedeutendstes Denkmal der Berliner Kunstgeschichte des 19. Jhs. gilt, verband in seinem Stil klassische, an der Antike orientierte Formen mit individueller Porträt- und historischer Kostümgenauigkeit und war in besonderem Maße schulbildend. Seine Schüler prägten die Berliner Bildhauerschule bis zum Jahrhundertende.

Neben Rauchs Grabmal befinden sich die Stelen für den Bildhauer Friedrich Wilhelm Dankberg (1819–1866), wohl nach eigenem Entwurf ein würfelförmiger Stelenaufsatz mit Bildnismedaillon, für den Physiker H. G. Magnus (1802–1870) und für den preußischen Staatsminister Rudolf von Delbrück (1817–1903), eine rote Granitstele mit klassizistisch tradiertem Bildnismedaillon von Joseph Kopf, Rom, 1884, wobei das reiche neugotische Gitter hierher übernommen worden ist. Delbrück war Bismarcks engster Mitarbeiter und besorgte die Organisation der Verwaltung im neugegründeten Deutschen Reich; so redigierte er die Reichsverfassung von 1871.

Auf verschiedenen Berliner Friedhöfen stehen Grabdenkmäler, die auf Entwürfe Karl Friedrich Schinkels (1781–1841) zurückgehen. 1821 zeichnete er fünf verschiedene Formen für Grabmale. Darunter auch eines, die als Cippus oder Stele bezeichnet wird. Sie zeigt eine etwas verjüngte Grabplatte in antiker Art mit Sockel, Bildwerk und Giebel. 1833 entwarf er das Grabmal für den Chemiker S. F. Hermbstaedt (1760–1823), eine besondere, später oft wiederholte und abgewandelte Form des Stelenaufsatzes – ein Palmettenakroterion mit allegorischer Figur darin sowie mit weiblichen, Kränze haltenden Genien.

Auch das Grabmal von Schinkel selbst, der als der bedeutendste deutsche Baumeister des 19. Jhs. gilt, ist in der bevorzugten Form des

Klassizismus als Stele gestaltet. Schinkel ist der Hauptvertreter der deutschen klassischen Architektur, der in seinen Werken antikisierende, neugotische, klassizistische und romantische Tendenzen vereinte und sie produktiv für die eigene Zeit verwertete. Er hat mit der Neuen Wache, dem Schauspielhaus, dem Alten Museum und der Friedrich-Werderschen Kirche wie kein anderer das Stadtbild Berlins geprägt. An der Bauakademie entwickelte er ganz neuartige Architektursysteme. Er war ein universeller Künstler: Architekt, Stadtplaner, Landschaftsmaler, Maler und Zeichner, Bühnenbildner, Entwerfer (Designer) für Möbel und Gebrauchsgegenstände, Innenraumgestalter und Architekturtheoretiker. Er entwarf das Grabmal für Scharnhorst auf dem Invalidenfriedhof und das sich gleich neben dem Dorotheenstädtischen auf dem Französischen Friedhof befindende renovierte Grabmal, das Friedrich Wilhelm IV. seinem Erzieher und späteren Minister Ancillon errichten ließ. Schinkel setzte zudem für die Grabmalskunst das Eisen ein und brachte den Kunstguss der Königlichen Berliner Eisengießerei zu hoher Blüte. Schinkels eigenes Grabmal wurde auf Vorschlag von seinem Freund Beuth dem einer griechischen Stele nachempfundenen Mal für Hermbstaedt nachgebildet: Ein zartgliedriger, geflügelter Genius steht in den Ranken der Bekrönung (erneuert). Das vergoldete Porträtmedaillon folgt Christian Daniel Rauchs Modell von 1836. *Was vom Himmel kommt, was zum Himmel führt, ist für den Tod zu groß, ist für die Erde zu klein,* steht auf dem Grabsockel zu lesen. Die Ausführung an beiden Denkmälern hat August Kiss besorgt, das Original des Bildnismedaillons Schinkels befindet sich jetzt im Gemeindehaus, Johannes-Dieckmann-Str. 3. Das Gitter nach Entwurf von August Stier verwendet Ornamentformen Schinkels zwischen durchbrochenen Pfeilern.

Repliken desselben Palmettenakroterions, allerdings mit veränderten Figürchen, sind an den drei Stelen – vor rechteckig vertieften Wandfeldern – der Familie des für den preußischen Hof tätigen Goldschmieds George Hossauer (1794–1874) aus der Mitte des 19. Jhs. zu finden. Den abgewandelten Aufsatz im Ganzen trägt das Grabmal des preußischen Staatsmannes Peter Christian Beuth (1781–1853), des Begründers des Berliner Gewerbeinstitutes. Preußen verdankt ihm einen starken gewerblichen Aufschwung. Das Bildnismedaillon ist wohl von August Kiss.

Aber auch die beiden Marmorstelen für G. W. Stüler (1798–1838) und Philippine Stüler (1784–1862), die Erzieherin und Freundin der Königin Josephine von Schweden und Norwegen, haben diesen Aufsatz. Das späteste Beispiel dieser Art ist das Grabmal M. S. Borchardt (gest. 1915), mit dem Bildnismedaillon von Fritz Schaper. Die Stele wird großräumig von einer dreiseitigen Säulenreihe eingefasst, an deren Enden sich die sandsteinernen Sitzfiguren zweier trauernder Engel, diese 1883 von Michael Lock, befinden. Das Wandgrab ist in zwei Varianten vertreten: Die Familiengrabstätte Bramer (gest. 1832) trägt eine schlicht klassizistische, dreigeteilte Fassadenprojektion. An der Außenwand links ein zierlich in Renaissanceformen mit Nischensitzfiguren gegliedertes Wandgrabmal für den Architekten Albrecht Dietrich Schadow (1797–1869). Die Mitte des Triptychons wird betont durch das Bildnismedaillon, die beiden allegorischen Zinkgussfiguren in den seitlichen Nischen stammen von Hermann Schievelbein.

Dagegen hat die Grabstätte der Steinmetz- und Baumeisterfamilie Gottlieb Christian Cantian (1794–1866) aus der Mitte des 19. Jhs. die Form eines monumentalen altrömischen Sandsteinsarkophages, einem Cippus an der Via Appia in Rom nachempfunden: An der Vorder- und Rückseite ist der Opferkranz biedermeierlich aus Blumen gewunden, gerahmt von je zwei gekreuzten, gesenkten Fackeln. Die Todessymbole gehen vielleicht auf eine Anregung Schinkels zurück. Der sandsteinerne – gänzlich unantike – Block wird von einer dreiseitigen Mauer eingefasst, und das Ganze ist wirkungsvoll an den Anfang der Birkenallee gesetzt worden. Cantian war ein Schinkel-Schüler, auf ihn geht die große Granitschale vor dem Alten Museum zurück.

Das Grabmal für den Industriellen August Borsig (1804–1854), den Begründer der gleichnamigen Maschinen- und Lokomotivfabrik, besteht aus einem zweiseitigen Giebel mit straffen Bandvoluten und Akroteren über einer dorisch säulengetragenen offenen Ädikula, nach dem Entwurf von Johann Heinrich Strack 1857. Auf hohem Postament die bronzene Büste des Verstorbenen (1855 von Christian Daniel Rauch); am Fuß des Postaments wurde später das von zwei Knaben (neben einem Genius wohl der Sohn Albert) flankierte Bildnismedaillon der Ehefrau (gest. 1887) als vollplastische Gruppe hinzugefügt. Borsigs erste Fabrik war unweit des Friedhofs gelegen. Zu seiner Beerdigung strömte eine große Menge zusammen, weil er den 14-Stunden-Arbeitstag abgeschafft hatte. Des Architekten Johann Heinrich Strack (1805–1880) eigenes Grabmal ist dem Borsigschen nachgebildet, die rückwärtige Hälfte jedoch geschlossen, darin erhebt sich auf hohem Postament die beschädigte Marmorbüste des Verstorbenen (1881) von Alexander Calandrelli.

Im Typ ähnlich ist das im 2. Weltkrieg schwer beschädigte, inzwischen wieder erneuerte Grabmal für den Architekten und Schinkel-Schüler Friedrich August Stüler (1800–1865), 1867 von J. H. Strack entworfen. Es ist ein Denkmal der Freundschaft. Strack, der sonst rein klassizistische Formen wählte, charakterisierte mit einem Rundbogen Stülers Bauweise, mit der aus dem Akanthus am Giebel aufwachsenden Kreuzblume dessen Frömmigkeit und verwendete für die Säulen den von Stüler bevorzugten Pavonazetta-Marmor. Die Bildnisbüste von Hermann Schievelbein fehlt.

Das Grabmal der Familie Hitzig, u. a. auch des Kriminalisten und Schriftstellers Eduard Hitzig, Freund und Biograph des phantastischen Dichters E. T. A. Hoffmann, und des Architekten und Schinkel-Schülers Friedrich Hitzig (1811–1881) bildet ein von Hermann Ende 1882 entworfenes monumentales Mausoleum in Formen der italianisierenden Neurenaissance, rechteckig mit halbrund geschlossenen Schmalseiten und einem von ionischen Säulen eingefassten Portikus. Das Grabmal des Baurates Friedrich Eduard Hoffmann (1818–1900) krönt eine Christus-Statue nach Bertel Thorvaldsen in einem dreiflügeligen Aufbau aus weißen, gelben und grünen glasierten Formsteinen in Anspielung auf die Erfindung des Ziegelringofens durch den Verstorbenen. Das Grabmal für den Baurat Hermann Alexander Wentzel (1820–1899) und seine als Mäzenin tätige Frau Maria Elisabeth (1833–1899) schließlich ist eine nach des Architekten eigenem Entwurf errichtete aufwändige Pfeiler- und Säulenarchitektur aus polierten roten Granitmonolithen, ein Temenos in dorischem Stil, die bronzene Bildnisbüste in der Mitte wurde von Fritz Schaper geschaffen.

An der Mauer zum Französischen Friedhof befinden sich künstlerisch bemerkenswerte Grabmäler bedeutender Persönlichkeiten aus jüngster Vergangenheit: das Grabmal des Schriftstellers Heinrich Mann (1871–1950), des ersten Präsidenten der Deutschen Akademie der Künste, der freilich vor Amtsantritt in seinem kalifornischen Exil verstarb. Erst 1961 wurde seine Urne hier beigesetzt und das Grab mit der überlebensgroßen bronzenen Bildnisbüste (1950) von dem bereits zu dieser Zeit an der Hochschule für bildende Kunst in Hamburg lehrenden Gustav Seitz geschmückt. Das Grabmal des Internisten Theodor

Brugsch (1878–1963), eine auf breiter Stele reliefierte Bronzetafel mit vier szenischen Darstellungen aus dem Leben des Mediziners, wurde 1969 von dem Bildhauer Werner Stötzer geschaffen. Das Grab des Malers und Graphikers Heinrich Ehmsen (1886–1964) bezeichnet eine Stele mit symbolischer Darstellung auf einer Bronzeplatte von Fritz Cremer.

Die Grabstätten des Dichters, Stückeschreibers und Theoretikers Bertolt Brecht (1898–1956) und seiner Frau, der Schauspielerin und Intendantin des 1949 mit Brecht gegründeten Berliner Ensembles Helene Weigel (1900–1971), markieren zwei unbearbeitete Granitfindlinge mit den Namen der Verstorbenen. Brecht, der mit Helene Weigel in zwei getrennten Wohnungen neben dem Friedhof die letzten Lebensjahre verbracht hatte und seinen morgendlichen Blick auf den Friedhof in einem Gedicht festhielt, hatte im Mai 1955 in einem Schreiben an die Akademie der Künste verfügt: »Im Falle meines Todes möchte ich nirgends aufgebahrt und öffentlich aufgestellt werden. Am Grab soll nicht geredet werden. Beerdigt werden möchte ich auf dem Friedhof neben dem Haus, in dem ich wohne, in der Chausseestr.« Am 14. August 1956 starb Brecht. Drei Tage später wurde er dieser Anweisung entsprechend beigesetzt. Als sein Verleger Peter Suhrkamp um 9 Uhr auf dem Friedhof erschien, war schon alles vorüber. Brecht hatte vorausgesagt, sein Beispiel werde wohl Schule machen und der Friedhof zum Treffpunkt werden wie der Künstlerklub »Möwe«. So kam es. In einiger Entfernung seines und Helene Weigels Grab finden sich die Urnengräber von zwei seiner engsten Mitarbeiterinnen. Elisabeth Hauptmann (1897–1973) hatte wesentlich zu Brechts größtem Erfolg in den zwanziger Jahren, der »Dreigroschenoper«, beigetragen und auch die Story zu »Happy-End« geliefert, mit der man vergeblich versuchte, an diesen Erfolg anzuknüpfen. Ruth Berlau-Lund (1906–1974), seine »Lai-tu«, hatte ihm nicht nur im dänischen Exil geholfen, sondern war ihm Mitarbeiterin und Geliebte und bitter Enttäuschte gewesen. Das Eisenrelief an der Grabstätte Herta Ramthun (1907–1963), einer weiteren Brecht-Mitarbeiterin, schuf Werner Stötzer. Weitere Grabstätten bedeutender Persönlichkeiten: Der Berliner Drucker E.Th. Litfaß (1816–1874) erfand die Anschlagsäule und durfte sie 1855 erstmals öffentlich in Berlin aufstellen; sie trat daraufhin ihren Siegeszug durch die ganze Welt an. Die Tafel auf der eisernen Umfriedung trägt nur den Namenszug ihres Erfinders. Hier ruht auch der Dichter Johannes R. Becher (1891–1958), zunächst Vertreter des Expressionismus, dann Anschluss an die kommunistische Arbeiterbewegung, Mitbegründer und Vorsitzender des Bundes proletarisch-revolutionärer Schriftsteller, während der sowjetischen Emigration Chefredakteur der »Internationalen Literatur/Deutsche Blätter«, 1953 Präsident der Deutschen Akademie der Künste, 1954 erster Minister für Kultur der DDR. Auf dem Stein stehen seine Verse: *Vollendung träumend,/hab' ich mich vollendet .../denn das war meines Werkes heilige Sendung/Dienst an der Menschheit künftiger Vollendung.* Gemeint ist die heilige Sendung eines kommunistischen Dichters, die säkularisierte Ewigkeit.

Der Romanschriftsteller Bodo Uhse (1904–1963) emigrierte 1933 nach Paris, schrieb u. a. den antifaschistischen Roman »Leutnant Bertram« (1944). Auf demselben Friedhof ließ sich ausdrücklich auch Erich Engel (1891–1966) beisetzen, der in West-Berlin wohnte. Er hat fast alle Brecht-Uraufführungen bis zur »Dreigroschenoper« inszeniert, seit 1930 auch Filme gemacht und nach Brechts Tod auch dessen Regiearbeit am »Galilei« im Berliner Ensemble zu Ende geführt. Der Komponist Paul Dessau (1894–1979) schuf Chorwerke, Theatermusiken zu Stücken Brechts, Opern, sinfonische Werke und Kammermusik. Mit Brecht war er 1942 zusammen in den USA. Er hat die Musik zur »Mutter Courage« geschrieben und aus Brechts »Puntila« eine Oper gemacht, die seine Frau Ruth Berghaus (1927–1996) 1966 zur Uraufführung brachte. Sie ruht hier an der Seite ihres Mannes. Ruth Berghaus war zunächst Choreografin, wurde 1967 Regisseurin beim Berliner Ensemble (1971–77 auch dessen Intendantin), inszenierte die Uraufführungen der Opern ihres Mannes Paul Dessau – seit der »Puntila«-Oper – an der Staatsoper Berlin, widmete sich aber auch dem klassischen Repertoire (Mozart, Weber, Rossini, Wagner, Strauss), wirkte als Gast mit eigenwilligen, doch konsequenten Inszenierungen auch in der Bundesrepublik (»Rheingold« und »Walküre« 1985 und 1986 in Frankfurt/M.), in England und an der Grand Opéra Paris. Der Komponist Hanns Eisler (1898–1962), Schüler von Arnold Schönberg, emigrierte 1934 in die USA, seine enge Zusammenarbeit mit Brecht führte zu einer neuen Funktion der Bühnenmusik, er schuf Lieder und Songs, sinfonische Werke, Orchester-, Kammer- und Klaviermusik; seinen würfelförmigen Grabstein entwarf Werner Stötzer. Der Filmemacher Slatan Dudow (1903–1963) war der Regisseur des Brecht-Films »Kuhle Wampe«.

In einer Sondergrabanlage für Mitglieder der Akademie der Künste wurden beigesetzt: der Bildhauer, Maler und Grafiker René Graetz (1908–1974), der Schriftsteller und Publizist Maximilian Scheer (1896–1978), der Reportagen und dokumentarische Werke verfasste, die Schriftstellerin Anna Seghers, die 1928 mit dem Kleist-Preis ausgezeichnet und durch »Die Fischer von St. Barbara«, »Die Rettung«, »Transit«, »Das siebte Kreuz« und »Der Ausflug der toten Mädchen« berühmt wurde. Ihr Grabstein teilt nun ihren richtigen Namen mit: Netty Radvanyi, geb. Reiling, geboren 1900 in Mainz und 1983 in Berlin verstorben. Der Dichter Erich Arendt (1903–1985) schrieb nach expressionistischen Anfängen schwermütige Lyrik voll barocker Bildhaftigkeit in Anlehnung an die moderne lateinamerikanische Dichtung. Sein Grabstein, ein gelochter Feuerstein, gestaltete der Bildhauer Rolf Klimek. Der Regisseur Maxim Vallentin (1904–1987) wurde vor allem durch seine Gorki-Inszenierungen bekannt und prägte als Theaterleiter wesentlich das Gesicht des Berliner Maxim-Gorki-Theaters. Die Tänzerin und Sängerin Lin Jaldati (1912–1987) erlangte als Interpretin jiddischer Lieder weltweite Anerkennung. Daneben das Grab des innovativen Lyrikers Karl Mickel (1935–2000) mit dessen markantem Porträtkopf. Ekkehard Schall (1930–2005), der Schwiegersohn Brechts, war ein Schauspieler von hoher artistischer, gestischer und intellektueller Begabung und größter technischer Virtuosität, der mit Arturo Ui, den er im Berliner Ensemble über 500-mal spielte, und Coriolan (beide von Brecht) Weltruhm errang.

Der Schauspieler Willi Schwabe (1915–1991) gehörte zum Stamm des Berliner Ensembles und moderierte 35 Jahre die »Rumpelkammer«, eine der beliebtesten Sendungen des DDR-Fernsehens. Arnolt Bronnen (1895–1968), österreichischer Schriftsteller, begann als Expressionist (seinen »Vatermord« versuchte Brecht in den zwanziger Jahren erfolglos zu inszenieren), brach mit den Nationalsozialisten, denen er sich anfangs verbunden hatte, und schloss sich den österreichischen Kommunisten an. Johannes Tralow (1882–1968) war Dramatiker und vielgelesener Romanschriftsteller (»Osmanische Tetralogie«, 1942–1956), Hans José Rehfisch (1891–1960) Dramatiker, der ein handfestes und rollenreiches Theater bot. Der Grafiker, Fotomonteur, Bühnenbildner und Maler John Heartfield (1891–1968) war Mitbegründer der Berliner Dada-Bewegung, Schöpfer der künstlerischen Fotomontage, die er zum künstlerischen Mittel der politischen Karikatur und Agitation gemacht hat. Die Stele mit dem wie aus stilisierten Scherenblättern zusammengesetztem H-Monogramm soll an das Hauptwerkzeug des Fotomonteurs – die Schere – erinnern. Sein Bruder, der Schriftsteller und Verleger Wieland Herzfelde (1896–1988), leitete 1917–1933 den von ihm begründeten Malik-Verlag (benannt nach dem ersten verlegten Roman von Else Lasker-Schüler), den er in der Emigration von Prag aus bis 1939 weiterführte. Der Komponist Rudolf Wagner-Regeny (1903–1969) schrieb Opern (»Der Günstling«, 1935; »Die Bürger von Calais«, 1939), Ballette, Orchester- und Chorwerke, Kammer- und Klaviermusik sowie Lieder. Der Komponist Leo Spies (1899–1965) schuf Ballettmusiken, Lieder und Kantaten, Orchesterwerke und Kammermusik. Für den Romanschriftsteller, Novellisten, Dramatiker und Essayisten Arnold Zweig (1887–1968) wurde der 1. Weltkrieg ein bestimmendes Erlebnis, das ihn zum Kritiker und Humanisten werden ließ. Ein Welterfolg wurde sein Roman »Der Streit um den Sergeanten Grischa« (1927), der das Kernstück des großen Romanzyklus aus der Zeit des 1. Weltkrieges »Der große Krieg der weißen Männer« (1927–1957) bildet. Der Schauspieler und Regisseur Wolfgang Langhoff (1901–1966) emigrierte 1934 in die Schweiz, spielte bis 1945 in Zürich, war 1946–1963 Intendant des Deutschen Theaters und der ihnen angeschlossenen Kammerspiele, die er wieder zu führenden Bühnen entwickelte. Seinem langjährigen Bühnenbildner Heinrich Kilger (1907–1970) gelangen dramaturgisch-funktionelle wie phantastische Bildlösungen, die maßstabsetzend für die zeitgenössische Szenografie wurden. Der Schauspieler-Star am Deutschen Theater Willy A. Kleinau (1907–1957) verfügte über eine ungewöhnliche Verwandlungs- und Verkörperungskraft. Die Schauspielerin Gertrud Eysoldt (1870–1955), die ihre Erfüllung im Ensemble Max Reinhardts fand, gehörte mit ihrem irisierenden Glanz, ihrem Talent zur Groteske und ihrer ästhetisierenden Methode in die Tradition realistischer Schauspielkunst. Ihr Grab liegt rechts neben dem Hegels.

Nur mit viel Mühe auffindbar sind die Urnengräber des Dramatikers Alfred Matusche (1909–1973), des Theaterkritikers Fritz Erpenbeck (1897–1975) und des Grafikers Herbert Tucholski (1896–1984), dessen künstlerisches Werk nur wenige Motive kennt: die Landschaft in Verbindung mit der Architektur. Eine neue geometrische Ordnung, eine energische Konturenführung, architektonische Klarheit, eine nahezu kubische Festigkeit und Formgebung stehen im Kunstwerk selbstständig gegenüber der Natur und verleihen diesem eine gewisse Klassizität und Zeitlosigkeit. Mit der Vielfalt der Ausdruckswerte wie Tiefdrucktechniken hat Tucholski der Berliner Grafik zu einem Höhepunkt verholfen.

Ließ sich sonst die politische Prominenz der DDR in Friedrichsfelde bestatten, so haben einige Politiker der Blockparteien die Chausseestr. gewählt: Johannes Dieckmann (1893–1969), früherer Mitarbeiter von Gustav Stresemann, wurde 1945 Mitbegründer der LDPD, 1949 erster Präsident der Volkskammer der DDR. Hans Loch (1898–1960) wurde 1951 Vorsitzender der LDPD und zugleich Stellvertreter des Vorsitzenden des Ministerrates der DDR. Auch der Journalist und Politiker Otto Nuschke (1883–1959), 1945 Mitbegründer und 1948 Vorsitzender der CDU (Ost), hatte seit 1949 die gleiche Stellvertreterfunktion des Ministerratsvorsitzenden; die zwei gerundeten Obelisken beiderseits der Grabplatte lassen ebenso an zwei Druckwalzen und damit an die Herkunft des Verstorbenen wie an ein Kreuz als Grundriss und damit an das Wirken Nuschkes für die CDU denken. Lothar Bolz (1903–1986) gründete 1948 die NDPDD und war 1953–1965 Außenminister der DDR.

Heiner Müller (1929–1995) gilt als der avancierteste Autor des deutschen Dramas der 70er/80er Jahre. Seine Auseinandersetzung mit der DDR-Wirklichkeit, mit den revolutionären Bewegungen in der Dritten Welt und vor allem in zunehmendem Maße mit der Vergangenheit des »Dritten Reichs« – so in »Die Schlacht« von 1975 – führte ihn zu einer radikal-ästhetischen Position, die in den westlichen deutschsprachigen Literaturen dieser Jahre kein Pendant hatte. Seine Stücke wurden zu Phantasmagorien von Gewalt und Chaos, gern griff er auf Shakespeare-Vorlagen zurück – wie in der »Hamletmaschine« von 1977 –, die destruiert und neu geordnet wurden. Dramaturgie und Sprache führen die aus dem Sturm und Drang bekannte offene Form des Dramas zu einer nicht mehr steigerbaren Radikalität; sie löst sich in Alptraumvisionen auf, in denen Geschichte und Gegenwart zu einem blutigen Chaos verschmelzen. Wie er die Sukzession der Fabel auflöste, so löste er sich auch von den »runden«, geschlossenen, vergegenständlichten Figuren. Sie alle sind Bruch-Stücke, Frakturen: Müller skelettierte sie, bis sie buchstäblich in die Brüche gingen, bis jeder Schnitt, der durch sie hindurchging, schmerzhaft freigelegt war. Bis zuletzt hat er sich dem Theater gewidmet, den Mühen der Arbeit am

Bau, als wären sie das Ziel. Oder war es nur noch zum Zeitvertreib, dass er mit der Übernahme des BE erneut in die Brecht-Nachfolge eintrat? Für ihn selbst war wohl klar, dass er das 21. Jh. nicht erleben werde. Er stellte in einem seiner späten Gedichte die Laster fest: »Ich rauche zu viel/Ich trinke zu viel« und fügte in einer abgehobenen Schlusszeile hinzu: »Ich sterbe zu langsam«.

Stephan Hermlin, eigentlich Rudolf Leder (1915–1997), war der große alte einsame Mann der ostdeutschen Literatur, einer der sensibelsten und gebildetsten hierzulande. Er hat nur ein schmales Werk hinterlassen – und doch weiß man nicht, in welchen Medien er am bedeutendsten war: als Balladendichter, Lyriker und Erzähler, Essayist und Herausgeber oder als Nachdichter und Übersetzer. Er setzte sich mit der Tradition der verschiedenen westeuropäischen Avantgarden und der deutschen Dichtungsgeschichte auseinander und formulierte ein Verhältnis zum historischen und künstlerischen Erbe, das im Widerspruch zur offiziellen DDR-Auffassung stand. Für die Kritiker war er bis zuletzt ein zutiefst totalitärer Geist geblieben, ein unnahbares Monument seiner selbst, der sein Leben und Schreiben zu einem Gesamtkunstwerk hochstilisierte, für die anderen, die ihn besser kannten, ein integrer, tief verwundbarer, von humaner Skepsis durchdrungener Zeitgenosse. Ihm verdanken wir auch die schon 1979 im Roman »Abendlicht« ausgesprochene, erschreckende Erfahrung einer jahrzehntelangen Fehllektüre des »Kommunistischen Manifestes«, nach der er – gegen Marx – »die freie Entwicklung aller« vor »die freie Entwicklung eines jeden« gestellt hatte.

Hans Mayer (1907–2001), der streitbare Intellektuelle, Freund der Dichter, verstand sich als »Deutscher auf Widerruf«, so der Titel seiner 1982 erschienenen Lebenserinnerungen. Der jüdische Emigrant arbeitete nach 1945 zunächst als Chefredakteur von Radio Frankfurt, folgte 1948 einem Ruf als Hochschullehrer an die Universität Leipzig und bildete hier – in ständiger Auseinandersetzung mit der offiziellen Kulturpolitik – eine ganze »Schule« von Literaturwissenschaftlern aus. 1963 siedelte er in die Bundesrepublik über und lebte seit seiner Emeritierung 1973 in Tübingen – bis zuletzt ein gefragter Redner und brillanter Autor. Vom Georg-Büchner-Buch der Emigrationszeit bis zu »Die Außenseiter«, seinem abschließenden Thomas-Mann-Buch, »Das unglückliche Bewusstsein« oder »Don Juan und Faust« hat er seine Bücher als »Studien« verstanden, als vorläufige Bestandsaufnahmen.

Sein letztes Buch, »Der Turm von Babel«, sucht das gescheiterte Experiment »DDR« nicht vom Ende her zu deuten, sondern die besonderen Umstände des Anfangs zu beachten, das im Hegelschen Sinn »Aufhebenswerte« zu bedenken. Er wollte auf dem Dorotheenstädtischen Friedhof, unweit der Gräber Hegels, Heinrich Manns und Brechts, beigesetzt werden. Im Umfeld auch die Grabstätten des Romanisten Werner Krauss (1900–1976), dessen Spezialgebiete die spanische Literatur des Siglo de Oro (Goldenes Zeitalter) und die Geistesgeschichte der französischen und europäischen Aufklärung waren, des Wirtschaftswissenschaftlers Jürgen Kuczinski (1904–1997), der das fundamentale 40-bändige Werk über die »Geschichte der Lage der Arbeiter unter dem Kapitalismus« und fünf Bände »Geschichte des Alltags des deutschen Volkes« schrieb, des Regisseurs und Theaterleiters Adolf Dresen (1935–2001), eines Vertreters des der Literatur verpflichteten, doch zeitgenössisch aktuell interpretierten Theaterspiels, des Musikwissenschaftlers Hans Bunge (1919–1990), dessen in Muschelkalkstein eingelassenes Bronzerelief mit zwei Torsi von Werner Stötzer stammt, des Schauspielers Wolf Kaiser (1916–1992), der zahlreiche ästhetische wie methodische Vorstellungen des BE verwirklichte, und des Schriftstellers und Filmemachers Thomas Brasch (1945–2001), der in seinen Werken das Subjekt und sein Aufbegehren gegen die gesellschaftlich-politischen Verhältnisse in den Mittelpunkt stellte. Der bedeutende Charakterdarsteller Bernhard Minetti (1905–1998) gehörte 1930–45 unter Jessner und Gründgens zum Ensemble des Preußischen Staatstheaters in Berlin und trat hier in großen klassischen Rollen hervor. Kritiker priesen ihn im Nachkriegstheater – seit 1959 war er wieder in Berlin – als »künstlerisch-biologisches Wunder« und lobten seine von Geist und Sinnespräsenz vibrierende, facettenreiche Darstellungskunst, die u. a. Thomas Bernhard dazu inspirierte, ihm Stücke zu widmen. Er galt als der »ideale« Interpret in Stücken von Beckett, Genet, Dürrenmatt, Strindberg, Pinter, Saunders und Bernhard. Kunst habe wahrhaftig zu sein, der Wahrheitsfindung zu dienen und Einblicke zu geben in Schicksal und Existenz, sagte er und entwickelte mit über 300 Rollen in seiner 70-jährigen Laufbahn darin eine Meisterschaft. Die in den 70er Jahren mit Strindbergs Edgar in »Totentanz« beginnende Alterskarriere wurde als seine Hoch-Zeit gefeiert. Auf der Geburtstagsfeier für den 90-jährigen Mimen 1995 im Berliner Ensemble wurde er als »lebendige Theaterlegende« gefeiert.

Die Inszenierungen von Peter Palitzsch (1918–2004), eines Schülers Brechts, zeichneten sich durch dramaturgische Klarheit, Präzision, theatralischen Witz aus, getragen von philosophischer Dialektik und revolutionärem Engagement.

Ganz versteckt am Ende des Urnenfeldes hinter der Sonderanlage für die Mitglieder der Akademie der Künste befindet sich die Grabstätte des Philosophen Herbert Marcuse (1898–1979), der zu den bedeutendsten Vertretern der kritischen Theorie zählt und mit seinen Arbeiten zur spätkapitalistischen Wohlstandsgesellschaft die theoretische Basis für die Studentenbewegung der 1960er Jahre und die neue Linke lieferte. »Weitermachen!« steht auf seinem Grabstein.

Auf dem Friedhof befinden sich auch Grabstätten von Widerstandskämpfern gegen den Nationalsozialismus aus den Jahren 1933/45. In einem großen Grab hat man die Opfer der Gestapo beigesetzt, die noch Ende April 1945 im Gefängnis an der Lehrter Str. erschossen wurden. Der evangelische Theologe Dietrich Bonhoeffer (1902–1945) wurde ohne Gerichtsurteil im KZ Flossenbürg erhängt. Sein Schwager, der Jurist Hans von Dohnányi (1902–1945), wurde unmittelbar vor der Befreiung im KZ Sachsenhausen ermordet, während sein ebenfalls verhafteter Freund Justus Delbrück (1902–1945) zwar das Kriegsende überlebte, dann aber der sowjetischen Geheimpolizei zum Opfer fiel.

Bereits Günter Gaus (1929–2004), ein streitbarer Journalist, der 1974–81 erster Leiter der Ständigen Vertretung der Bundesrepublik in der DDR war und viele humanitäre Erleichterungen aushandeln konnte, hat hier seine letzte Ruhe gefunden. Seine Sendereihe »Zur Person« mit Porträts von Politikern, Wissenschaftlern und Künstlern (seit 1963) gilt heute als Klassiker.

Als erster Politiker des Westens hat sich Johannes Rau (1931–2006) den Dorotheenstädtischen Friedhof als seine letzte Ruhestätte gewählt. Von der Bekennenden Kirche hatte er, der wegen seiner Bibelfestigkeit auch »Bruder Johannes« genannt wurde, sein Lebensmotto »Ich halte stand, weil ich gehalten werde« übernommen. Er war 20 Jahre Ministerpräsident von NRW (1978–98) und trat seine Amtszeit als Bundespräsident (1999–2004) als »Bürgerpräsident« an, der Minderheiten vom Rand in die Mitte holen und die Beziehungen zu anderen Kulturen und Völkern verbessern wollte. Als erstes deutsches Staatsoberhaupt sprach er 2000 vor dem israelischen Parlament und bat das jüdische Volk und Israel in deutscher Sprache um Vergebung für die Verbrechen des Holocaust. Rau hatte die besondere Gabe, auf die Menschen zugehen zu können, Konflikte zu glätten und Krisen zu moderieren.

So wird der Gang über den Dorotheenstädtischen Friedhof zum Gang durch die deutsche Geschichte. Die dennoch fast heitere Nachdenklichkeit, die sich dabei einstellt, hat Wolf Biermann, der vor seiner Ausbürgerung wenige Häuser weiter in der Chausseestr. 131 wohnte, in einem Lied beschrieben: »Wir hakeln uns Hand in Hand/und schlendern zu Brecht seinem Grab .../Dann freu'n wir uns und gehen weiter/Und denken noch beim Küssegeben:/Wie nah sind uns manche Tote, doch/Wie tot sind manche, die leben.«

Französischer Friedhof
Chausseestr. 127, 10115 Berlin

Er wurde 1780 von der französisch-reformierten Gemeinde angelegt; auf ihm sind bedeutende Persönlichkeiten aus dem Berliner Kulturleben des 19. Jhs. beigesetzt worden. So befindet sich hier auch die lange gesuchte Begräbnisstätte des Kupferstechers, Zeichners und Malers des 18. Jhs. Daniel Chodowiecki (1726–1801). Er hat Gravüren zu Werken von Lessing, Goethe und Lavater wie bürgerliche Familienbilder geschaffen und in überzeugender Einzelbeobachtung den bürgerlichen Alltag für die deutsche Kunst erschlossen. Sein Grabstein ist 1932 in der Nähe des vermuteten Grabes errichtet und 1960 renoviert worden. Die Begräbnisstätte des Schriftstellers Henri Du Bois-Reymond (1782–1865) bezeichnet eine übergiebelte Marmorstele. Das Mausoleum der Familie Jordan ist ein einfaches Tonnengewölbe aus verputzten Ziegelsteinen mit einem schönen gotisierenden Portal (Mitte des 19. Jh.). Hier ist eine Nutzung als Lapidarium vorgesehen.

Auf der Grabstätte des Historienmalers Carl Steffeck (1819–1890) befindet sich ein bearbeiteter Findling mit dem beziehungsvoll auf eine Malerpalette projizierten Reliefbildnis des Verstorbenen von Friedrich Reusch.

Die klassizistische Grabmalkunst ist in einigen bemerkenswerten Beispielen überliefert. Eindrucksvoll schlicht die sieben großen Sandsteinsarkophage mit Inschriftplatten für die Familie Jouanne aus der ersten Hälfte des 19. Jhs. Im Typ der Ara ist das von Freunden gesetzte Grabmal des Schauspielers Ludwig Devrient (1784–1832) gehalten, des wohl bedeutendsten Mimen der romantischen Periode, der in seinen phantastischen und dämonischen Gestalten die Widersprüche der Zeit zum Ausdruck brachte: eine schöne gusseiserne Stele, bedeutendes Zeugnis der Königlichen Eisengießerei in Gestalt eines überhöhten Cippus, von einer antikischen Henkelvase bekrönt; an der einen Seite Reliefs mit den Masken der Komödie und Tragödie, mit Narrenzepter und Schwert, an der anderen ein Todesgenius mit Kranz. 1815 wurde Devrient Nachfolger Ifflands als Leiter des Königlichen Schauspielhauses in Berlin, in dem er durch seine Shakespeare- und Schiller-Interpretationen Triumphe feierte. Mit seinem Freunde E. T. A. Hoffmann verkehrte er im Weinlokal Lutter & Wegener am Gendarmenmarkt, das durch sie berühmt wurde.

Links vom Hauptweg das wohl bedeutendste, 1993 restaurierte Marmorgrabmal für Friedrich Ancillon (1767–1837), den Erzieher des Kronprinzen Friedrich Wilhelm (Friedrich Wilhelm IV.) und von diesem gestiftet, 1840 von Karl Friedrich Schinkel in Gestalt eines großen antiken römischen Scipionensarkophages aus Marmor auf hohem Sockel entworfen, mit Bildnismedaillon, Triglyphenfries und einer über den Schmalseiten aufgerollten Volute. Es ist eines der letzten Werke Schinkels, die Ausführung stammt von Christian Gottlieb Cantian, die Aufstellung erfolgte 1841. Der Historismus ist ausgezeichnet vertreten durch das große Baldachingrabmal für den Kommerzienrat und Kunstsammler Peter Ludwig Ravené (1793–1861): ein Sarkophag mit lebensgroßer bronzener Liegefigur des Toten und zwei knienden Engeln am Fußende, das Ganze in überdachter, allseitig offener Säulenhalle in neuromanisierenden Formen aus schwarzem poliertem Syenit. Laut Inschrift von Friedrich August Stüler entworfen, die figürlichen Bronzewerke wurden von Gustav Bläser, das schreinartige Gehäuse von E. Ackermann aus Weissenstadt ausgeführt, vollendet 1867. Zwei Grabmäler mit den etwa lebensgroßen Sandsteinfiguren einer Trauernden sind für den Komponisten Franz Bendel (1833–1874), die Trauernde mit Lyra und Kranz kniend vor einem Obelisken mit Bildnismedaillon, von Heinrich Pohlmann, und für die Familie Th. Sarre, um 1893, die Trauernde in einem Portikus stehend. Die schöne Marmorfigur auf der Grabstätte Pommerich – eine Trauernde, auf eine Urne gestützt – gehört ursprünglich zu einer anderen Grabstätte.

Ein gusseisernes Kreuz erinnert an ein stadtbekanntes Original, Marie Anne Dutitre, geb. George (1748–1827), die »Berliner Madame«, wie sie wegen ihrer schlagfertigen Aussprüche genannt wurde. Selbst aus einer Hugenottenfamilie stammend, heiratete sie einen wohlhabenden französischstämmigen Textilfabrikanten und unterhielt lebhaften Kontakt mit Künstlern und der Hofwelt. Ihr Mutterwitz in Gesprächen mit Friedrich Wilhelm III., dem Schauspieler Devrient und Goethe ist in bekannten Anekdoten überliefert.

Aus jüngster Zeit stammen die Grabmäler für die Schauspieler Dieter Franke (1934–1982) neben der Ara von Ludwig Devrient, das Schauspielerehepaar Amy Frank (1896–1980) und Friedrich Richter (1894–1984), alle langjährige Mitglieder des Deutschen Theaters, die Schauspielerin Carola Braunbock in der Nähe des Ravené-Sarkophags und des Bühnenkomikers Rolf Herricht (1927–1981) an der Mauer zum Dorotheenstädtischen Friedhof. Hier befindet sich auch das Grabmal von Robert Guiscard von Hautville (gest. 1911), ein quaderförmiger Stein mit polierter Vorderseite und einem bronzenen Familienwappen.

Alter Jüdischer Friedhof
Oranienburger Str./Große Hamburger Str. 26, 10115 Berlin

1672, im Jahr nach der Neugründung der Jüdischen Gemeinde Berlin, kaufte Mordechai Model, genannt Model Riess, ein 0,59 ha großes Gelände an der Oranienburger Heer- und der Großen Hamburger Str. und übereignete es der Jüdischen Gemeinde als Begräbnisplatz. An den Stifter erinnert noch heute eine Gedenktafel mit hebräischem Text. Bevor der Friedhof 1827, nach Eröffnung des Jüdischen Friedhofes an der Schönhauser Allee, geschlossen wurde, sollen hier 12 000 Verstorbene bestattet worden sein.

Der bedeutendste der auf diesem Friedhof Beigesetzten war der Popularphilosoph der Aufklärungszeit und Vorkämpfer der Judenemanzipation Moses Mendelssohn (1729–1786), der Freund Lessings (er war das Vorbild für »Nathan der Weise«) und zugleich Großvater des Komponisten Felix Mendelssohn-Bartholdy. Sein jetziges Grabmal, ein schlichter Muschelkalkstein, ist das dritte. Das erste, ein ähnlich einfacher Stein, uns durch eine Zeichnung Wilhelm Chodowieckis überliefert, war um 1880 durch ein großes schwarzes Granitmal mit goldenen Lettern ersetzt worden. Gleichzeitig hatte man die Grabstätte mit einem eisernen Gitter eingehegt und sie so aus der Gemeinschaft der übrigen herausgehoben.

Nahe Mendelssohn lag sein Lehrer, der Oberrabbiner David Fränkel, dem er 14-jährig aus Dessau nach Berlin gefolgt war, wo er die neuhochdeutsche Schriftsprache und das Latein erlernte. Hier befanden sich auch die Gräber des Seidenfabrikanten Isaak Bernhard, der dem jungen Mendelssohn eine Existenz als Hauslehrer und Buchhalter in Berlin gegeben hatte, von Veitel Heine Ephraim – sein Palais steht am Nikolaiviertel –, des Arztes und Philosophen Marcus Herz, des königlichen Hofbaurates Isaak Daniel Itzig und vieler anderer mehr. Die Gräber sind alle zerstört, die Grabstätte Mendelssohns ist nur ungefähr dort wieder errichtet worden, wo sie sich einmal befunden hat.

Den Eingang zum Friedhof bildete früher das 1828 eingeweihte erste Altersheim der Jüdischen Gemeinde, in dem 1942 die Gestapo eines ihrer berüchtigten Sammellager eingerichtet hatte. Dort wurden 55 000 jüdische Bürger aus Berlin zum Abtransport in die Vernichtungslager Auschwitz und Theresienstadt zusammengetrieben. Das Haus wurde 1943 zerstört. An seiner Stelle mahnen ein Gedenkstein und seit 1985 eine Figurengruppe des Bildhauers Will Lammert an die Gräuel, die hier geschehen sind. Lammert hatte 1953 mit der groß angelegten Arbeit für die Gedenkstätte Ravensbrück begonnen, eine Fülle von Entwürfen, Skizzen, Studien – auch von ausgemergelten, hageren und von körperlichem Leiden gezeichneten Akten – entstanden, aber die Vollendung einer der ergreifendsten und wirkungsvollsten Bildfindungen deutscher Denkmalsplastik war ihm nicht beschieden. Nach seinem Tode (1957) wurde auf einer in den Schedtsee ausgreifenden künstlichen Halbinsel eine Zweifigurengruppe auf einem turmartigen Sockel errichtet, eine aufrecht gehende Tragende, die eine Zusammengebrochene trägt. Die figurenreiche Gruppe von Frauen, die der Künstler am Fuße der Stele vorgesehen hatte, wurde jedoch nur in Einzelfiguren überliefert. Doch 13 dieser unterlebensgroßen Figuren von Frauen und Mädchen sind in lockerer und beziehungsreicher Anordnung 1985 zu jenem Mahnmal zum Gedenken an die Deportation und Vernichtung jüdischer Bürger auf dem Alten Jüdischen Friedhof in der Großen Hamburger Str. zusammengefasst worden. Die Kargheit der Gestik und der Verzicht auf eine erzählerisch-szenische Verbindung stellt jede der pfahlhaft gestalteten Stehenden in strenger Statuarik auf sich selbst, und zugleich bringt die Differenzierung und Auflösung des Blockhaften – die Gestrauchelte, die Kniende, die Einbeziehung des Kindes – eine durchgehende Bewegung in die Gruppenkomposition.

Schon früher als das Altersheim war der Friedhof vernichtet worden. 1943 hatte die Gestapo mittendurch einen Splittergraben ziehen, ihn mit Grabsteinen absteifen und die Gebeine der Toten hinauswerfen lassen. Nur ein paar Grabmalsfragmente, die in die südliche Grundstücksmauer eingelassen waren, blieben vom alten Friedhof erhalten, der nach 1945 zu einer Parkanlage umgestaltet wurde, darunter auch jenes des Gumpericht Jechiel Aschkenasi, der hier 1672 als erster beigesetzt worden war.

Sophienkirche mit Kirchhof
Sophienstr. 2–3, 10178 Berlin

Als Pfarrkirche für die Spandauer Vorstadt wurde sie 1712 von der Königin Sophie Luise, der Gemahlin Friedrichs I., gestiftet. Es entstand ein rechteckiger, ursprünglich querorientierter, schlichter Emporensaal im Typ der Berliner protestantischen Predigtkirchen. Der hoch aufragende Westturm, der einzige erhaltene Barockturm Berlins, wurde 1732–1734 nach Entwurf von Johann Friedrich Grael hinzugefügt; er ist dem eingestürzten Münzturm Schlüters, aber auch dem Turm der 1968 beseitigten Potsdamer Garnisonkirche von Philipp Gerlach verpflichtet.

Im Kirchenschiff befinden sich elf Pastorenbilder des 18. bis 20. Jhs. Zwei Inschriftenepitaphien sind für den Pfarrer F. Lüderwald (gest. 1739) und für J. Fritsche (gest. 1746), letzterer mit einem von Putten gehaltenen Porträtmedaillon.

Auf dem Sophienkirchhof ziehen einige für die Berliner Kunst- und Kulturgeschichte wichtige Grab- und Erinnerungsdenkmale der Barock-, Rokoko- und Empirezeit die Aufmerksamkeit auf sich. Das Grabdenkmal für den Schiffsbaumeister vom Schiffbauerdamm und Wohltäter der Sophiengemeinde Friedrich Johann Köpjohann (gest. 1792) und Frau (gest. 1776), Sandstein, ist wohl nach dem Tode der Frau von

Wilhelm Christian Meyer geschaffen worden: eine bewegte Engelsstatue mit geöffnetem Buch (mit dem Wort der Offenbarung des Johannes vom seligen Sterben), zu ihren Füßen ein Füllhorn, Gaben der Fortuna, Zeichen der Vergänglichkeit irdischer Macht. Das Winkelmaß auf dem Podest deutet den Beruf des Verstorbenen an, der Putto die Klage, dazu eine Tafel bzw. Draperie mit Inschriften. Dem Grabmal zugehörig auch das hohe eiserne Gitter.

An der südlichen Begrenzungswand die Grabstätte des konservativen Historikers Leopold von Ranke (1795–1886), des Begründers der modernen Geschichtswissenschaft, der 1841 auch Historiograph des preußischen Staates (»Zwölf Bücher preussischer Geschichte«, 1874) geworden war, mit dem Medaillonbildnis des Verstorbenen in architektonischer Rahmung. An Rankes Leitwort zur Forschung, festzustellen, »wie es eigentlich gewesen«, hielt sich eine ganze Schule von Gelehrten. Nördlich der Kirche die Grabstätte des Baumeisters, Komponisten und Musikpädagogen Carl Friedrich Zelter (1758–1832), ein schlichter, 1883 erneuerter Obelisk. Das Maurerhandwerk, das Zelter ursprünglich erlernte, hat er bis zu seinem Tode gepflegt. Nach dem Tod seines Lehrers Karl Fasch wurde er 1800 sein Nachfolger als Leiter der Berliner Singakademie, gründete 1808 in Berlin die erste Liedertafel für Männergesang und leistete in dieser musikalischen Spezialität Pionierdienste. Er ist u. a. durch Vertonung zahlreicher Goethe-Gedichte hervorgetreten. Zelter starb knapp zwei Monate nach Goethe, seinem Weimarer Duzfreund, mit dem ihn ein langjähriger Briefwechsel verband. Auf die Nachricht von Goethes Tode soll er gesagt haben: »Exzellenz hatten natürlich den Vortritt, aber ich folge bald nach.«

In der Nähe zwei gusseiserne Grabkreuze von 1833 und 1852. Ein Urnengrabmal mit der sich in den Schwanz beißenden Schlange als Ewigkeitssymbol weist auf Johann August Buchholtz (1706–1793), den Hof-Etats-Rentmeister, königlichen Kriegs- und Domänenrat, Trésorier und Hofstaats-Rentmeister bei Friedrich II. hin. Er stand für Etatkürzungen und Einsparungen angesichts der hohen Militärkosten, und der König schob seinem Geldbeutelbewahrer oft vor, wenn er nicht gewillt war, Geld für zivile Zwecke zu bewilligen. Sein »Da kennen Sie Buchholtzen schlecht!«, wurde bald zu einem geflügelten Wort.

An den Außenwänden der Kirche befinden sich mehrere barocke Epitaphien, so für den Bildhauer J. D. Schwartzenhauer (gest. 1748), sowie Erinnerungstafeln für die Dichterin Anna Louisa Karsch (1722–1791) und den Dichter Karl Wilhelm Ramler (1725–1796). Die Karschin, die aus elenden Verhältnissen hervorging, erlangte durch adlige Gönner Zugang zum preußischen Hof, sie stand dem »preußisch-patriotischen Kreis« um Gleim nahe, der sie emphatisch als »deutsche Sappho« bezeichnete; sie schrieb pathetische Oden und anakreontische, aber auch tief empfundene Verse über ihre Heimat, das Landleben und den Krieg. Ramler, der 1790 zugleich Leiter des Nationaltheaters wurde, verfasste Oden in antiken Versmaßen und gab Anthologien zeitgenössischer, von ihm umgearbeiteter Dichtungen (»Lieder der Deutschen«, 1766) heraus. Nach Christian Ewald von Kleist, der an seinen Verletzungen aus der Schlacht von Kunersdorf starb, wurde Ramler der bekannteste Sänger Friedrichs II. Hier auch, an der Südseite der Kirche, ein blockhaftes Grabmonument für Th. Hotho (gest. 1780), ursprünglich von einer Urne bekrönt.

Alter Garnisonfriedhof
Kleine Rosenthaler Str. 3–7, 10119 Berlin

Die berlinisch-preußische Militärtradition, die diesem kunst- und kulturhistorisch bedeutsamen Friedhof den Charakter eines »steinernen Militärmuseums« gibt, steht in merkwürdigem Widerspruch zu der stimmungsvollen Beschaulichkeit der schwarzen Eisengusskreuze und Steingrabmäler unter hohen Laubbäumen. Er ist heute der stillste und ungestörteste der einstigen Begräbnisplätze in Berlin-Mitte und lädt so recht zum Verweilen und Besinnen ein.

Der Friedhof, der im spitzen Winkel zur Rosenthaler Str. bis an die einstigen Palisaden in der Linienstr. verläuft, wurde 1722 für die 1701 beim Spandauer Tor erbaute Garnisonkirche angelegt. Zunächst war er den im Stadtinnern einquartierten Regimentern als Begräbnisplatz vorbehalten, ab 1804 für die Verstorbenen aller in Berlin stationierten Regimenter. Ursprünglich war er doppelt so groß und wurde später durch die Gormannstr. in zwei Karrees geteilt. Der wahrscheinlich schon 1701 existierende östliche Bereich, von der Mulack-, Rücker- und Linienstr. begrenzt, war für die Mannschaften bestimmt; er wurde 1866 zum Park umgewandelt und 1899 zur Bebauung freigegeben. Hier entstand das Gebäude für den Zentralarbeitsnachweis.

Der Offiziersfriedhof im Karree westlich der Gormannstr., begrenzt von Linienstr. und Kleiner Rosenthaler Str., mit Backsteinmauer und Portal sowie eingeschossigem Wärterhaus um 1850 ist zum Teil bis heute erhalten geblieben. 1950 erfolgte seine Schließung als Bestattungsort, die meisten Gräber wurden abgeräumt, nur einige wenige Ruhestätten von Persönlichkeiten, die in der DDR-Geschichtsschreibung positiv bewertet wurden, blieben erhalten. 1978 erfolgte dann eine parkartige Umgestaltung, von den 489 noch vorhandenen Denkmälern wurden 309 beseitigt, ebenso die meisten Grabgitter. Die Aktion wurde dann zwar eingestellt und der Garnisonfriedhof unter Denkmalschutz gestellt, aber der ursprüngliche Gesamteindruck ging ein für allemal verloren.

Dennoch ist heute eine Vielzahl von Eisengrabmälern erhalten, von Fialen oder Maßwerkbögen bekrönte Stelen aus der ersten Hälfte des 19. Jhs., die Zeugnis ablegen vom hohen technischen und künstlerischen Niveau des damaligen Berliner Eisenkunstgusses. Auf Sandsteinsockeln stehende Kreuze sind in vielen Varianten bei gleicher Grundform zu finden, besonders kunstvoll ausgebildet die für Oberst Friedrich Wilhelm von Graumann (1760–1834), ein Kreuz mit feinen Profilen und Palmettenenden, für Oberstleutnant Friedrich Wilhelm von Scheltz (1793–1846), die Leutnantsfamilie Bernert, um 1850, die Generalsfamilie Ferdinand Wolff von Stülpnagel (1813–1885), ein Kreuz mit gotisierenden Dreipassenden, zwischen 1846 und 1885, sowie für Generalleutnant Werner Baron von der Osten-Sacken (1821–1889), Kreuze mit romanisierender Reliefornamentik an den Enden.

Auf einen Entwurf Schinkels geht das um 1853 entstandene neugotische gusseiserne Tabernakel für die Oberstleutnantsfamilie Daniel Friedrich Gottlob Teichert (1796–1853) zurück. Schinkel hat für den 1813 verstorbenen Kaufmann Toussaint ein sehr ähnliches Grabmal gezeichnet und dazu vermerkt: »Ein viersäuliger gotischer Baldachin, jede seiner vier Seiten gleich verziert.« Unter dem Baldachin des 1986–1989 restaurierten Grabmals Teichert befand sich auf hohem wappengeschmücktem Sockel ursprünglich ein ebenfalls gusseiserner Todesgenius – eine antikische Jünglingsfigur mit Lorbeerkranz in der linken, auf ein Postament eingestützten Hand und nach unten gesenkter Fackel in der Rechten.

Allein vier aufrecht stehende, stelenartige Platten, von neugotischen Filialen oder Maßwerkbogen bekrönt, kennzeichnen die Gräber der

Familien Carl Friedrich Gumtau (1791–1847) und Alexander von Trützschler (1782–1833), zwischen 1833 und 1904 aufgestellt. Ein großer Granitstein markiert das Grab des preußischen Generalfeldmarschalls und Diplomaten Carl Friedrich von dem Knesebeck (1768–1848), der in der Schlacht von Auerstedt 1806 den König vor Gefangenschaft bewahrte und seitdem dessen wachsendes Vertrauen in verantwortungsvollen militärischen und diplomatischen Missionen genoss. Das die Grabstätte einfriedende gotisierende Gitter (filigranhaft mit Eselsrückenbögen) ist nicht mehr vollständig erhalten, es fehlt auch eins der beiden in zarte Stege aufgelösten Eisenkreuze.

Schinkel hat eines der schönsten Denkmäler hier entworfen: die schlichte rote Granitstele für den Generalleutnant Carl Friedrich von Holtzendorff (1764–1828), ihm 1829 von den Offizieren der Artillerie gewidmet, im Oberteil ein qualitätvolles Bronzerelief mit der Viktoria, die Schlachtennamen in das Buch der Geschichte schreibt, aus dem Kreis um Christian Friedrich Tieck oder Ludwig Wichmann. Ganz besonders fällt das 1827 in der Berliner Kgl. Eisengießerei entstandene Grabmal für den Generalleutnant und Stadtkommandanten Ludwig Matthias Nathanael Gottlieb von Brauchitsch (1757–1827) auf, eine hohe Eisengussstele mit der Figur eines weiblichen Genius mit ausgebreiteten Flügeln (Viktoria) im palmettenbekrönten Giebelaufsatz, die von dem Bildhauer Ludwig Wichmann stammt. Das beeindruckende, 3,75 m hohe Eisenmonument stürzte 1983 infolge Verwitterung um und wurde 1987 nach sorgfältiger Restaurierung wieder aufgestellt. Dieses bedeutende klassizistische Sepulkralwerk war bereits 1828 auf einer Neujahrsplakette der Kgl. Eisengießerei abgebildet worden.

Von derselben Grundform die aus Zink gegossene und vollplastisch durchgebildete Stele auf schwarzem Marmorsockel für den Generalleutnant Ernst Ludwig von Tippelskirch (1774–1840), der wie Brauchitsch Stadtkommandant und Chef der Gendarmerie war, deren Corps ihm das Grabmal errichten ließ. Es wurde von dem Baumeister August Soller entworfen, der die klassizistische Grabmalform durch gerundeten Abschluss und räumlich vor- und zurücktretenden plastischen Schmuck bereicherte.

Im südlichen Teil, unweit des Verwaltungsgebäudes aus dem 19. Jh., findet man noch einige stark verwitterte Sandsteindenkmäler vom Ende des 18. Jhs., darunter im Empirestil die Urnengrabmäler für den

1797 im Alter von drei Jahren verstorbenen Carl Alexander Eduard Graf von der Schulenburg – ursprünglich lehnte sich an die Urne ein trauernder Genius mit gesenkter Fackel an –, den Major Franz Heinrich von Barfuß (1740–1796), ein Cippus mit Kannelurenfries und bekrönender Urne, und einen unbekannten Offizier, der 1787 bestattet wurde.

Eines der ältesten erhaltenen Steingrabmäler im Typus der Ara ist das für den Obersten Georg Friedrich Wilhelm von Winterfeld (1744–1800), ein großer sockelloser Sandsteinquader, die Abdeckung mit Flachgiebeln und Akroterien, in den klaren Formen des Berliner Frühklassizismus. Benachbart zwei Grabmäler des gleichen Typs, aber feiner durchgebildet, die Grabmäler für Georg Wilhelm von Sohr (1726–1800) und Johann Carl Ludwig Braun (gest. 1835). Auf den beiden großen, im Rasen liegenden Sandsteinplatten für den Obersten Friedrich Wilhelm von Verno und Klevenow (1767–1826) und für den General der Kavallerie Ernst Sigismund von Boyen (gest. 1806) sind in geschwungenen Linien Schriftzüge eingemeißelt. Bei Boyen heißt es, dass man an der *Ruhestätte eines redlichen Geistes und treuen Staatsdieners* stehe.

Eine Marmorstele mit palmettengeschmücktem Aufsatz und Eisenkreuz – als biedermeierliche Mischform wenig gelungen – wurde für den bedeutenden romantischen Dichter und Freiwilligen Jäger von 1813 Friedrich Freiherr de la Motte Fouqué (1777–1843) errichtet. Er stammte aus altadliger Emigrantenfamilie in der Mark Brandenburg, sein Großvater war ein berühmter General Friedrichs II., und lebte als »märkischer Dichterfürst« auf dem Gut Nennhausen bei Rathenow, wo auch 1811 sein Kunstmärchen »Undine« entstand. Der Ruhm dieses »allerliebsten Märchens«, wie es Goethe nannte, liegt darin, dass es dem romantischen Spiel eine erschütternde Existenzwahrheit abgewinnt. »Undine« wurde 1811 von E. T. A. Hoffmann vertont (wie auch später von Lortzing), der wie A. W. Schlegel, Karl August Varnhagen von Ense, A. v. Chamisso, Willibald Alexis, H. v. Kleist u. a. häufig in Nennhausen weilte.

Am bekanntesten das Grabmal Adolph Freiherr von Lützow (1782–1834), Generalleutnant und Freikorpsführer von 1813/14. Der patriotische Dichter Theodor Körner, der Adjutant Lützows in der »Schwarzen Schar« der Lützowschen Jäger war und im Kampf fiel, schrieb »Lützows wilde Jagd«, das von Carl Maria v. Weber vertont wurde. Die

Stele aus poliertem rotem Granit innerhalb der kleinen Gitterstelle trägt die Inschrift: *Dem deutschen Manne, stark, treu, fest, tapfer, unerschütterlich im Sturm der Zeit. Dem verehrten Führer der schwarzen Frei-Schar in dem Befreiungskampfe der Jahre 1813/1814 als Denkmal der Liebe gewidmet von seinen Waffengefährten 1847.* Davor liegt eine mit Eichenlaubkranz geschmückte Sandsteinplatte aus dem Jahre 1913. Die Grabstätte wurde 1968 restauriert.

Als Ruinenarchitektur mit drei Marmorsäulen und vier Porträtmedaillons im Gebälk bezeichnet das – heute namenlose – Erbbegräbnis der Familie von Greiffenberg um die Mitte des 19. Jhs. Es wurde der dreisäuligen Ruine des Castor-und-Pollux-Tempels in Rom nachgebildet. Die vier Medaillons auf der Vorderseite des abschließenden Gebälks – mit zwei weiblichen und zwei männlichen Reliefköpfen – sind von hoher Qualität. Das Grabmal für den General und Logenmeister Gustav Adolf von Ziegler (1808–1882) ist mit Zeichen der Freimaurerei geschmückt, doch die vier Sphingen (Löwenrumpf mit den Brüsten und Kopf einer Frau) als Wahrheits- und Weisheitssymbole sind verloren gegangen. Am Grab von Olga Malcomess, geb. Zieten (1852–1904) steht die lebensgroße Marmorfigur einer Trauernden, 1908 in gutem Jugendstil von Adolf Jahn geschaffen; das historisierende Gitter kommt aus der Werkstatt W. Sipperling. Das Grabmal für Leutnant Curt Kruge (1887–1914) trägt das Relief einer knienden trauernden Frau in jugendstiliger Kontur.

Das Gruftgewölbe des Garnisons- und Hofpredigers Emil Wilhelm Frommel (1828–1896) wird bekrönt von einem Marmorkreuz, einer Arbeit des Leipziger Bildhauers Trebst von 1917.

Neben dem Garnisonfriedhof war auch die Garnisonkirche, 1701–1703 als erstes eigenes Gotteshaus für die protestantische Berliner Militärgemeinde errichtet, eine bedeutende Begräbnisstätte. 1721/22 erfolgte der Neubau, der in der Folgezeit unterkellert und in zahlreiche Gruftkammern unterteilt wurde. 1943 brannte die Kirche vollständig aus, die Ruine wurde 1961/62 abgerissen. Zwischen 1730 und 1830, dem Jahr der endgültigen Schließung der Grabgewölbe, wurden hier 15 Feldmarschälle, 44 Generäle und zahlreiche weitere höhere Offiziere, außerdem Geistliche und Ärzte der Garnison, Gouverneure und Kommandanten von Berlin und Spandau beigesetzt. Zu nennen sind u. a. die Generalfeldmarschälle Alexander Hermann Reichsgraf von Wartensleben (1650–1734), Albrecht Conrad Graf Finck von Finckenstein (1660–1735), Friedrich Wilhelm von Grumbkow (1678–1739), Dubislaw Gneomar von Natzmer (1654–1739), Samuel Reichsgraf von Schmettau (1684–1751), Jacob von Keith (1696–1758) und Friedrich Graf Kleist von Nollendorf (1762–1823). Die Särge wurden nach 1830 bis zum Abriss der Ruine in jüngster Zeit auf andere Friedhöfe überführt.

Friedhof der Sophiengemeinde
Bergstr. 29, 10115 Berlin

Der Kirchhof wurde 1827 als Erweiterung des alten Friedhofes an der Sophienkirche angelegt, die Kapelle entstand um 1880 als romantisierender Klinkerbau. Am Zugang von der Ackerstr. her gibt es ein Quartier, das im Volksmund als »Musikerfriedhof« bezeichnet wird. Hier ruht unter einem schlichten gusseisernen Grabkreuz mit Widmung von 1907 der letzte Enkel Johann Sebastian Bachs, Wilhelm Bach (1759–1845), Komponist und Hofkapellmeister der Königin Luise. Er wurde als Sohn Johann Christoph Friedrich Bachs 1759 in Bückeburg geboren und kam 1798 nach Preußen, wo er als Cembalist und Pianolehrer der Witwe Friedrichs II., Elisabeth Christine, wirkte, das Musikleben am preußischen Hofe organisierte und die Mitglieder der königlichen Familie unterrichtete. 1810 zog er sich ins Privatleben zurück.

Die Gräber von Heinrich Stieglitz und Charlotte Sophie Stieglitz sind eingeebnet. Es wird berichtet, dass sich Charlotte Sophie 1834 den Tod gab, um ihren Mann dichterisch zu inspirieren. Theodor Mundt sammelte ihre Briefe und Tagebücher unter dem Titel »Charlotte S., ein Denkmal« (1835). Heinrich Stieglitz starb 1849 in Venedig an der Cholera. Von seinen Werken sind »Gruß an Berlin, ein Zukunftstraum« (1838) und Reiseerinnerungen aus dem Süden interessant.

Eine neugotische Sandsteinstele mit Bildnismedaillon, gestiftet 1859 und erneuert 1927, schmückt das Grab des Komponisten Albert Lortzing (1803–1851), des Meisters der deutschen komischen Oper. Einige schlichte Verse erinnern an sein bewegtes Lebensschicksal: *Deutsch war sein Lied, und deutsch sein Leid,/Sein Leben Kampf mit Not und Neid./Das Leid flieht diesen Friedensort,/Der Kampf ist aus, sein Lied tönt fort.* Sein Lied tönt fort in seinem »Zar und Zimmermann«, seinem »Wildschütz« und »Waffenschmied«, in seinen Melodien, die in das Herz des deutschen Volkes gedrungen sind. In ärmlichen Verhältnissen ist er in Berlin gestorben.

Auf dem Friedhof erheben sich zugleich repräsentative Steinungetüme der Gründerzeit, die Miniaturausgabe eines ägyptischen Totentempels, antike Tempel, Triumphbögen, Burgfassaden, Türme. Wir finden Granit, Marmor, Travertin, Sprüche. Besonders aufwändig ist das Grabmal Louise (1828–1893) und Carl Bechsteins (1826–1900), des Gründers der bekannten Klavierfabrik, eine halbkreisförmige, in Rundbogenarkaden gegliederte Jugendstil-Anlage, vor deren betonter Mitte sich die bronzene Sitzfigur einer Trauernden befindet. Zu ihren Füßen ruht ein Sarkophag. Hier ist auch Johann Constantin Bialon (gest. 1872) bestattet, der Schwiegersohn von Johann Caspar Hummel und dessen Nachfolger als »Mechanicus und Maschinenbauer.«

Seitwärts des mächtigen Mausoleenkomplexes das schwarze Marmorgrabmal – die seitlichen Pylonen mit Bildnismedaillons – des Ehepaares Walter Kollo (1878–1940). »Untern Linden, Untern Linden« hatte der Operettenkomponist und spätere Verfasser von Filmmelodien geschrieben, »Die Männer sind alle Verbrecher« und das Lied von Schöneberg einst im Mai. Er gründete auch einen eigenen Verlag, den dann sein Sohn Willi weiterführte. Unter zwei mächtigen Buchen erhebt sich das 1906 erneuerte Grabmal der Johanna Stegen (gest. 1842), aus der Zeit der Befreiungskriege als »Heldenmädchen von Lüneburg« bekannt, mit einem bronzenen Bildnisrelief von Albert Moritz Wolff. Sie verhalf den Freikorps im Gefecht bei Lüneburg am 2. April 1813 zum Siege, indem sie der kämpfenden Truppe den notwendigen Munitionsnachschub heranschleppte. Offenbar waren die Männer der Ansicht, dass allein der Kampf Mann gegen Mann manneswürdig sei. Ohne die wackere Tat der Jungfrau wären sie ohne Zweifel Opfer ihrer Rollenzwänge geworden. Ihr heroisches Eingreifen wurde von vielen patriotischen Dichtern wie Rückert besungen. Der Turnvater Jahn war Trauzeuge, als sie 1817 den Berliner Drucker Hindersin heiratete.

Für die Geschichte Berlins ist das Grabmal für Friedrich Waesemann (gest. 1879), den Baumeister des Berliner Rathauses, eine Stele mit bronzenem Bildnismedaillon von Otto Geyer, ebenso bedeutend wie der schlichte Stein für Theodor Hosemann (1807–1875), den Illustrator von Glassbrenners satirischer Volksdichtung, den liebevollen Schilderer des kleinbürgerlichen Alltags. 1857 wurde er der Zeichenlehrer des Prinzen Georg von Preußen, zum Professor ernannt und drei Jahre später Mitglied der Akademie der Künste. Ebenfalls ist auf das Steingrabmal mit bronzenem Bildnismedaillon für George Souchon (1836–1899), Prediger an der Sophienkirche, zu verweisen.

Nach Art des Schinkel-Grabmals auf dem Dorotheenstädtischen Friedhof ist die Marmorstele in dreiteiligem Aufbau mit bekrönendem Palmettenakroterion für C. Leicht und Frau (gest. 1871 und 1884) gearbeitet.

Aus dem frühen 20. Jh. gibt es einige Familiengrabstätten in Tempelform oder als Pergola. Beachtlich die Familiengrabstätte Zierau mit der lebensgroßen Bronzefigur einer Trauernden in der Mitte, zu den Seiten hin eine gerundete Reihe von Säulen mit Gebälk, entstanden um 1912.

Am Grabmal der Familie Silex ebenfalls eine lebensgroße weibliche Symbolfigur aus Sandstein in einer Architektur aus Sockel, sechs Säulen mit Volutenkapitellen und ornamentiertem Gebälk, um 1925.

Auf dem an die einstige »Mauer« angrenzenden Feld die auf dem Boden liegende Marmorplatte für Max Stirner (1806–1856), den Verfasser der radikal-anarchistischen Schrift »Der Einzige und sein Eigentum« (1845). Er war von Bayreuth nach Berlin gekommen und wirkte hier als Gymnasial- und Töchterschullehrer bis zu seinem Tode. Die Maxime des egoistischen Ichs lautet bei Stirner: »Greife zu und nimm, was du brauchst!« Die Befreiung des Ich, die sich in einem individuellen Bewusstseinsakt erschöpft, erfordere daher die Abschaffung des Staates als Feind und Mörder der Eigenheit. Als eine der theoretischen Quellen des Anarchismus erhielt Stirners Lehre nach der Wende zum 20. Jh. erneute Wirkung.

Hier ruht auch der Literat und Historiker Adolf Streckfuß, der als radikaler Demokrat in der Revolution 1848 Mitglied des Berliner Volksklubs und anderer Vereinigungen war, und, da ihm dadurch die akademische Laufbahn verwehrt wurde, ein Tabakgeschäft eröffnete. Er schrieb die Bücher »Berlin März 1848« und »Die große französische Revolution und die Schreckensherrschaft«, das ihm eine Hochverratsanklage einbrachte, sowie eine zweibändige Berlin-Geschichte. Der Kaufmann Carl Mampe (1820–1887) wiederum stellte erst in Köslin, dann ab 1878 in Berlin »Dr. Mampes Bittere Tropfen« her. Sein Sohn Carl Mampe (1857–1899), dessen Ruhestätte ein schönes Gittergrab mit einem schwarzen Marmorobelisken ziert, führte die Firma weiter und produzierte ab 1894 den berühmten »Mampe Halb und Halb« mit dem weißen Elefanten als Etikett, der zu einer Berliner Spirituosenspezialität wurde. Selbst in Zilles Studien aus dem Berliner »Milljöh« sind die Mampe-Flaschen ein unentbehrliches Requisit. Und bei materiell Gläubigen ist immer noch das längst eingeebnete Grab von »Millionen-Ede« im Gerede. Der verstarb nach einer mehr oder weniger erfolgreichen Bankräuberlaufbahn in den 1950er Jahren. Die Witwe gestand schließlich, dass das Geld im Sarg versteckt sei. In einer spektakulären Aktion wurde das Grab geöffnet und das Geld wieder den Zwecken des ersten Arbeiter- und Bauernstaates auf deutschem Boden zugeführt.

Evangelischer Neuer Dorotheenstädtischer Friedhof

Liesenstr. 9, 13355 Berlin

Die Namen des alten Berliner Bürgertums tauchen allenthalben auf den Gedenksteinen des 1841 angelegten Friedhofs der Stadtmitte auf: Habel, von den Weinstuben Unter den Linden, Dressel, auch ein Pfleger des Weines, Alfred Kranzler und seine Frau Anna, deren Namen heute noch hohe Geltung in ganz Berlin haben, Hofschuhmacher Breitsprecher, Goldschmiedemeister Salbach und Hut-Borchert. Im Tod sind sich die Menschen alle gleich. Auch wenn für den einen ein prunkvolles Mausoleum bereitsteht, der andere eine riesige Marmorplatte erhält und für manchen nur ein schlichtes Holzkreuz bleibt.

Manche Grabstätte wird natürlich besonders beachtet. So ist es hier bei der großen, schlicht gehaltenen Steinplatte – inmitten einer Buchsbaumhecke – für Otto Nicolai (1810–1849), den Komponisten und Dirigenten. In den 1840er Jahren begründete er in Wien die Philharmonie, hatte aber mit seinem kompositorischen Schaffen keinen Erfolg. Deshalb kehrte er 1848 nach Berlin zurück und übernahm die Leitung des Domchores und die Kapellmeisterstelle in der Königlichen Hofoper Unter den Linden. Der Schöpfer der neuen Oper (gemeinsam mit Carl Maria von Weber) ist nur 39 Jahre alt geworden. Er erlag den Folgen eines Schlaganfalls. Der Komponist erlebte noch kurz vor seinem Tod, am 9. Mai 1849, die Uraufführung seiner Oper »Die lustigen Weiber von Windsor« am Königlichen Schauspielhaus. Wenige Wochen danach spielte man erstmals die schon vor Nicolais Tod angenommene Oper »Die Verbannte«. Seinen Grabstein stiftete der Tonkünstlerverein zu Berlin.

Mitten im Häusermeer ruhen auf dieser »Insel der Toten« auch die Größen der deutschen Zirkusdynastien. *Familie P. Busch* steht über dem aus dem Zeitgeschmack der Jahrhundertwende geschaffenen, mit riesigen Aufbauten versehenen Mausoleum der Busch-Familie. Der Senior, Paul Busch (1850–1927), Sohn einer angesehenen Berliner Bürgerfamilie, gründete 1884 den Zirkus Busch in Svendburg (Schweden), errichtete dann in Wien und Altona feste Häuser, und 1894 stand in Berlin sein berühmter Kuppelbau, in der Nähe des S-Bahnhofs Börse (Hackescher Markt). Seine Wasserpantomimen, aber auch seine Pferdedressuren zogen das Publikum magisch an. Seine Tochter Marie Doré (1871–1900) und vor allem seine zweite Frau, Barbara Sidonie Busch (1849–1898), Künstlername »Miss Constance«, machten sich als exzellente Parforcereiterinnen einen Namen. Die Tochter Paula Busch (1884–1973) übernahm das Zirkusunternehmen aus den Händen ihres Vaters. Sie führte große Manegeschauspiele ein, in denen Dialoge und andere Theaterformen verwendet wurden. 1937 kam es zum Abriss des Zirkusgebäudes an der Börse. Seinen letzten Standort verlor der Zirkus 1945 in Breslau. Nach dem Kriege spielte Paula Busch 1946 bis 1948 in einer Arena im Berliner Zoo, dann verpachtete sie den Namen. Verschiedenen Neugründungen zusammen mit ihrer Tochter Constance Busch (1913–1969), die den Künstlernamen »Micaela« trug, war kein Erfolg mehr beschieden. Schaut man durch das Schlüsselloch ins Innere des Mausoleums, fällt der Blick auf eine Urne. In Goldschrift ist darauf zu lesen: Minna Schulze (1883–1953), genannt Wasserminna. Sie gehörte in den ersten beiden Jahrzehnten des 20. Jhs. zu den Attraktionen des Zirkus, als Schulreiterin, durch ihre kühnen Wassersprünge, ihre Schlangentänze oder Clownerien. Ihre ganze Lebensphilosophie bestand aus einem Satz, und der war echt berlinisch: »Feinde habe ick keene, un det is mein Stolz. Wat is sonst Jlück? Vielleicht Jeld? Det nützt ooch nischt. In'n Sarj könn'n wa doch nischt mitnehmen!« Paula Busch hat die Asche der 69-jährig verstorbenen Artistin und treuen Mitarbeiterin für alle Zeiten in den Hort der Familie überführt.

Ein Stück weiter trägt ein Obelisk den Namen der Zirkusfamilie Renz. Ein Porträtmedaillon gibt den Begründer des Zirkus Renz, Ernst Jacob Renz (1815–1892), wieder, der zunächst mit einem kleinen Wanderzirkus durch Deutschland zog, bereits 1851/52 ein eigenes, festes Gebäude in Berlin errichtete und sich dann hier 1890 einen Riesenbau in der Karlstr. schuf. Weitere Bauten errichtete er dann in Dresden, Breslau und Hamburg. Renz ist der eigentliche Begründer der deutschen Zirkustradition, große artistische Leistungen und herausragende Dressuren – so zeigte er die erste Löwendressur der Welt – machten seinen Zirkus berühmt. Ihm zur Seite ruht seine Ehefrau, die Artistin Antoinette Renz (1820–1896). Dagegen befindet sich das Grab der legendären Schulreiterin Therese Renz (1859–1938) auf dem alten Friedhof der Französisch-Reformierten Gemeinde an der Chausseestr. Seinem Sohn Franz hinterließ Ernst Jacob Renz ein florierendes Zirkusimperium, doch dieser war der mächtig drängenden Konkurrenz nicht gewachsen und musste 1897 den Zirkus aufgeben.

Ein paar Reihen weiter stößt der Besucher auf ein Säulenrondell mit den von Efeu bewachsenen Gräbern der Zirkusfamilie Schumann. Auf die Erfahrungen seines Vaters Gotthold Schumann, der 27 Jahre Kunstreiter bei Renz war und dann ein eigenes Unternehmen gründete, konnte der Zirkusdirektor Albert Schumann (1858–1939), der »König der Manege«, aufbauen, der 1899 die Nachfolge von Ernst Renz antrat. Er brachte mit seiner Frau Clara Schumann (1856–1928), die eine bekannte Schulreiterin war, den verschuldeten Zirkus Renz durch seine Ausstattungs- und Pferdenummern zu neuem Glanz und Ansehen. Seine »musikalischen Hengste«, Akrobatenpferde und die Dressur von Brauerpferden erfreuten sich großer Beliebtheit. 1918 löste er sein Unternehmen auf und zog sich ins Privatleben zurück. Unweit liegen die Familiengräber des Kaufhausgründers Carl Rudolf Hertzog (1815–1894). Von einem kleinen Manufakturwarengeschäft in der Breiten Str. brachte es Hertzog bald durch kaufmännisches Geschick und das Einschlagen neuer Wege – so durch erste Formen des Versandhandels – zu einem der größten Berliner Warenhäuser. Er richtete sogar eine Pferdewagenverbindung zu seiner Firma ein und gab jährlich die »Agenda«, ein Jahrbuch mit Kalender und praktischen Tips und Informationen, heraus. Nach dem Ende des 2. Weltkrieges wurde das Warenhaus auf Befehl der Sowjetischen Militäradministration enteignet. Ein für die Familie erbautes Mausoleum hat aus unbekannten Gründen nie einen Toten aufgenommen und ist dem Verfall preisgegeben.

Linker Hand vom Hauptweg befindet sich die Ruhestätte für die Familie Kranzler. Der Konditor Georg Johann Kranzler (1795–1866), ein gebürtiger Österreicher, gründete 1825 in der Friedrichstr., Ecke Behrenstr. eine eigene Konditorei und eröffnete 1834 an der Ecke Unter den Linden/Friedrichstr. das großzügig ausgestattete Café Kranzler, das zu einem beliebten Treffpunkt der Berliner wurde. Seine Wiener Spezialitäten und sein russisches Eis waren sprichwörtlich in aller Munde. 1852 ernannte ihn die königliche Familie zum Hofkonditor. Sein Sohn Alfred Kranzler (1843–1911) führte das Café erfolgreich weiter. 1932 wurde von der Berliner Hotelbetrieb AG am Kurfürstendamm ein zweites Café Kranzler eingerichtet. Während das Stammhaus Unter den Linden 1944 den Bomben zum Opfer fiel, ist das Café am Kurfürstendamm 1958 wieder eröffnet worden. 1999 musste es einem Neubau weichen. Das weiß leuchtende Steingrabmal trägt das Bronzeporträt Alfred Kranzlers.

Rechts dahinter an der Mauer »Lücks Erbbegräbnis« von 1858, mit einem schönen antikisierenden Steinrelief, gezeichnet *G. Willgohs. F. 1850.* In der Reihe vor der Kranzler-Grabstätte der Grabstein für Friedrich Reinhard Stechow (1815–1895), der von 1859 bis 1995 Prediger an der Dorotheenstädtischen Kirche war. Dagegen ist das Grab einer anderen bedeutenden Persönlichkeit, des Architekten Julius Karl Raschdorff (1810–1914), in ziemlich verwildertem Zustand, die Umfassungsmauer teilweise abgebrochen. Raschdorff war der Erbauer des mächtigen Kuppelbaus des Doms am Lustgarten, über dessen Wert es um die Jahrhundertwende viel Streit gegeben hat. Das von einem schmiedeeisernen Gitter umschlossene Grab des Experimentalphysikers August Kundt (1839–1894), des Erfinders der Kundtschen Röhre, wird von zwei hohen Lebensbäumen flankiert. Die »Kundtschen Staubfiguren« werden in allen Physikbüchern beschrieben und gelten als eine ebenso einfache wie überzeugende Methode zur Messung der Schallgeschwindigkeit in Gasen. Kundts bekanntester Schüler ist der spätere erste Nobelpreisträger für Physik, Conrad Röntgen. Erhalten ist auch noch das Grab des 1927 verunglückten Radsportidols Krupkat; das Grabrelief stammt von Ludwig Marcuse (1928).

Auf dem Friedhof haben auch zwei bedeutende Marmorwerke die Zeiten überdauert: Links vorn, nahe dem Hauptweg, steht die große Stele für Emilie Loeffler (1837–1900) mit einem Abschiedsrelief – ein stehender Jüngling hält die Hand einer sitzenden Frau – im klassischen Stil von dem Bildhauer Fritz Klimsch aus dem Jahre 1904. Hinten rechts am Hauptweg erhebt sich das Grabmal für Woldemar Behrt (gest. 1888), eine große weibliche Gestalt, zum Himmel aufsehend (»Der Friede«?), auf barockisierendem Sockel von L. Cauer.

Mausoleum im Robert-Koch-Institut

Nordufer 20, 13353 Berlin

Der weltberühmte Arzt Robert Koch (1843–1910) ist der Begründer der wissenschaftlichen Bakteriologie. 1891 wurde er zum Direktor des neu gegründeten Instituts für Infektionskrankheiten, des heutigen Robert-Koch-Institutes, berufen. 1892 entdeckte er das Tuberkulosebakterium (Kochscher Bazillus) und ein Jahr später den Cholera-Erreger. Tuberkulose war nun in den ersten Stadien nicht nur zu erkennen, sondern auch zu heilen. In Afrika und Indien studierte er die Rinderpest, Malaria, ägyptische Augenkrankheit, Schlafkrankheit, den Aussatz, die Pest (»Schwarzer Tod«), die Amöbenruhr, das Küstenfieber und andere Erreger und suchte nach Möglichkeiten zur Verhütung und Bekämpfung dieser Seuchen. Der große Wohltäter der Menschheit wurde 1905 mit dem Nobelpreis für Medizin ausgezeichnet.

Robert Koch starb 1910 in Baden-Baden und wurde zunächst in seinem Geburtsort Clausthal begraben. 1912 wurde die Urne nach Berlin überführt und in dem nach ihm benannten Robert-Koch-Institut beigesetzt. Über dem Mausoleum steht man vor der Gedenktafel mit dem Bildnisrelief des Verstorbenen. Der Gedenkraum birgt Ausstellungsstücke wie Briefe, Karten, Bilddokumente, Instrumentarien aus dem 19. Jh. und andere Zeugnisse der Erinnerung an den hervorragenden Gelehrten. Bronze- und Marmorbüste schmücken die Institutsräume.

Friedhof der Märzgefallenen am Südrand des Volksparks Friedrichshain, dem »Kanonenberg«

Landsberger Allee, 10249 Berlin

Auf Beschluss eines Bürgerkomitees wurde der Friedhof am 22. März 1848 auf dem Gelände des Lindenbergs als Ruhestätte für die 183 Opfer der Revolution vom 18. März 1848, vor allem Arbeiter, Arbeiterfrauen und Jugendliche, angelegt. Als der Trauerzug vom Deutschen Dom am Gendarmenmarkt, wo die Särge der Toten aufgebahrt waren, am Schloss vorbeikam, ehrte der König auf dem Balkon die Toten, indem er seinen Helm abnahm. Auf dem Friedhof wurden 254 Gefallene bestattet, es waren 87 Arbeiter, 9 Lehrlinge, 50 Handwerksmeister, 60 Gesellen, 3 Arbeiterinnen und 2 Dienstmädchen.

In der Folgezeit war der Friedhof an den Jahrestagen der Revolution von 1848/49 immer wieder Schauplatz von Demonstrationen und Zusammenstößen mit der Staatsmacht. Der Friedhof der Märzgefallenen diente dann auch als Ruhestätte für die Opfer der Novemberrevolution 1918. Den 33 Gefallenen der Kämpfe vom November/Dezember 1918 wurde hier mit machtvollen Demonstrationen das letzte Geleit gegeben.

Das quadratische, ursprünglich in vier Reihen gegliederte Gräberfeld ist um 1925 nach einem Entwurf von Ludwig Hoffmann durch Aufstellung der noch verbliebenen Grabdenkmale (1910 waren nur noch 50 vorhanden) an den drei Seiten der Umfassungsmauer umgestaltet worden. In derselben Ordnung sind heute 18 steinerne Grabplatten und eine Stele sowie drei Kreuze, eine Schrifttafel und zwei Säulenmonumente aus Gusseisen erhalten. Die Eisengussmäler haben die Gestalt von kanonenrohrartigen Schäften, die von einer Kugel mit gesenkten, gekreuzten Fackeln bekrönt sind.

1948, zur Jahrhundertfeier, wurde der Friedhof zu einer Gedenkstätte für die Opfer der Revolution von 1848 und 1918 gestaltet. Auf der vertieften Freifläche inmitten des Friedhofes ist ein Granitquader errichtet worden, dessen Vorderseite die Gedenkinschrift, dessen Rückseite die Namen aller Gefallenen enthält. Bei der Neugestaltung nach 1948 wurden die an der südlichen Friedhofsseite befindlichen Gräber für Gefallene der Novemberrevolution von 1918 künstlerisch in die Gesamtanlage einbezogen: Drei Inschriftsteine in Form klassizistischer Sarkophagplatten wurden errichtet, auf der mittleren Platte mit den Namen sämtlicher revolutionärer Arbeiter und Soldaten, die im November und Dezember 1918 in Berlin gefallen sind.

Seitlich vor dem neuen Eingang zur Gedenkstätte erhebt sich die überlebensgroße Bronzefigur eines »Roten Matrosen«, 1960 von dem Bildhauer Hans Kies zur Erinnerung an die bei den Kämpfen in Berlin gefallenen neun Matrosen der Volksmarinedivision geschaffen.

Friedhöfe am Halleschen Tor
Eingänge: Mehringdamm/Zossener Str., 10961 Berlin

Mit dem Friedhofskomplex, den zwischen dem Mehringdamm, der Baruther, der Zossener und der Blücherstr. die Begräbnisstätten der Dreifaltigkeitsgemeinde, der vereinigten Jerusalems- und Neuen Kirchengemeinde, der Böhmischen Gemeinde und der Brüdergemeinde bilden, haben wir einen der ältesten und zugleich kulturhistorisch bedeutendsten Berliner Friedhöfe vor uns. Er ist zudem der erste in Berlin, der nicht als Kirchhof um ein Gotteshaus herum angelegt wurde. Da Beerdigungen nach dem Willen des Soldatenkönigs Friedrich Wilhelm I. nur noch außerhalb der Mauern von Berlin stattfinden sollten, entstand hier um 1735 ein Gräberfeld, das zunächst noch verächtlich »Armenfriedhof« genannt wurde. Doch durch das Hallesche Tor klapperten bald nicht mehr nur die Leichenkarren der Besitzlosen, sondern zogen auch die prunkvollen Wagen der Wohlhabenden.

Neben den Berliner Gemeinden der Jerusalems- und Neuen Kirche bestatteten dort auch die Mitglieder der neu in Berlin angesiedelten Böhmischen Gemeinde, die bald ihren eigenen Gottesacker bildeten, wovon sich 1746 noch die Brüdergemeine abtrennte. Auf ihm schmückten – getreu dem Grundsatz »Im Tode sind alle gleich« – nur liegende Steine die Gräber. Um 1739 war auch die Dreifaltigkeitsgemeinde hinzugekommen. 1796 und 1819 erfolgten wichtige Erweiterungen in Richtung zur Baruther Str. hin. Durch die Verbreitung der Zossener Str. 1887 wurde ein Teil der wertvollen alten Wandgräber zerstört.

Gegen Ende des letzten Krieges beschädigten Bomben zahlreiche wichtige Grabdenkmäler. Empfindlich wurde dann der Gesamteindruck der Friedhofsanlage mit ihren vielen Winkeln und Abzweigungen, Teil- und Seitenstücken 1971 durch den Bau der Blücherstr. beeinträchtigt. Der größte Teil des Gottesackers der Brüdergemeinde fiel dem Straßenbau zum Opfer. Verfall und Verwahrlosung taten ein Übriges. Aus den wenigen verbliebenen Resten kann man heute nur noch einen recht unvollständigen Eindruck gewinnen. Dennoch wird sich auch der heutige Besucher nicht der besonderen Atmosphäre dieses in seiner Art einmaligen Friedhofskomplexes entziehen können.

Bedeutende Künstler und Architekten, Schriftsteller und Schauspieler, Theologen und Ärzte, Gelehrte und Erfinder, Diplomaten und Unternehmer aus der Zeit Friedrichs II. bis in unsere Epoche hinein haben hier ihre letzte Ruhestätte gefunden. Am Halleschen Tor »liegt auf knapp einem Quadratkilometer die Geschichte Preußens begraben«, konstatierte Landeskonservator Professor Helmut Engel. Sechs figürliche Sandsteindmäler des Louis-Seize dokumentieren im Übergang vom Rokoko zum Klassizismus die fast verlorene Bildhauerkunst vor Schadow. Die Berliner Bildhauerschule des 19. Jhs. ist gut vertreten. Gruftgewölbe (Mausoleen) der Zeit um 1800 und die von ihnen abgeleiteten fassadenartigen Wandgestaltungen belegen den von David Gilly, seinem Sohn Friedrich Gilly, Heinrich Gentz und dem jungen Schinkel vertretenen dorischen Klassizismus.

Betritt man den Eingang Zossener Str., so findet man rechter Hand vier Grabsteine aufgestellt: das Marmordenkmal für den Theologen und Kirchenhistoriker August Neander (1789–1850) mit dem Reliefporträt des Verstorbenen von dem bedeutendsten Rauch-Schüler Friedrich Drake. Über die Vergesslichkeit des gedankenvollen Mannes gab es viele Anekdoten, so die, dass er bei einem Umzug seine neue Wohnung vergaß und zum Glück auf der Straße einen Studenten traf, der ihn hinführen konnte.

Daneben der kleine Gedenkstein für die beiden ursprünglich im Deutschen Dom beigesetzten und 1881 auf diesen Friedhof überführten berühmtesten Künstler am Hofe Friedrichs II., den Baumeister Georg Wenzeslaus von Knobelsdorff (1699–1753) und den Hofmaler Antoine Pesne (1683–1757). Anfangs als Maler war Knobelsdorff Schüler von Pesne, wandte sich dann bald darauf der Architektur zu und wurde später auch als Gartenarchitekt wirksam. Er wurde mit dem Um- und Ausbau des Schlosses Rheinsberg 1737–1739 beauftragt, 1740 zum Oberintendant der preußischen Schlösser und Gärten ernannt, erbaute 1741–1743 das Berliner Opernhaus und leitete gleichzeitig den Um- und Ausbau des Schlosses Charlottenburg und des Potsdamer Stadtschlosses. 1745–1747 errichtete er das Schloss Sanssouci gemäß einer Ideenskizze Friedrichs II. In seinen Barockbauten durchdringen sich Rokokohaftes und klassizistische Elemente, im Dekor setzen sich bald Naturmotive durch. Der 1710 aus Paris nach Berlin übersiedelte Pesne, einer der bedeutendsten Bildnismaler des Rokoko, malte zunächst Bildnisse von Repräsentanten und Damen des Hofes und des Adels und wurde mit dem Machtantritt Friedrichs II. mit mythologisch-allegorischen Wand- und Deckengemälden in den Schlössern Rheinsberg, Charlottenburg, Sanssouci und im Stadtschloss Potsdam beauftragt. Einige seiner schönsten Porträts sind in der Gemäldegalerie am Kulturforum zu sehen.

Der dunkelpolierte Granitstein mit marmornem Reliefbild für den Naturforscher und Forschungsreisenden Petrus Simon Pallas (1741–1811) wurde 1835 von den wissenschaftlichen Akademien in Berlin und Petersburg errichtet. Der Gelehrte war von der in Zerbst geborenen Zarin Katharina II. als Leiter einer sechs Jahre währenden Expedition in die östlichen Teile Russlands, in den Ural und nach Sibirien berufen worden, hatte sich aufgrund glänzender Resultate seiner Unternehmungen hohe Ehren erworben, kehrte aber ein Jahr vor seinem Tod in seine Vaterstadt zurück.

Schließlich die meisterhafte Ara für den Oberfinanzrat Friedrich Wehling (1743–1809), der unter Friedrich II. die Entwässerung des Rhins, eines Nebenflusses der Havel, leitete, mit einem Bildnismedaillon und einem figürlichen Relief am Fuße des Cippus, Persephone als Herrscherin der Unterwelt und den Todesgenius des Verstorbenen darstellend, an den Schmalseiten eine Amphore und gesenkte Fackel.

Gegenüber, an der ursprünglichen Rückmauer, erhebt sich *Eben's Begräbniß 1798,* ein kubischer Bau mit flachem Giebel und ägyptisierender schwarzer Eisentür unter einem tympanonartigen Relief, auf dem »Poenitentia«, Sinnbild der Bußfertigkeit, die von Chronos geleitete Verstorbene erwartet. Rechts ein Genius mit der Lebensfackel und ein Putto mit dem Schmetterling, als Symbol der menschlichen Seele. Dieses frühklassizistische Gruftgewölbe ist wahrscheinlich von David Gilly errichtet, der nachweislich den Anschlag zur angrenzenden Mauer 1799 unterzeichnet hat. Gilly, der Schloss und Dorf Paretz für Friedrich Wilhelm III., Schloss Freienwalde für Königin Luise und andere Schlösser und Landhäuser errichtete, bevorzugte einfache kubische Formen, die er mit griechisch-antiken Formen sparsam gliederte.

Etwa 70 Schritte weiter befindet sich das gut erhaltene, in der Art etruskischer Grabmäler angelegte Wandgrabmal für den Leibarzt Friedrichs II., Johann Carl Wilhelm Moehsen (1722–1795), *Des Königs würdiger Zeitgenosse.* In einer 2,30 m hohen Wandnische steht ein Steinsarkophag mit der auf dem Deckel ruhenden Hygieia, Tochter des Heilgottes Asklepios und Sinnbild der Gesundheit, die Schlange, das heilige Tier des Asklepios, tränkend. In seiner strengen römisch-antiken Form ist es eines der schönsten klassizistischen Grabmäler nicht nur dieses Friedhofes. Moehsen, der sich auch der Volksgesundheit widmete, fiel beim König in Ungnade, weil er ihm um dessen Gesundheit willen die Teltower Rübchen und eine Inspektionsfahrt nach Ostpreußen verbieten wollte. Friedrich rief ihm die zornigen Worte entgegen: »Alter Teufel, will Mich reprimandiren! Geh Er fort, ich brauche Seiner nicht mehr!« Gleich dahinter auf der linken Seite ein kleines beschädigtes Sandsteinmal des Louis-Seize ohne Namen: ein kindlicher Todesgenius mit verlöschender Lebensfackel neben der Urne vor einem Obelisken. Schräg gegenüber, einige Meter zurück, befindet sich eine ebenfalls unbezeichnete Ädikula mit der Figur der Verstorbenen im Hochrelief vor einem Scheinportal, das ins Reich der Toten führt. In der Rechten hält sie einen Mohnkranz, in der Linken einen Palmenzweig, die Sinnbilder für ewigen Schlaf und irdischen Ruhm. Die Marmorfigur wurde von Julius Moser 1881 geschaffen. Erst der Privatarchivar Hans Uth stieß 1981 in den Archiven der Neuen Jerusalemer Kirchengemeinde auf Dokumente, die über die Geschichte des Grabes Auskunft geben. Hier wurde 1881 der Gymnasialprofessor Julius Worpitzky beigesetzt. Seine von ihm geschiedene Frau Hedwig, geb. Kube, gab das Grabmal bei dem Bildhauer Julius Moser in Auftrag, sie überlebte den Tod ihres Mannes aber nur um wenige Monate. So vermutete Uth, dass sie der Tod überraschte, bevor sie einen Steinmetz beauftragen konnte, den Namen in die Grabplatte zu schlagen.

Geht man bis zum Wegende an der Binnenmauer des **Böhmischen Friedhofs** weiter, hat sich rechter Hand die jetzt mit einem Glasdach geschützte Sandsteinskulptur eines über der Urne trauernden Puttos erhalten. Unten ein Stundenglas als Symbol der unerbittlich verrinnenden Zeit. Die geschlossene, ein Dreieck beschreibende Komposition ruht auf einer in die Mauer gefügten Konsole, in die die Namenstafel Martin Daniel Mosisch, 1796, komponiert ist. Weiter rechts, aber gegenüber der Mauer am Weg, hat der Berliner Maler und Bildhauer Kurt Mühlenhaupt (geb. 1921) mit seiner Kombination von mattglänzendem Edelstahl (rostfreiem »Nirosta«-Stahl) und weißem Porzellan ein seltenes Beispiel von Edelstahl-Grabkreuzen für die Familie, vor allem seinen Bruder, den im Kreuzberger Milieu durch seine naive Malerei bekannten Wilhelm Mühlenhaupt (1907–1977), gegeben. Die beiden stumpf abgewinkelten männlichen Grabmäler flankieren die größeren abgerundeten mit den beiden Frauenporträts. Auf einer Emaille-Platte hat sich der Künstler selbst verewigt – mit seinem Symbol: ein Leierkasten mit einem Affen. Mühlenhaupt erklärte 1981: »Der Friedhof ist für die Kreuzberger so eine Art Park. Damit es nicht so traurig aussieht, habe ich Grabsteine von mir, meiner Frau, meiner Schwester und meinem Bruder aufgestellt. Er ist der einzige, der schon im Grab liegt.« Weiter in Richtung Blücherstr. befinden sich die Grabmäler des Malers Ludwig Passini (1832–1903), den seine Rom- und Venedig-Aufenthalte zu Aquarellen mit Motiven des Volkslebens inspirierten, und der Schauspielerin Anna Schramm (1835–1916), die spätere »komische Alte« des Friedrich-Wilhelmstädtischen Theaters und des Königlichen Schauspielhauses. Als 1889 auf einem Berliner Postamt eine Karte aufgegeben wurde, adressiert: »An die beliebteste Künstlerin Deutschlands«, stellte die Post sie Anna Schramm zu.

Die ältesten skulptierten Sandsteingrabmäler liegen im nordöstlichen Teil, schon von weitem sichtbar durch die auf hohen Metallrohren gespannten Schutzplanen: Das Grabmal für den Landjägermeister und Obristen Friedrich Wilhelm von Lüderitz (1717–1785), das älteste noch erhaltene des Friedhofs, zeigt auf girlandengeschmücktem Kubus die mit dem Wappen des Verstorbenen verzierte Urne. An ihr lehnt der muskulöse Zeitgott Chronos mit dem Stundenglas und ein trauernder Putto, am Urnenpostament der mächtige Helm mit Federbusch. Durch den blockhaften Unterbau zieht sich eine Lorbeergirlande hindurch. Das benachbarte spätbarocke Urnengrabmal mit antikisierendem Bildnismedaillon wurde ein Jahr später für den Kammergerichtsrat Justus Dietrich Schlechtendall (1712–1786) gesetzt. Es stellt eine Trauernde mit efeuumranktem Stecken (wohl Allegorie der Freundschaft) und zwei Putten dar, der eine die Lebensfackel löschend, der andere eine Girlande haltend. Auf dem Grabstein wird dem Verstorbenen nachgerühmt: *Dein Amt war Gerechtigkeit,/Dein Vergnügen Wissenschaft,/Dein Umgang Freundschaft,/Dein Leben Tugend,/Dein früher Tod für dich ein sanfter Schlaf, Für alle, die dich lieben,/Ein tausendfacher Tod.* Auch hier ist die Basis ein mächtiger rechteckiger Kubus.

Das Motiv der Urne verwenden auch die beiden von schweren eisernen Mäandergittern zwischen Steinpfosten umgebenen Grabmäler des Kriegsministers Friedrichs II., Leopold Otto von Gaudi (1728–1789), und seines einzigen Kindes Marie Amalie Charlotte von Gaudi (1768–1786). Die auf einer kanellierten Säule stehende, reich skulptierte Urne des Vaters gibt im zarten Relief vorn einen heranschwebenden

Todesgenius mit Mohnkranz und verlöschender Fackel wieder. Auf der Rückseite sitzt weinend ein Putto vor einem Rundaltar mit brennendem Feuer. Ein großes Waffengehänge am Säulenpostament weist auf das Amt des Verstorbenen hin. Dagegen ist die schlichte, mit einem Schleier umwundene Urne für die Tochter nur durch ein ornamentales Band, den sogenannten »Laufenden Hund«, ausgezeichnet.

Geht man den Querweg in Richtung Zossener Str. weiter, stößt man rechter Hand auf das von einer vollplastischen Blumenkette umkränzte Sandsteinmal von Franz Duncker (1822–1888), des Mitbegründers der ersten gewerkschaftlichen Arbeiterorganisation Deutschlands und Verlegers der »Berliner Volkszeitung«, zu deren Neuerungen der tägliche Leitartikel und Wetterbericht und der wöchentliche naturwissenschaftliche Aufsatz gehörten. Das von einem Lorbeerzweig unterfangene Bildnisrelief des Verstorbenen stammt von Gustav Eberlein, einem der produktivsten Künstler des Neubarock. Am Ende des Weges, knapp vor der hässlichen Betonformsteinmauer zur Blücherstr., erhebt sich eine Replik der von Schadow geschaffenen Marmorbüste für den Kirchenmusiker und Komponisten Carl Friedrich Fasch (1736–1800), den verdienstvollen Gründer der Singakademie zu Berlin.

Hinter dem Eben-Gruftgewölbe betritt man linker Hand den Bezirk von 1798, der durch einen Mittelweg in zwei Hälften geteilt wird. Im linken Teil befindet sich das 1,60 m hohe gusseiserne, gotische Stilelemente aufweisende Kreuz, ein Schinkel-Entwurf für die Königliche Gießerei, auf dem Grab von Henriette Herz (1764–1847). Der Salon dieser schönen, geistreichen Frau, der Tochter eines jüdischen Arztes portugiesischer Herkunft, vereinigte die geistigen Köpfe Berlins. Wohl unter dem Einfluss ihres Geistesfreundes Schleiermacher trat sie 1817 zum Christentum über.

Unweit das klassizistische Grabmal für den Chirurgen und Generalstabsarzt Carl F. von Graefe (1787–1840) und seine Frau mit den Marmorbüsten von Friedrich Drake unter hoher tempelartiger Ädikula. Graefe gilt als einer der bedeutendsten Pioniere auf dem Gebiet der plastischen Chirurgie. Noch heute ist eine hierbei verwendete Operationsmethode nach ihm benannt. Rechts daneben die Granitstele für seinen berühmten Sohn, den »Lehrer der Augenheilkunde« Albrecht von Graefe (1828–1870) und seine Frau mit dem marmornen Doppelbildnis-Medaillon von dem Rauch-Schüler Bernhard Afinger. Durch Anwendung des von Helmholtz 1850 erfundenen Augenspiegels hatte

Graefe den bis dahin als unheilbar geltenden grünen Star operativ behandeln können.

Unter einem schützenden Zeltdach das Urnengrabmal für den Schauspieler Johann Friedrich Ferdinand Fleck (1757–1801), das die Masken der Tragödie und Komödie zeigt. Fleck war zu seiner Zeit der erste herausragende Heldenspieler des deutschen Theaters; sein harmonisches und mitreißendes Spiel wurde besonders in Shakespeares und Schillers Heldenrollen, als Lear, Macbeth, Shylock, Goethes Götz von Berlichingen, als Karl Moor oder Wallenstein, gerühmt. Zwei Jahre nach seinem Tode ließ Iffland, der Direktor der Königlichen Schauspiele zu Berlin, das Grabmal auf eigene Kosten von Gottfried Schadow ausführen.

Im Winkel Zossener/Baruther Str. zwei schöne, nach 1895 entstandene Jugendstil-Grabmäler von Ignaz Taschner, dem Schöpfer des Märchenbrunnens im Volkspark Friedrichshain: Im Kalksteinmal für Emy Bennewitz von Loefen (gest. 1899) wächst der sinnend geneigte Frauenkopf mit langem Haar wie eine Blüte aus dem Stengel in weicher Linienführung aus der architektonisch kantigen Stelenform heraus. Direkt am Weg die sich verjüngende Sandsteinstele mit dem ornamental eingefassten Marmortondo *ARS* im Münchner Sezessionsstil für den Maler märkischer Landschaften Karl Wilhelm Bennewitz von Loefen (1826–1895).

Geht man an der Mauer zur Baruther Str. entlang weiter in den rechten Teil, erblickt man die marmornen Namenstafeln der Goethe-Freundin und überaus beliebten Berliner Schauspielerin Friederike Bethmann-Unzelmann (1768–1815) und ihres Sohnes Friedrich Unzelmann (1797–1854), der besonders durch die Holzschnitte zu Shakespeares Dramen und zu Menzels Werken bekannt wurde. Rechts daneben die schwarze Granittafel mit der lapidaren Inschrift *Iffland, starb 1814* für den berühmten Schauspieler und geschäftsklugen Direktor der Königlichen Schauspiele zu Berlin August Wilhelm Iffland (1759–1814), der auch Verfasser seinerzeit vielgespielter Rührstücke war.

An der Mauer zum Dreifaltigkeitskirchhof befinden sich das von Knoblochsche Erbbegräbnis im Gilly-Stil und das mit einem wie projizierend erscheinenden Sarkophag geschmückte Wandgrab des Volksarztes Ernst Ludwig Heim (1747–1834), der zugleich Arzt der Königin Luise war. An der Innenmauer das 1938 aufgefundene und restaurierte Grabmal für den Architekten David Gilly (1748–1808). Die durch einen zurücktretenden Halbbogen unter schlichtem Giebel gegliederte Wand mit dem gusseisernen Namensschild und den vier steinernen Pfosten ist vermutlich von Gilly selbst – den Schadow als »das für die damalige Zeit größte Genie« bezeichnete – beim Tode der Tochter Minna 1803 geschaffen worden.

In der Mitte dieses Friedhofsteils erhebt sich in jugendstiliger Linearität eine architektonisch gerahmte Skulptur, eine marmorne Liegefigur, für Clara Gräfin von Einsiedel, die Walter Schott in Abwandlung von Renaissance-Wandgräbern entworfen hat.

Der benachbarte und zugleich älteste, um 1739 angelegte quadratische **Dreifaltigkeitskirchhof** an der Baruther Str. trägt am Weg entlang der südlichen Binnenmauer den von einem kunstschmiedeeisernen Gitter umgebenen, hoch aufragenden Obelisken für den Generalpostmeister und Staatsminister Heinrich von Stephan (1831–1897). Der Schöpfer des modernen deutschen Postwesens und Begründer des Weltpostvereins führte die Postkarte und Postanweisung, den Fernsprecher, das Telegraphenwesen und die Rohrpost ein. Auf einem in Stufen ansteigenden Sockel mit dem jugendstiligen Relief einer aufsteigenden Sonne als Symbol »ewigen Friedens« erhebt sich eine Trauernde mit dem Lorbeerkranz in der Hand. Schöpfer ist der Begas-Schüler Joseph Uphues, ein Vertreter des Neubarock. Dahinter die schlichten Marmortafeln auf den Gräbern von Rahel (1771–1833) und Karl August Varnhagen von Ense (1785–1858). K. A. Varnhagen von Enses neunbändige »Denkwürdigkeiten« und die nach seinem Tod Aufsehen erregenden »Tagebücher« sind aufschlussreiche Dokumente jener Zeit. Rahel Varnhagen von Enses mit Henriette Herz rivalisierender Salon in der Mauerstr. 36 bildete den Kern der romantischen Literaturbewegung. Sie litt darunter, allein die Rolle der Gattin einnehmen zu müssen, konnte und wollte aber durch den Übertritt zum Christentum nicht auch die eigene jüdische Vergangenheit auslöschen. Auf der Grabtafel die Worte Rahels: *Gute Menschen –/Wenn etwas Gutes für die Menschheit geschieht,/dann gedenkt freundlich in/Eurer Freude auch meiner.*

Fast inmitten des Kirchhofs, hart am Wege, erhebt sich ein Granitkreuz zum Gedächtnis eines der produktivsten Bühnendichter seiner Zeit, Ernst Raupach (1784–1852). Er schrieb 117 Dramen, darunter sogenannte »Schicksalstragödien«, in denen außermenschliches Schicksal nur noch als kleinliches Verhängnis, als theatralisch effektvolles Requisit erschien. Gegenüber an der nördlichen Mauer das Wandgrab des Theologen und Schleiermacher-Nachfolgers August Twesten (1789–1876) mit dem Bildnis-Medaillon von Otto Geyer. Rechts folgt Schaezers Erbbegräbnis (1824) mit zwei gotischen Lanzettbögen seitlich des Mittelfeldes. Im Winkel der östlichen Mauer zwei schlichte Stelen über den efeubedeckten Gräbern des Bankiers Abraham Ernst Mendelssohn-Bartholdy (1776–1835), des Sohnes des jüdischen Religionsphilosophen Moses Mendelssohn, und seiner Frau Lea, geborene Salomon, die nach gemeinsamer Taufe ihren Mann bewegen konnte, den angenommenen Namen ihres Bruders Bartholdy, des Mäzens der Nazarener in Rom, dem Fortkommen der Kinder zuliebe anzufügen.

Ganz in der Nähe am Mittelweg ruht in einem gotisierenden Gitter unter einem Marmorkreuz ihr Sohn, der bereits 38-jährig verstorbene Komponist Felix Mendelssohn-Bartholdy (1809–1847). Als genialer Dirigent führte er die Leipziger Gewandhaus-Konzerte zu Weltruhm, und seine Sinfonien, Konzertouvertüren, Oratorien sowie seine Kammer- und Klaviermusik werden ebenso unsterblich bleiben wie seine Lieder »O Täler weit, o Höhen ...«, »Wer hat dich, du schöner Wald, aufgebaut so hoch da droben ...?«, deren Texte Eichendorff schrieb. Neben ihm der Grabstein seiner geliebten, wenige Monate vor ihm verstorbenen Schwester Fanny (1805–1847) mit dem in Noten unterlegten Lied *Gedanken gehn und Lieder fort bis ins Himmelreich* ... und von deren Ehemann, dem Porträtmaler Wilhelm Hensel (1794–1861). Rechts schließen sich die Grabmäler der Geschwister Heinrich Heines – Clara Louise, Moritz Ludwig (1813–1847), Wilhelm Gotthold (1819–1848) und Rudolph Hermann Heine (1825–1866) – an, während sich auf der linken Seite und am Wege auf der Gegenseite die Gräber weiterer Angehöriger der Mendelssohn-Bartholdy befinden.

Den in einer dritten Erweiterung 1819 geschaffenen Friedhofsteil der **Jerusalemer und Neuen Kirche** betritt man linker Hand vom Twesten-Grab und findet hier entlang der Mauer zur Baruther Str. eine Vielzahl von Mausoleumsfassaden vom frühen Biedermeier (Zimmermanns Erbbegräbnis, 1836; Haucksches und von Graevenitzsches Erbbegräbnis) bis zum Jugendstil (Friedländer-Fuld, 1917; Prächtel 1903). Beim Familienbegräbnis L. Köhler handelt es sich um eine der wenigen erhaltenen keramischen Kleinarchitekturen, hier im neugotischen Stil, um 1880 zu datieren.

Dort, wo der Querweg rechts beginnt, befindet sich der Granitstein für den Dichter Adelbert von Chamisso (1781–1838) und seine Frau. Der französische Emigrant fand in Deutschland sein zweites Vaterland. Das Märchen vom Mann ohne Schatten, »Peter Schlemihls wundersame Geschichte« (1814), begründete seinen Weltruhm. Robert Schumann hat den Dichter durch seinen Liederzyklus »Frauenliebe und -leben« auch musikalisch unsterblich gemacht.

Geht man den Querweg in Richtung Mittelweg weiter, sieht man rechter Hand das Grabmal für Theodor Döring (1803–1873), der im Großen Schauspielhaus am Gendarmenmarkt in Stücken Shakespeares, Schillers, Kleists und Hebbels als einer der größten Tragöden seiner Zeit glänzte. Der Vorhang ist gefallen – das ist das Symbol für die mit einem kordelgeschmückten Tuch bedeckte Stele. Entnommen wurde die expressive Marmorskulptur »Das Leid«, ein von Flügeln gerahmter weiblicher Kopf, von Gustav Eberlein auf dem Grab einer Josefa Müller (gest. 1927). Auch die Trauernde am Kreuz auf dem Grabmal des Königlichen Hof- und Sanitätsrates Oscar Boer ist eine frühe Arbeit des gleichen Bildhauers. Linker Hand nahe am Mittelweg das Doppelgrab des Schriftstellers und Musikers Walther Harich (1888–1931) und des Sängers, Musikers und Komponisten Ludwig Hess (1877–1944).

Hat man die Hauptkreuzung überschritten, befindet sich auf linker Seite das oft mit frischen Blumen geschmückte Grab E. T. A. Hoffmanns (1776–1822), der in Verehrung für Mozart den Vornamen Amadeus annahm. Der Feder des gelernten Juristen entstammen »Die Serapionsbrüder«, »Kater Murr«, »Das Fräulein von Scudery«, die Märchen »Der goldene Topf« und »Meister Floh«. Viele hat er im historischen Weinkeller von Lutter und Wegner ersonnen. Der Legende nach soll sich der »Gespenster-Hoffmann« nachts vor seinen eigenen Gestalten gefürchtet haben. In dem hohen Stein ist der Spruch eingemeißelt: *E. T. A. Hoffmann, ausgezeichnet im Amte, als Dichter, als Tonkünstler, als Maler. Gewidmet von seinen Freunden.* Einer der Freunde, der Schauspieler Ludwig Devrient, saß noch Wochen später häufig an dem Grab. Eine halb ausgetrunkene Flasche in der Hand schwenkend, rief er dem Toten nach: »Komm raus, du!«

Geht man den Querweg in Richtung Blücherstr. weiter, liegt linker Hand das Grab des Volksschriftstellers und Vaters des Berliner Witzes Adolf Glaßbrenner (1810–1876) – eine Granitstele mit einem großen Marmorbildnis, dessen Schöpfer unbekannt ist. Die Grabstelle seiner Gattin, der Schauspielerin Adele Glassbrenner-Peroni (1813–1895), die vor allem in Rollen Ferdinand Raimunds hervortrat, befand sich ursprünglich daneben, ist aber 1928 mit der ihres Gatten vereinigt worden. Unweit auch das Grab eines seinerzeit bekannten Zeitgenossen Glassbrenners, des Bühnenschriftstellers Adolph L'Arronge (1838–1908), dessen bühnenwirksame, rührselige Volksstücke jahrzehntelang auf den Spielplänen standen. Er gründete auch 1883 das Deutsche Theater in Berlin und brachte hier bedeutende Klassikeraufführungen heraus.

Am Ende des Querweges erhebt sich rechter Hand die rote Granitstele mit Bildnismedaillon von F. Rosse für den Theaterarchitekten Karl Ferdinand Langhans (1782–1869), der den Neubau des Berliner Opernhauses, das Leipziger Stadttheater und das Prinz-Wilhelm-Palais Unter den Linden errichtete.

Wer kennt heute noch die Schauspielerin Anna von Strantz-Führing (gest. 1929), das Modell der Germania auf den früheren deutschen Briefmarken? Und wer weiß, dass hier 1935 der Erzherzog Leopold von Habsburg beigesetzt wurde, der unter dem bürgerlichen Namen Leopold Wölffling in Berlin gelebt hatte? Auf diesem Friedhof im Straßendreieck ruhen so viele bekannte wie vergessene Persönlichkeiten, dass man in der Tat von einer Berliner Kulturgeschichte auf Grabsteinen sprechen kann.

Friedhöfe an der Bergmannstrasse
Bergmannstr., 10961 Berlin

Von den vier nebeneinander liegenden Friedhöfen ist der **Dreifaltigkeitskirchhof**, 1825 auf dem Gelände eines einstigen Weinberges kreuzförmig angelegt und durch Friedrich Schleiermacher anlässlich der ersten Beisetzung eingeweiht, der älteste und kulturhistorisch bemerkenswerteste. Familiengräber (Erbbegräbnisse), die entlang der Mauern oder im oberen Mittelteil platziert sind, Wegegräber am Rande des Grabfeldes und Reihengräber im Innenbereich oder an den Wegerändern bestimmen das Gesamtbild.

Gleich eingangs des Mittelweges rechts das Grabmal der Schauspielerin Amalie Wolff (1780–1851), einer der großen Heldendarstellerinnen auf der Weimarer und Berliner Bühne. Die Hauptachse führt auf eine Anhöhe, wo sich das große gusseiserne Monument befindet, das die Königliche Eisengießerei 1827 nach dem Entwurf Karl Friedrich Schinkels, des Baumeisters des Klassizismus, für die Fürstin Christiane Charlotte Sophie von der Osten-Sacken (1733–1811) anfertigte. Im Sockel ist der Sarkophag mit dem fürstlichen Wappen hinter Vierpassgittern eingestellt; darüber das Relief des betenden Genius, auf der Rückseite die ringförmige Schlange, das Symbol der Ewigkeit. 1826 wurde hier auch ihr Gemahl, der Fürst Karl von der Osten-Sacken beigesetzt. Mit ihm war der preußische Fürstenzweig derer von der Osten, genannt von Sacken, erloschen.

Hier oben, am rechten Querweg, liegen die Grabmäler bedeutender Persönlichkeiten aus der ersten Hälfte des 19. Jhs. zusammen. Eine Stele mit rotem Granitsockel und der Marmorbüste im Tondo von Christian Daniel Rauch, dem Begründer der Berliner Bildhauerschule, begrenzt von einem schönen klassizistischen Gitter, bezeichnet das Grab des dem Kreis der Romantiker angehörenden protestantischen Theologen Friedrich Schleiermacher (1768–1834), der zugleich bedeutend als idealistischer Philosoph und hervorragend als Kanzelredner war. August Neander verkündete am 12. Februar 1834 vom Katheder herab die Botschaft vom Tode Schleiermachers: »Heute schied der Mann von uns, von dem man in der Zukunft einen neuen Zeitabschnitt in der Theologie datieren wird.« Er war der religiöse und sittliche Reformator seiner Zeit, der eine Weltanschauung begründet hatte, »in welcher Philosophie und Religion, Wissen und Glauben, Menschenbildung und Frömmigkeit in einer höheren Einheit sich zusammenfanden«. Wohl an die 30 000 bis 40 000 Menschen aus allen Ständen, die katholische wie evangelische Geistlichkeit, »Freund und Feind«, folgten dem Sarge, den Studenten trugen.

Dahinter erhebt sich die Marmorstele für den Germanisten Karl Lachmann (1793–1851), der Hartmann von Aue, Wolfram von Eschenbach und Walther von der Vogelweide zu den Häuptern der mittelhochdeutschen Poesie erhob.

Ein wenig darunter befindet sich die schlichte Granitstele für den »romantischen Dichterfürsten« Ludwig Tieck (1773–1853). »Als der Sarg eingesenkt wurde und die Erdschollen auf die reichen Blumenkränze niederfielen, stieg oben im blauen Raume die Lerche auf; als die Trauernden den Kirchhof verließen, schlug die Nachtigall im jungen Grün. Die Natur blieb ihrem Dichter treu«, berichtet der getreue Biograph Köpke über jenen 1. Mai, als man den fast 80-Jährigen zur letzten Ruhe geleitete.

Geht man noch einige Schritte den Hauptweg herunter, steht man vor dem Efeugrab mit schlichter Kissenplatte für Charlotte von Kalb (1761–1843), der Seelenfreundin von Schiller, Hölderlin und Jean Paul (sie ist die Linda in dessen »Titan«). Fast 80-jährig diktierte die 1821 Erblindete die Erinnerungen ihres Lebens, die die 30 wichtigsten Jahre umfassen.

Wir kehren über den Hauptweg zum Schinkel-Denkmal zurück, biegen in den rechten Querweg ein, gehen an dem dreiteiligen Wandgrab des Verlegers der deutschen Romantiker Georg Andreas Reimer (1776–1842) vorbei und stehen fast am Ende der linken Mauerfront vor dem Grab von Heines »Molly«, seiner Cousine Amalie Friedländer (1800–1838), die der Dichter in zahllosen Liedern des Schmerzes und der Freude besungen hat. Noch in der Pariser »Matratzengruft« bedrängte ihn das Bild der Jugendgeliebten, wie der Freund Gérard de Nerval 1856 bezeugte: »Eine hoffnungslose Jugendliebe schlummert noch immer im Herzen des Dichters; wenn er ihrer gedenkt, kann er noch weinen oder er zerdrückt seine Träne aus Groll.«

An der Rückseite der Mauer, auf dem Querweg darüber, die schmucklose Familiengrabstätte des Historikers Theodor Mommsen (1817–1903). In seiner Gedächtnisrede sagte der Professor Harnack: »Wir haben keinen Geschichtsschreiber besessen, der mit solcher Anspannung und solcher Kraft das Große und das Kleine zwang, damit es ihm Antwort gebe, der auch dem härtesten und unbeachtetsten Kiesel Funken entlockte, und der nicht ruhte, bis sich die Dinge in einen Kreis rundeten, in einen Kreis fester Erkenntnis und Anschauung …« Mommsens Hauptwerk, die »Römische Geschichte« (1854), im Geiste liberaler Geschichtsbetrachtung geschrieben, wurde in viele Sprachen übersetzt.

Wenn wir uns nun wieder auf dem oberen Querweg zum Hauptweg zurückbegeben, fällt uns gegenüber der Grabstätte des Sprachforschers Franz Bopp (1791–1867) das mächtige gründerzeitliche Erbbegräbnis des Industriellen Friedrich Wilhelm von Krause (gest. 1877) ins Auge. Es wurde als offene, dreiteilige Kapelle von Friedrich Hitzig errichtet. Die Thorvaldsen nachempfundene, überlebensgroße Christusfigur stammt von J. Moser, und die später hinzugekommenen Bildnisbüsten der Verstorbenen schuf Friedrich Drake.

Am Querweg rechts ein Bildnis-Tondo der Gräfin Pfeil, einer Enkelin von Amalie Friedländer, aus Carraramarmor über einem Säulenpostament. Hier fällt auch ein bronzenes Grabmal für Fr. Moritz Wolff (gest. 1917) von Hosaeus ins Auge: ein über Pyramiden schreitender Jüngling mit Stundenglas, darunter ein Lebensfries.

Im oberen Teil des Kirchhofs, auf der linken Seite an einer Quer-/Längswegecke, weist eine Stele mit Bildnismedaillon und Engelsfigur auf das Grab der Schauspielerin Marie Seebach (1829–1897), die als Gretchen (Goethe), Maria Stuart (Shakespeare) und Desdemona (Shakespeare) Triumphe in Europa feierte und ein Heim für invalide Kunstgenossen in Weimar stiftete.

Wir gehen den Weg an der Mauer des Friedrich-Werderschen Friedhofes zurück, vorbei an kaiserzeitlichen Industriellengräbern, verweilen auf der Höhe des Schinkel-Monumentes rechter Hand vor dem grünen Porphyrobelisken für den Geschichtsschreiber der »Hohenstaufen« Friedrich Raumer (gest. 1873) und gelangen zu dem mit einem Gitter versehenen pompösen Wandgrab Adolph Menzels (1815–1905). In einer Nische mit Rundbogen steht die Porträtbüste der »kleinen Exzellenz«, der Bronzeguss einer Marmorbüste von Reinhold Begas, die noch zu Menzels Lebzeiten für die Nationalgalerie angefertigt worden war. Menzels Historienbilder konnten zu Lebenden Bildern gestellt werden. Kaiser Wilhelm II. ließ zur Trauerfeier Menzels Bildwerk »Die Armee Friedrichs des Großen in ihrer Uniformierung« (1857) als Ehrengeleit in der Rotunde des Alten Museums am Lustgarten lebendig werden und folgte, als sich der Trauerzug in Bewegung setzte, dann selbst als erster Menzels Sarg. Seit Velasquez hatte kein Herrscher mehr den Sarg eines Malers zur letzten Ruhe geleitet. Doch obwohl Menzel der höchste preußische Orden, der Schwarze Adlerorden, verliehen und er in den Adelsstand erhoben wurde, blieb er immer Bürger. Als er von einem der königlichen Prinzen beim Malen gestört wurde, sagte er schroff: »Bleiben Sie da, nun Sie schon mal da sind. Sie kommen ja beim nächsten Mal ebenso ungelegen.«

Um das Menzel-Grab gruppieren sich weitere neoklassizistische Wandgrabmäler mit Jugendstilelementen, so für den Architekten Heinrich Kayser (1842–1917), der durch seine Geschäfts- und Kaufhäuser das Berlin der Jahrhundertwende prägte – die architektonische Grabanlage entwarf der Grunewald-Architekt Arnold Hartmann, einer der letzten großen Architekten des Kaiserreiches, die Büste des Verstorbenen schuf der Bildhauer Gerhard Janensch – den Bankier Arthur von Gwinner (1856–1931) mit dem Christushaupt im Zentrum einer symbolischen Himmelspforte, geschaffen von dem Bildhauer Georg Wrba, und das AEG-Vorstandsmitglied Georg Klingenberg (gest. 1925) mit großer Bronzeplakette von Fritz Klimsch.

In der hinteren Ecke, auf gleicher Höhe wie das gusseiserne Grabmal von der Osten-Sacken, ist, geschickt als Blickfang konzipiert, das Erbbegräbnis von Oppenfeld in ägyptischem Stil (1828) zu sehen, eines der ältesten und das wohl stilistisch eigenwilligste Mausoleum auf den historischen Friedhöfen Kreuzbergs. Über dem nahezu quadratischen Grundriss erhebt sich ein Pyramidenstumpf. An der Vorderseite führt die umlaufende dreistufige Treppe zu einer trapezförmigen gusseisernen Tür, die zu zwei Dritteln von Gitterwerk durchbrochen ist. Über der Tür ein Vordach mit einer reliefartigen Halbsonne als Verzierung. Über den Erbauer des Mausoleums gibt es noch keine zuverlässigen Hinweise.

Weiter unten die Ädikula mit Porträtmedaillon für den Philosophen, Naturforscher und Dichter Heinrich Steffens (1773–1845), der an der patriotischen Bewegung gegen Napoleon teilnahm, das später mit einer Büste von Otto Geyer geschmückte Grab des Schriftstellers August Kopisch (1799–1853) und der marmorne Denkstein für den Lehrer und Erforscher der klassischen Baukunst Carl Boetticher (1806–1889), der die Witwe seines Freundes Kopisch geheiratet hatte. Boettichers Baugedanken übertrug sein Schüler Martin Gropius (1824–1880) in originelle Schöpfungen, so den quadratischen Bau des Kunstgewerbemuseums mit seinem glasbedachten Lichthof (heute Martin-Gropius-Bau) in der Prinz-Albrecht-Str. Von Gropius selbst ist auch 1868 die eigene Grabanlage entworfen worden, eine Pergola in dorischen Architekturformen und mit einem Eisengitter aus Diagonalen und Viertelkreisen. Die Rückwand trägt ein Marmor-Grabrelief des Freundes Rudolf Siemering mit der Darstellung des Todesgenius und der trauernden Kunst, ein architektonisches Skizzenbuch im Arm, vor dem Aschealtar. Anstelle einer Porträtbüste wird hier auf das Werk des Architekten verwiesen, der kurz vor seinem Tode noch den Wettbewerb für das Gewandhaus Leipzig gewonnen hatte.

Es schließt sich der 1844 angelegte Friedhof der Friedrich-Werderschen Gemeinde mit zahlreichen klassizistischen und Jugendstil-Erbbegräbnissen von der Mitte des 19. Jhs. bis zur Jahrhundertwende an der linken Mauer an. Hervorzuheben ist das Erbbegräbnis für Paul Köthner (gest. 1902) aus rotem poliertem Granit mit geschwungenen Wänden, Seitenpfosten mit kuppelartigen Rosenbekrönungen und eingelassenen grünpatinierten Mädchenfriesen von Lilli Finzelberg.

In der Ecke oben links ein schön proportionierter Mausoleumsbau aus der Mitte des 19. Jhs. für Familie Seeger: Die ionischen Säulen, das Rundbogenportal und die zwei Engelstondi sind aus Ton. In der von Pfeilern gegliederten rückwärtigen Mauer finden sich teilweise noch die alten eisernen oder marmornen Tafeln mit schöner Schrift. Oben rechts das kleine schlichte Mausoleum aus gelblichen Ziegeln für den Chirurgen Johann Friedrich Dieffenbach (1794–1847).

Auch in dem 1852 eingerichteten Friedhof der **Jerusalems- und Neuen Kirche** machen prächtige Wandgräber und Mausoleen auf sich aufmerksam: die freistehende Sandsteinkapelle im neugotischem Stil von G. L. Möckel, 1898, im vorderen Teil rechts; das Erbbegräbnis für A. Heese in romanisierendem Stil; das Wandgrab für den Architekten Hermann von der Hude (1830–1908) und die Ädikula für den Diplomaten Kurd von Schlözer (1822–1894), beide von H. v. d. Hude, im renaissancistischem Stil; das Erbbegräbnis des Bildhauers Fr. W. Dankberg (gest. 1866) im klassizistischen und das Mausoleum für W. Borchardt im neubarocken Stil.

Als das imponierendste Erbbegräbnis des Jugendstil im Berliner Raum wird die blockhafte Kalksteinanlage für den Papierfabrikanten Max Krause von dem Architekten Bruno Schmitz und dem Bildhauer Franz Metzner (1907) angesehen: dreifache Treppen, Seitenmauern mit Pfeilern und Bänken vor scheinartig angedeuteter Mausoleumsfront mit schmaler Bronzetür, die von stilisierten Masken und muskulösen Atlanten gerahmt wird, Sprüche in großen Jugendstillettern. Von Bruno Schmitz stammt auch die architektonische Wand und die mächtige Bronzeskulptur des geflügelten und bärtigen Chronos, die die Figur des Kaisers Barbarossa vom Kyffhäuser-Denkmal variiert, als Grabdenkmal für die Familie Georg Wolff (1845–1904). Hauptwerk Metzners ist die figürliche Ausstattung des von Schmitz errichteten Völkerschlachtdenkmals in Leipzig (1906–1913) mit gewaltigen Figuren und Figurenfriesen, die Elemente des Jugendstils, des Expressionismus und des Symbolismus in eigenwilliger Weise verarbeiten. Metzner zielt auf feierliche Überhöhung, setzt die Pathosformeln von Nietzsche und Stefan George in eine athletische Plastizität um, die schon bei den Zeitgenossen ergriffenes Schauern oder entsetztes Schaudern erzeugte.

Am Hauptweg links bei der Wegkreuzung erhebt sich eine hohe Marmorstele mit einem von Lorbeer gerahmten Profilkopf für die Schriftstellerin und Schauspielerin Charlotte Birch-Pfeiffer (1799–1868), die vom Deutschen Theater errichtet wurde.

Auch Fritz Schaper (1841–1919), einer der bekanntesten Bildhauer der Tradition der Rauch-Schule, hat hier sein Grab gefunden. Er schuf Künstler- und Gelehrten-Denkmäler, so von Goethe und Liebig, aber auch dynastische Standbilder, weibliche Aktfiguren, religiöse und Sepulkralplastik.

Der 1832 eröffnete **Luisenstädtische Friedhof**, der vierte und letzte an der Bergmannstr., reiht an seinen fast 1 km langen Mauern eine Unzahl teils verfallener, teils bewahrter Wandgräber, von zierlichen bis zu monumentalen Formen, ein phantastisches Ensemble aus antiker und christlicher Grabmalsymbolik aus Neuromantik, Spätklassizismus, Jugendstil und Neuer Sachlichkeit.

Auf dem Hauptweg kommt man an einem überlebensgroßen Auferstehungsengel in Bronze von Otto Geyer vorbei und steht dann vor einer riesigen, halbkreisförmigen Säulenarchitektur für die Familien Loeblich und Liebau mit der allegorischen Bronzefigur »Trauer« des Bildhauers Robert Baerwald (1881). Dort befinden sich auch die Gräber der Architektenbrüder Wassili (1889–1972) und Hans Luckhardt (1890–1954) auf dem Erbbegräbnis Schischin, das ein niedergesunkener Pilger in Marmor krönt.

In der Mitte der Hauptrückwand das Erbbegräbnis für Gustav Eltschig (gest. 1903) mit thronender Engelsfigur und symbolischen Reliefs, die Seitenbänke von Greifen bekrönt, das Ganze entworfen von dem Architekten Kröger und ausgeführt von der Deutschen Steinindustrie. Weiter rechts das neoklassizistische Wandgrab Maassen mit dem Reliefschmuck zweier trauernder Gestalten um die Totentafel von Hugo Lederer (um 1907); die in der Tradition antiker Brunnenhäuser stehende Nischenarchitektur Biedermann-Richter mit den ein prachtvolles Goldgrundmosaik flankierenden Relieffiguren Morgen und Abend (1901); das Grabmonument Lüben mit vegetabilen (um 1906) und das Wandgrab Stücklen mit figürlichen Jugendstilreliefs und einer Kolossalmaske, flankiert von Genien und Engeln, die an Rheingold-Motive erinnern, im Zentrum der Darstellung (um 1904).

Die bildhauerische Gestaltung könnte dem Umkreis Franz Metzners zuzuordnen sein. Einen expressionistischen Grabobelisk hat der Architekt Max Taut für den Dampfwäschereibesitzer Gustav Reibedanz (gest. 1920) entworfen. Taut war auch der Schöpfer der berühmten expressionistischen Grabanlage Wissinger auf dem Friedhof Stahnsdorf.

Gegenüber den für den Jugendstil charakteristischen Grabmonumenten wird der Grabskulpturschmuck meist von industriellen Serienfabrikaten bestimmt. Dazwischen finden sich aber auch alte Vasendenkmäler, schöne Obelisken, Eisenkreuze und Stelen mit Porträtbüsten oder Bildnismedaillons. Von stillem Reiz ist der lebensgroße weibliche Akt aus Stein von Paul Scheurich auf dem Grab einer Margarete Lange (gest. 1920), während die Bronzefigur eines Schmiedes auf glockenförmigem Sockel von Gerhard Janensch (1897) ein typisches Unternehmergrab – das des Fabrikanten Robert Stock (1858–1912) – schmückt. Ebenfalls im vorderen Teil, an einem rechts einbiegenden Querweg, liegt die viel besuchte, von Hugo Lederer 1929 entworfene Grabstätte für den Reichsaußenminister Gustav Stresemann (1878–1929), ein architektonisch gerahmter Sarkophag, umgeben von Steinkugeln. Lederer hatte bereits zwei Jahre zuvor diesen bedeutenden Repräsentanten der Weimarer Republik, der zugleich ein Gegenbild zum Bismarck des Kaiserreichs war, porträtiert. Aber er wollte jetzt kein Porträt-Denkmal setzen, sondern die architektonische Tendenz des Bismarck-Denkmals in Hamburg (1901–1906) fortführen.

Ebenfalls im Mittelteil sind die Verleger August Scherl (1849–1921) und der Stadtarchivar und Berlin-Historiker Ernst Fidicin (gest. 1883) beigesetzt. Scherl gründete 1883 in Berlin einen Presse- und Buchverlag, in dem die Tageszeitungen »Berliner Lokal-Anzeiger«, »Berliner Abend Zeitung«, die Zeitschriften »Die Woche« und »Die Gartenlaube« erschienen. Vor allem aber die Abteilungen Adressbücher und Annoncenexpedition brachten großen Aufschwung. 1916 kam die Verlagsgruppe an den Hugenberg-Konzern.

Alter St.-Matthäus-Kirchhof
Großgörschenstr. 12–14, 10829 Berlin

Er ist einer der interessantesten und historisch bedeutsamsten Kirchhöfe Berlins. 1856 angelegt, gehört er noch zu der im südlichen Tiergarten-Viertel gelegenen evangelischen St.-Matthäus-Gemeinde. Dort, im sogenannten »Geheimratsviertel« nahe dem ehemaligen Stadtzentrum, reihten sich die vornehmen Stadthäuser und Villen des Berliner Bürgertums aneinander. Nahezu einziges Relikt eines ehemals intakten Gemeinwesens ist heute – nach Abriss in der Zeit des Nationalsozialismus und den Zerstörungen des 2. Weltkrieges – die 1846 erbaute, zwischen Philharmonie, Neuer Nationalgalerie und Staatsbibliothek isoliert erscheinende St.-Matthäus-Kirche. Weitere Überreste dieses Viertels sind die Parey-Villa und die Villa von der Heydt.

Im Einzugsbereich der St.-Matthäus-Gemeinde wohnten reiche Kaufleute und Fabrikanten, aber auch Wissenschaftler und Künstler. Viele von ihnen sind auf dem Alten St.-Matthäus-Kirchhof beerdigt. Es wurden nicht nur zahlreiche freistehende, von Grabgittern umgebene Grabdenkmale, sondern auch viele Wandgräber und Mausoleen als Familienerbbegräbnisse errichtet.

So ist dieser Friedhof der der Gründerzeit geworden, mit all ihrem Pathos und zur Schau gestellten Reichtum, der den Verfall schon in sich barg. Hier, den Hügel aufwärts, liegen die Reichen und Neureichen der Zeit begraben, z. B. Henry Strousberg, der »Eisenbahnkönig«, der sein Reich verlor (zeitweilig war sogar sein Mausoleum verpfändet); viele in protzigen Grabanlagen, unter Säulenhallen und Kuppeln, in Kathedralen aus Sandstein, weißen Klinkern oder poliertem Granit – steingewordene Großmannssucht der einstigen Geldaristokratie.

Der Friedhof wurde mehrmals erweitert. Die erste Friedhofskapelle, 1876 erbaut, wich 1906–1909 einer größeren Friedhofshalle. Albert Speer, der Architekt Hitlers, plante im Zuge der »Neugestaltung der Reichshauptstadt Berlin« eine 120 m breite »Prachtstr.« (Nord-Süd-Achse), und davon wurde auch der Friedhof beeinträchtigt. 1938/39 wurde das nördliche Drittel des Kirchhofs aufgehoben, die Gräber eingeebnet oder nach dem Süd-West-Kirchhof in Stahnsdorf, südwestlich von Berlin, umgebettet. Die völlige Aufhebung des Alten St.-Matthäus-Kirchhofs, für 1941 geplant, kam nicht mehr zustande.

Im linken vorderen Teil blieb der schlichte Stein für den Kunsthistoriker Franz Kugler (1808–1858) liegen. Seine erfolgreiche »Geschichte Friedrichs des Großen« (1840) wurde von Menzel illustriert. Ihm gegenüber befindet sich der Gedenkstein für Oberst Claus Graf Schenk von Stauffenberg (geb. 1907), Generaloberst Ludwig Beck (geb. 1880), Oberst Friedrich Olbricht (geb. 1888), Oberst Albrecht Ritter Mertz von Quirnheim (geb. 1905), Oberleutnant Werner von Haeften (geb. 1908), die das gescheiterte Attentat auf Hitler am 20. Juli 1944 verübt hatten und im Oberkommando des Heeres erschossen wurden. Man begrub sie an der Stelle, wo 1979 der Gedenkstein errichtet wurde. Wenig später wurden die Leichname von der SS exhumiert, im Krematorium Wedding verbrannt und die Asche auf Rieselfeldern verstreut.

Am Mittelweg rechts oben ist auf dem Grab des Bildhauers Friedrich Drake (1805–1882), eines der konsequentesten Schüler und Nachfolger Rauchs, nur der Granitsockel ohne Vase erhalten. Drake hat das Standbild der Viktoria auf der Siegessäule geschaffen. Auch das Grab von August Kiss (1802–1865), ebenfalls ein Schüler Rauchs, befindet sich hier. Er schuf die Amazone vor dem Alten Museum sowie das Porträt Schinkels an dessen Grabmal auf dem Dorotheenstädtischen Friedhof.

Gegenüber dem Stein Drakes erhebt sich die lyrageschmückte Marmorstele für den Musikverleger Gustav Bock (1813–1863), der preisgünstige Klassiker-Ausgaben, zeitgenössische Werke, vor allem Opern und Militärmusik verlegte. Er gab seit 1846 die »Neue Berliner Musikzeitung« heraus. Seine Erben führten die Firma fort; sie existiert auch heute noch.

Auf der Höhe des Hauptweges ein großes Marmorkreuz von schöner Form (1856). Unmittelbar rechts daneben ein marmornes Grabmal in der Neugotik der Spätromantik für Ferdinand Streichenberg-Scharmer (1838–1856): ein gotisierendes Wegekreuz mit Engeln und allegorischen Figuren, die die Architektur, Malerei, Geographie und Musik symbolisieren. Möglicherweise ist es ein Hinweis auf die Berufswünsche des jung Verstorbenen. Dieses älteste erhaltene Grabmal des Kirchhofs wurde 1858 von dem Bildhauer August Julius Streichenberg (1815/16–1878) geschaffen.

Am Ende des hier nach rechts führenden Querweges befindet sich das Grab des christlich-konservativen Staatsrechtlers Julius Stahl (1802–1861), des Mitbegründers der »Kreuz-Zeitung«. Auf ihm erhebt sich ein Marmorkreuz mit Christuskopf. In einer halbrunden

Nische steht die lebensgroße Halbfigur des Meisters der Loge Friedrich Wilhelm zur Morgenröte, Eugen von Kuycke (1840–1906). Die vom Bildhauer Schimmelpfennig 1908 geschaffene Büste zeigt den Oberstleutenant mit den Insignien der Freimaurer und den Ehrenzeichen verschiedener anderer Logen. Das Grab Carl Bolles (1833–1910), des Gründers der Bolleschen Meierei, genannt »Bimmel-Bolle«, weil seine Milchwagen und die Bolle-Jungen mit der »Bimmel« durch Berlin zogen, weist eine Besonderheit auf: Seine Gruft war die erste mit elektrischem Licht.

Gegenüber an der alten Mauer das Erbbegräbnis der Familie Schemionek: ein großer Naiskos mit zwei allegorischen Marmortondi (1869) von dem Berliner Bildhauer Rudolf Siemering (1835–1905), links eine Trauernde, rechts Mutter mit Kind. Das Gitter ist erhalten. Weiter hügelauf das Erbbegräbnis des Marmorwarenfabrikanten Mathias Leonard Schleicher (1830–1872), eine durch drei Rundbögen gegliederte zweifarbige Granitwand mit Marmorarchitrav und Marmortondi, vor dem mittleren die Bildnisbüste, die seitlichen als Hochrelief mit den allegorischen Figuren der Bildhauerei und der Wissenschaft. Bemerkenswert auch das Grabmal für Franz Freiherr von Lipperheide (1838–1906) und seine Frau Frieda (1840–1896), geb. Gestefeld, die mit Modejournalen erfolgreich waren. Der Verlagsbuchhändler begründete auch die nach ihm benannte Kostümbibliothek. Ihr Wandgrab ist stark verwittert.

Das aus Muschelkalk bestehende, mit einem Puttenfries verzierte Wandgrab für den Architekten Alfred Messel (1853–1909) entspricht exakt den architektonischen Vorstellungen Messels, der um 1900 bahnbrechend für die neue Berliner Baukunst wurde: enggestellte Vertikalglieder, Abschluss mit stark betonten Horizontalen. Es könnte auf einen eigenen Entwurf zurückgehen.

Am Querweg bezeichnen vier schlichte Granitstelen zu Häupten der mit Blumen geschmückten Efeuhügel die Gräber der Brüder Jakob (1785–1863) und Wilhelm Grimm (1786–1859), Germanisten, berühmt als Sammler und Herausgeber der »Kinder- und Hausmärchen« und »Deutschen Sagen« sowie als Herausgeber des »Deutschen Wörterbuches«. Sie gehörten zum Kreis der Professoren, der »Göttinger Sieben«, die den Bruch der Verfassung durch den König von Hannover kritisierten, wurden 1837 entlassen und mussten emigrieren. 1841 wurden sie Mitglieder der Preußischen Akademie der Wissenschaften und siedelten nach Berlin über. Ihnen zur Seite die zwei weiteren Granitstelen für die Söhne von Wilhelm Grimm, den Kunsthistoriker Herman Grimm (1828–1901) und den Dichter Rudolf Grimm (1830–1889). Unweit am oberen Querweg einander gegenüber in bewusst gleicher Form befinden sich die Granitstelen auf den Gräbern des Germanisten Wilhelm Scherer (1841–1886), berühmt durch seine »Geschichte der deutschen Literatur« (1888), und des Historikers Georg Waitz (1813–1886), des Herausgebers der »Quellenkunde zur deutschen Geschichte« (1869/73), als »Dahlmann-Waitz« bekannt geworden.

Wendet man sich zum Mittelweg zurück, so findet man hinter den Grimmschen Gräbern das von dorischen Säulenballustraden umschlossene Atrium, von Friedrich Hitzig (1876), dem Architekten des Neuklassizismus, in Nachahmung eines antiken Heroons erbaut. 1902 wurde es von H. Ende durch den Bau des klassizistischen Mausoleums erweitert. Im Innern sind Mosaiken der berühmten Firma Puhl & Wagner. Die halbhohe Mauer mit kleiner Säulenstellung ist aus Marmor, den plastischen Schmuck an den stelenförmigen Eckpfeilern und Portalpfeilern schufen Schievelbein und Itzenplitz. Der konservative Bankier Adolph von Hansemann (1826–1903) hatte das Atrium mit unterirdischer Gruft für seinen Vater, den liberalen Staats- und Finanzminister David Hansemann (1790–1864), Gründer der Disconto-Bank, errichten lassen. Unter der Leitung Adolph von Hansemanns wurde die »Disconto-Gesellschaft« zur führenden Berliner Großbank. Er gehörte zu den reichsten Männern Deutschlands und strebte, selbst 1872 geadelt, einen adligen Lebensstil an. Dem vor der Grabkapelle frei aufgestellten Cippus aus verschiedenfarbigem Granit mit den Bildnismedaillons David Hansemanns und seiner Ehefrau Fanny ist an den Seiten vorn jeweils eine Stele aus rotem Granit schräg gestellt, die eine mit dem Bildnismedaillon Mathilde Hansemanns, die andere mit denen von Jacob Marx-Hansemanns und seiner Ehefrau Louise. Seitlich schöne antikisierende Marmorbänke, beide Bronzetüren sind erhalten. Der Bau ist einzigartig in Berlin.

Jenseits des Hauptweges an dem vom Kreuz zur anderen Seite führenden Querweg steht eine überlebensgroße Trauerfigur aus Marmor von Friedrich Schaper (1884) auf dem Grab von Friedrich Wilhelm Ludwig Wahllaender (1809–1882), des Hof- und Leibzahnarztes des preußischen Königs bzw. deutschen Kaisers. Die mit rückwärtiger Platte gegossene vollplastische Figur eines knienden Engels von Robert Toberentz ist eines der ältesten erhaltenen, im Wachsausschmelzverfahren entstandenen Gusswerke. Sie ziert das Grabmal Amanda Werer, geb. von Mühlenfels (1867–1891). Die in einen architektonischen Rahmen gestellte Trauerfigur, sich leicht an den Sarkophag lehnend, über ihr das Auge Gottes, auf dem Familienbegräbnis Karl Hofmann stammt von Nikolaus Geiger, um 1900.

An demselben Weg die Gräber der Ärzte Wilhelm Griesinger (1817–1868), des Begründers der wissenschaftlichen Psychiatrie in Deutschland, der 1865 eine neue Abteilung für Nervenkranke an der Charité einrichtete und Reformen in der Behandlung und Pflege der Kranken durchsetzte, mit einem marmornen Bildnismedaillon, und Rudolf Virchow (1821–1902), des Begründers der Zellularpathologie, seit 1846 an der Charité, wegen Teilnahme an der Revolution von 1848 relegiert, 1856 wieder eingestellt.

Weiter finden wir hier bestattet: den Pädagogen und Schulpolitiker Adolf Diesterweg (1790–1866), den Gegner der Konfessionsschule und Befürworter der Pädagogik Pestalozzis; die führende Frauenrechtlerin Minna Cauer (1841–1922); den Konsistorialpräsidenten Immanuel Hegel (1814–1891), den Sohn des Philosophen Georg Wilhelm Friedrich Hegel; die Geschichtsschreiber Heinrich von Sybel (1817–1895) und Heinrich von Treitschke (1834–1896), der, als Nachfolger Rankes, zum Historiographen des preußischen Staates wurde. Hier liegt auch der Dirigent und Komponist Max Bruch (1838–1920) begraben, der zahlreiche Orchester-, Chor- und Instrumentalwerke sowie weltberühmte Violinkonzerte schuf. Sein Kollege Franz Xaver Scharwenka (1850–1924) hatte mit seinen »Polnischen Tänzen« einen Welterfolg; sein schönes Grabmal von Ernst Kopp stellt den Nibelungensänger Volker dar.

In einer Wildnis wuchernden Efeus liegt eine kleine Tafel versteckt – *David Kalisch, 1820–1872,* Erinnerung an den Possenschreiber und Gründer der politisch-satirischen Zeitschrift »Kladderadatsch«. Nicht weit davon der Stein Georg Büchmanns (1822–1884), des Sammlers der »Geflügelten Worte«. Vor der Umfassungsmauer, dicht an der Pforte zur Monumentenstr., die Tafel Wilhelm Loew-Calbes (1814–1886), des letzten Präsidenten der deutschen Nationalversammlung von 1849. Theodor Mundt (1808–1861) war eines der Häupter des Jungen Deutschlands und schrieb Novellen, Romane und literaturkritische und -historische Werke. Er liegt auf dem Matthäuskirchhof neben seiner Gattin, der Romanschriftstellerin Luise Mühlbach.

Die Liste berühmter Namen ist lang. Da ist der konservative Politiker Prinz Nicolaus Handjery (1836–1900), da sind Preußens Minister Otto von Camphausen (1812–1884), August Freiherr von der Heydt (1801–1874) und Karl Otto von Raumer (1805–1859), der als Kultusminister Diesterweg aus seinem Amt entließ; Ernst Curtius (1814–1869), der Archäologe und Erzieher Kaiser Friedrichs III., der 1875–1881 die Ausgrabung von Olympia leitete; der Chemiker Eilhard Mitscherlich (1794–1863), der Entdecker der Isomorphie und Polymorphie der Stoffe (in einer Grabkapelle im Schinkel-Stil); der Physiker Gustav Robert Kirchhoff (1824–1887), der auf dem Gebiet der Spektralanalyse, der Elektrizitätslehre und der Strahlungstheorie arbeitete; der Theologe Adolf von Harnack (1851–1930); der Jurist Georg Beseler (1809–1888); Hermann von Schelling (1824–1908), der Sohn des Philosophen Schelling; der Bildhauer Gustav Heinrich Eberlein (1874–1926), der das Goethe-Denkmal (1902) in Rom und das Richard-Wagner-Denkmal (1903) im Berliner Tiergarten schuf; Walter Draesel (1883–1965), der Besitzer des seinerzeit bekannten »Walterchens Ballhaus« in der Bülowstr., und viele andere. Die Aufzählung bleibt dennoch unvollständig. Nur Schall und Rauch? Auf Büchmanns Stein steht in griechischen Worten ein Satz des Thebaners Pindar: *Die Menschen sind eines Schattens Traum*. Wer hier auf der Höhe des Friedhofes stehen bleibt, blickt über das Totenfeld zu den Häusern der Stadt.

Dritter Schöneberger (ehem. Friedenauer) Friedhof
Stubenrauchstr. 43–45/Fehlerstr., 12161 Berlin

Der Friedhof dokumentiert ein wesentliches Stück Friedenauer Geschichte: Die Familie Rönneberg stellte nicht nur die beiden ersten Gemeindevorsteher, sondern auch die Gründerinnen der ersten Höheren-Töchter-Schule. Ihre Gräber wie das des Königlich Preußischen Geheimen Kommerzienrats Heinrich Sachs (1858–1922) werden allerdings verschwinden, wenn die öffentliche Hand oder private Mäzene nicht bald eingreifen. Eine Scheinarchitektur mit einer Trauernden, um 1910, von Valentino Casal, schmückt das Familienbegräbnis Prowe.

Das Grab des Königlichen Baurates Wilhelm Haeger – er war Bauleiter des Reichstagsgebäudes – ist ebenso gefährdet wie die 1914/16 entstandene imposante Urnenhalle. Pläne von 1920, die ganze Anlage in einen Urnenpark umzuwandeln, wurden ebenso zu den Akten gelegt wie der Beschluss von 1929, den Friedhof in 40 Jahren aufzugeben.

Das wäre auch unverantwortlich gewesen, denn bedeutende Künstler, Schauspieler, Musiker und Schriftsteller haben hier ihre letzte Ruhe gefunden. Hier steht das Grabmal für den berühmten Klaviervirtuosen und Komponisten Ferruccio Busoni (1866–1924), des Schöpfers der Opern »Doktor Faust« und »Turandot«, das der Bildhauer Georg Kolbe 1925 im Auftrag des Preußischen Ministers für Wissenschaft, Kunst und Volksbildung schuf: ein roter Steinpfeiler (vor der Kriegszerstörung aus rosa Untersberger Marmor) mit der Bronze »Genius« von 1922, einer mit erhobenen Armen halb schwebenden Figur, deren kubistisch gebrochene Gewandpartien das Ekstatische der Haltung hervorheben. Ursprünglich bedeckte Rasen mit mittlerer Plattierung die Grabstätte, anstelle der Buchenhecke wächst heute Taxus.

Eine Grabtafel weist auf den expressionistischen Lyriker, Erzähler und Dramatiker Paul Zech (1881–1946) hin, der 1918 mit dem Kleist-Preis ausgezeichnet wurde. Er wollte die Welt durch Liebe verbrüdern, rief die Menschen zum Aufbruch als neues Geschlecht auf. »Das trunkene Schiff«, eine Art dramatischer Biographie Rimbauds, wurde sein bekanntestes Stück. Die meisten seiner in Südamerika spielenden Werke, die Nacherzählungen indianischer Überlieferung, die »Reisebeschreibungen«, die zeitgeschichtlichen Romane und Erzählungen aus der argentinischen Exilzeit sind erst Jahrzehnte nach seinem Tod erschlossen worden. Dabei erregte der 1933 noch in Deutschland begonnene, in Argentinien beendete »Tatsachen«-Roman »Deutschland, dein Tänzer ist der Tod« bei seiner Veröffentlichung 1980 besonderes Aufsehen. Ihm zur Seite liegt sein Sohn, der Schriftsteller und Maler Rudolf Zech (1904–1972), der sich auch als Verleger um das Werk seines Vaters bemühte.

Aber auch der Wegbereiter der Kinematographie Ottomar Anschütz (1846–1907), der 1894 erstmals Filmszenen vorführte; die Schriftsteller Hans Bruno Franz Kyser (1882–1940) und Hans Halden (1888–1973); der Musiker Gerhard Taschner (1922–1976), in den 1940er Jahren Konzertmeister der Berliner Philharmonie; die Schauspieler Herbert Grünbaum (1903–1981), der während der Emigration in Israel das »Kammertheater Tel Aviv« gründete und nach dem Kriege Jahrzehnte dem Ensemble des Schiller-Theaters in Berlin angehörte, und Paul

Westermeier (1892–1972), der im Admiralspalast und späteren Metropol-Theater bejubelt wurde, fanden hier ihre letzte Ruhe.

Auch die beliebte Schriftstellerin Dinah Nelken (1900–1989), die in der Emigration mit ihrem Bruder, dem Grafiker Rolf Gero Schneider, den Liebesroman »Ich an dich« verfasste (Verfilmung unter dem Titel »Eine Frau wie du«), neben unterhaltsamen wie kritischen Feuilletons, Kurzgeschichten und Romanen (»Das angstvolle Heldenleben einer gewissen Fleur Lafontaine«, 1971) auch Hörspiele und Drehbücher schrieb, ist hier beigesetzt.

Vor allem aber ist der Friedhof seit dem Mai 1992, als hier Marlene Dietrich (1901–1962), die »Frau der Frauen«, begraben wurde, zu einem wahren Publikumsmagnet geworden. »Ihr Name beginnt wie eine Liebkosung und endet wie ein Peitschenschlag«, hat der französische Schriftsteller Jean Cocteau von ihr gesagt. Die Männer, das Publikum, alle lagen ihr zu Füßen. 1974 bei ihrem letzten Pariser Auftritt kam es zu 20 Minuten stehendem Applaus. Sie hat alles getan, um den eigenen Mythos zu kreieren und zu erhalten. 15 Jahre lebte sie in freiwilliger Verbannung in der Avenue Montaigne Nr. 12 und zeigte sich nur wenigen Auserwählten. Im Trauergottesdienst in der Pariser St. Madeleine ist sie als »Kämpferin gegen Hitler-Deutschland« gewürdigt worden. War dieses politische Bild des Stars Ursache für die bescheidene Bestattung in ihrer Geburtsstadt? Hier auf dem Friedhof hatte schon 1945 die Mutter der Filmdiva, Josefine von Losch, ihr Grab gefunden. Und eine schlichte Grabstelle nach dem Vorbild ihrer Mutter war auch der testamentarische Wunsch der Tochter. Ein Stein aus blauem Marmor trägt die Inschrift *Marlene* und die Worte: *Hier steh ich an den Marken meiner Tage.* Der Grabhügel ist nur spärlich von weißen Stiefmütterchen und Efeu überwachsen. Aber Marlenes Mythos lebt längst in der dritten Generation.

Jüdischer Friedhof Schönhauser Allee
Schönhauser Allee 23–25, 10435 Berlin

Dieser zweite uns heute bekannte Begräbnisplatz der Berliner Jüdischen Gemeinde wurde nach Schließung des in der Großen Hamburger Str. gelegenen ältesten jüdischen Friedhofs 1827 nach dem Plan des Stadtbaumeisters Friedrich Wilhelm Langerhans in Form eines ungleichseitigen Fünfecks errichtet. Nur zur Schönhauser Allee hinter einer abschirmenden Mauer als Friedhof erkennbar, sind seine übrigen Seiten heute von Wohnhäusern und -höfen umschlossen. Hier waren bis 1880 rund 22 500 Einzelgräber und 750 Erbbegräbnisse angelegt worden. Stellenweise wurden die Verstorbenen – wie auf dem Jüdischen Friedhof in Prag – übereinander bestattet. Um 1880, nach Einrichtung des neuen Weißenseer Friedhofes, wurde der Friedhof geschlossen, nur auf Erbbegräbnissen wurden noch Grabmale gebaut und bis 1940 bestattet. 1933 bis 1945 ist von den Nationalsozialisten vieles zerstört worden. Anstelle der kriegszerstörten Feierhalle mahnt heute ein 1961 von Ferdinand Friedrich entworfenes Ehrenmal aus Quadersteinen an die Opfer der nationalsozialistischen Barbarei. Der Friedhof ist die Begräbnisstätte bekannter Persönlichkeiten aus der Geschichte der Berliner Jüdischen Gemeinde und aus Politik, Unternehmertum, Kunst und Wissenschaft im 19. und 20. Jh. Entlang der drei Hauptwege finden sich repräsentative Erbbegräbnisse für wohlhabende Gemeindemitglieder.

Vom Friedhofseingang aus trifft man nach wenigen Metern auf zwei Grabsteine aus schwarzem Granit für den Verleger Moritz Poppelauer (1824–1880) und Frau. Dahinter liegt die Grabstätte des Mediziners Louis Waldenburg (1837–1881), eines engagierten Vorkämpfers für die Einrichtung von Lungenheilstätten. Unweit das Grabmal des Hofbankiers und Finanzberaters Otto von Bismarcks, Gerson von Bleichröder (1822–1893), der 1872 als erster ungetaufter Jude in Preußen in den erblichen Adelsstand erhoben wurde: Auf abgestuftem Sockel, den das umkränzte Adelswappen ziert, steht ein hohes quadratisches Postament, dessen Eckpilaster die oben abschließenden vier Segmentbögen tragen. Das Ganze bekrönt eine mit Girlanden und Rosen drapierte amphoraähnelnde Henkelvase. Der Entwurf wird Reinhold Begas oder eher seinem jüngeren Bruder Carl Begas zugeschrieben.

In der Nähe der Friedhofsmauer das die Tradition des Baldachingrabmals aufnehmende Grabmal Grünwald, um die Wende zum 20. Jh. entstanden, ein gotisierender Doppelstein, überragt von einer der Chuppa, dem jüdischen Traubaldachin, nachgebildeten, ebenfalls neugotischen Eisenkonstruktion. Vielleicht hat es den Architekten Max Taut zu seinem expressionistischen Baldachingrabmal für das Ehepaar Wissinger 1920 auf dem Südwest-Friedhof in Stahnsdorf angeregt.

Drei schwarze Granitsteine kennzeichnen das Erbbegräbnis von James Henry Simon (1851–1932), der als Bankier und Kaufmann Teilhaber einer führenden Baumwollfirma war (zugleich war er für die Sozialfürsorge und in der Sozialpolitik tätig) und als einer der bedeutendsten Kunstsammler Berlins galt. Er finanzierte Ausgrabungen in Mesopotamien, Ägypten und Palästina und schenkte die Funde dem Berliner Vorderasiatischen und dem Ägyptischen Museum. Zur Eröffnung des Kaiser-Wilhelm- und heutigen Bode-Museums stiftete er seine bedeutende Sammlung italienischer Renaissancekunst und schenkte später den Berliner Museen etwa 350 zumeist deutsche Skulpturen.

Gegenüber dem Erbbegräbnis für den Bankier und Mitbegründer der Dresdner Bank sowie der Internationalen Bank Berlin, Ludwig Max Goldberger (1848–1913), die Grabstätten für Benjamin Liebermann (1812–1901), den Mitbegründer der Berliner Reformgemeinde, und den Historiker Felix Liebermann (1851–1925), den Bruder Max Liebermanns. Das Grabmal für Benjamin Liebermann ist aus Marmor, über hohem Sockel steht die zurückgesetzte Inschrifttafel, umrahmt von romanisierenden Säulen und einem mit vegetabiler Ornamentik ausgefüllten Konsolfries. Wie am Familiengrabmal von Benjamins Bruder Louis Liebermann ist wohl auch hier Hans Grisebach der Schöpfer des Grabmals.

Den Typ des Sarkophaggrabmals repräsentiert in seiner nachklassizistisch-barocken Ausprägung das Doppelgrab David Kappel (1840–1905) und Frau Edith (1852–1920) aus dem zweiten Jahrzehnt des 20. Jhs. in kühler Monumentalität. Weniger monumentalisiert infolge einer asymmetrischen Komposition des schmückenden Beiwerks das etwa zur gleichen Zeit entstandene Grabmal desselben Typs für Carl Hagen (1858–1938) und Frau Katharina (1865–1907). Das aus Marmor bestehende Grabmal für Julius Leopold Schwabach (1831–1898) ist dem für A. Ginsberg eng verwandt und ebenso üppig drapiert wie dort der Sarkophag, aber das plastische Hauptmotiv ist hier eine von einem Tuch bedeckte Urne mit hinsinkendem Palmwedel und locker gewundener Rosengirlande. Den Portikus-Typ vertritt das Marmor-Grabmal für Salomon Haberland (1836–1914) und seine Frau Olga, gegen 1920 entstanden: Vier ionische Säulen werden eingerahmt durch Pfeiler, deren Fronten mit Eidechsen und Farnen links und mit Vögeln in früchtetragenden Palmen rechts geschmückt sind sowie durch einen hohen Architrav mit Glaubenssymbolen zwischen Palmenzweigen.

Am Anfang des breiten Hauptweges zwei dorisch gegliederte Marmorsarkophage mit pultartig angehobenen Deckeln bzw. hochgestellten Schriftrollen am Kopfende, mit aufgelegten Akanthusblättern an den Ecken und den dazwischen gehängten Blumengebinden: Sie fungieren als Blumenaltäre. Es ist die Begräbnisstätte für den Juristen Hermann Makower (1830–1899) und Frau; er war Anwalt des Hauses Hohenzollern und Vorsteher der Jüdischen Gemeinde in Berlin. Hier auch die Grabstätte des Rechtsanwaltes Felix Makower (1873–1933), des letzten Vorsitzenden des Verbandes der deutschen Juden. An der Westseite des Weges der schwarze Obelisk für den Buch- und Zeitungsverleger Bernhard Wolff (1811–1879), der 1849 die »Kontinental-Telegraphen-Kompagnie«, meist »Wolffs Telegraphisches Bureau« genannt, ins Leben rief. Auf der Grabstätte des Terrain- und Bauunternehmers Georg Haberland (1861–1933) erhebt sich auf hohem Sockel ein Monopteros in Kleinformat, ein Rundtempel ohne Cella, mit einer Urne in der Mitte und mit acht Säulen, die eine Kuppel tragen. Das marmorne Grabmal der Familie Ginsberg, entstanden um 1900, besteht aus einer Kombination von reich drapiertem Sarkophag – und ist damit verwandt mit dem Denkmal für A. Ritter von Liebermann – und einer hohen, klassizistisch glattflächigen Stele. Daneben die Sarkophaggräber des Juristen und Spezialisten für Handelsrecht Levin Goldschmidt (1829–1897) und seiner Frau.

In der Ehrenreihe Abt. A des Friedhofes finden wir die Grabstätten des Rabbiners Jacob Joseph Oettinger (1780–1860), der auch 1827 diesen Friedhof einweihte, des Spezialisten für jüdischen Altertumswissenschaft Michael Sachs (1808–1864), des Pädagogen (Gründers einer Erziehungsanstalt) und Philanthropen Baruch Auerbach (1793–1864), des Rabbiners und Reformers des Judentums Samuel Holdheim (1802–1860), des Verlegers und Förderers des jüdischen Unterrichtswesens. Eine große Platte bedeckt das Doppelgrab der beiden Freunde und Kampfgefährten Eduard Lasker (1829–1884) und Ludwig Bamberger (1823–1899), beide als Juristen und Politiker oppositionelle bürgerliche Linke, die sich der Wirtschaftspolitik Bismarcks widersetzten.

Auf dem Rondell des ehemaligen Hauptweges eine schlichte Sandsteinstele mit sparsamem klassizistischem Dekor, das Denkmal für zwei in der Revolution von 1848 Märzgefallene, Alexander Goldmann aus Potsdam und Simon Barthold aus Schivelbein. Dahinter erhebt sich auf einem ummauerten Hochbeet über quadratischem Sockel eine glattförmige Pyramide in kubischer Einfachheit. Sie bezeichnet die Grabstätte der Familie Seligsohn, in den 1920er Jahren von Otto Firle geschaffen – und vergleichbar mit dem Sarkophaggrabmal für Albert Mendel von etwa 1923 auf dem Weißenseer Friedhof. Hier ist auch die Asche des Rechtsanwalts Julius L. Seligsohn (1890–1942) beigesetzt, der seit 1933 als Mitglied des Präsidialausschusses der Reichsvertretung der deutschen Juden zuständig für Auswanderer-beratung war und 1942 im KZ Sachsenhausen ermordet wurde. Rechts vom Weg der Grabstein für die Schriftstellerin Rahel Meyer, geb. Weiss (1806–1874), die unter dem Pseudonym Rahel schrieb und mitunter mit ihrer bekannteren Namensschwester Rahel Varnhagen verwechselt wurde.

In der Ehrenreihe Abt. B finden sich die Grabstätten für den Kultur- und Literaturhistoriker Ludwig Geiger (1848–1919) und den Philologen Leopold Zunz (1794–1886), den geistigen Vater der Wissenschaft des Judentums und zugleich Streiter um die Emanzipation der Juden. Seine zwölf Jahre vor ihm verstorbene Frau Adelheid Zunz (1802–1874) unterhielt einen Salon, der fast ein halbes Jahrhundert lang dem intellektuellen jüdischen Berlin das Gepräge gegeben hat. Zu nennen ist auch Abraham Geiger (1810–1874), der liberale Wegbereiter des Judentums. Gegenüber der Ehrenreihe liegen die Grabstätten zweier Vorkämpferinnen der Frauenemanzipation, Josephine Levy-Rathenau (1877–1912), eine Sozialpolitikerin, die in Deutschland die Mädchen- und Frauenberufsberatung gegründet hat, und Jenny Hirsch (1829–1902), Schriftstellerin und Herausgeberin von Frauenzeitschriften.

Von den Wandgräbern am Weg vor der Friedhofsgrenze in Ost-West-Richtung ist hervorzuheben: der neugotische Doppelstein für zwei früh verstorbenen Kinder Giacomo Meyerbeers, die schöne schlichte, klassizistische Stele für den Seidenhändler Samuel Bacher Berend (1772–1828) und die Grabstätte für Meno Burg (1789–1853), den einzigen Juden, der in der preußischen Armee des 19. Jhs. in den Rang eines Majors aufrückte.

Im Erbbegräbnis Beer und Meyerbeer ist der berühmte Komponist Giacomo Meyerbeer (1791–1864), der in Paris starb, einer testamentarischen Bestimmung folgend, im Familiengrab beigesetzt worden. Meyerbeer wurde nach der triumphalen Aufführung seiner Oper »Die Hugenotten«, die neben »Robert der Teufel« und »Die Afrikanerin« zu seinen bekanntesten Werken gehört, 1842 zum Generalmusikdirektor der Königlichen Oper in Berlin ernannt, ein Amt, das er sechs Jahre ausübte. Im gleichen Erbbegräbnis sind auch die Mutter Amalie Beer (1772–1854), die einen in ihrer Zeit berühmten Berliner Salon unterhielt, und der Bruder Wilhelm Beer (1797–1850), der Bankier und zugleich Astronom war, bestattet. An den dritten Bruder, den Dichter Michael Beer, der in München bestattet liegt, erinnert eine Gedenktafel dieses Erbbegräbnisses, das eine hohe spätklassizistisch gegliederte Putzmauer in Form eines offenen Karrees, nach 1833 entstanden, bildet, in dessen einzelnen Feldern sich die Gedenktafeln befinden; die für Giacomo Meyerbeer, eine schlichte Marmortafel in Pultform, steht vor dem rechten Flügel gesondert.

Als Vorkämpfer der Judenemanzipation und als Reformer des Judentums war David Friedländer (1750–1834), zugleich Gründer der Berliner Jüdischen Freischule, der bedeutendste Schüler Moses Mendelssohns. Das Wandgrab für den Bildhauer Louis Sussmann-Hellborn (1828–1908) ist eine dreiachsige Tempelfront, gegliedert durch Pilaster und einen mit Kränzen geschmückten Architrav. Den flachen Giebel zieren Akroterien und ein Wellenband. Der Einfluss von Schinkel ist unverkennbar.

An der gegenüberliegenden Wegseite liegt neben dem Erbbegräbnis des Gynäkologen Samuel Kristeller (1820–1900) das des Fabrikanten Joseph Tobias Goldberger (1825–1869), bestehend aus einer Marmorkolonnade in drei Seiten mit jeweils zwei zierlichen ionischen Säulen und mit Pfeilern über den Ecken; von den beiden gleichgestalteten Stelen, die mit einem Palmettenakroterion im Stil der Schinkel-Nachfolge bekrönt sind, trägt eine das Entstehungsjahr 1870. Die Grabstätte des Klempnermeisters Joseph Pitsch (1815–1892) und seiner Frau Charlotte ziert eine schmiedeeiserne, reich von rokokohaftem Gitterwerk und Laub umrahmte Kartusche, entstanden in den 1890er Jahren. Ein aufrecht stehender Sandsteinquader mit einer Kugel obenauf bezeichnet einen Gedenkstein für gefallene Soldaten, wohl während der Befreiungskriege. Vorbild könnte ein Grabmal Gottfried Schadows auf dem Marienfriedhof in Demmin Anfang des 19. Jhs. gewesen sein.

Die Grabstätte Israel Hirschfeld (1801–1866), eine auf hohem Sockel stehende und von Halbsäulen gegliederte fünfachsige Kolonnade, mit Seitenflügeln aus jeweils zwei frei stehenden Säulen (der Architrav ist mit Kränzen geschmückt), ist von Johann Heinrich Strack geschaffen worden, der zum engsten Schüler- und Mitarbeiterkreis um Schinkel gehörte. Die Verwandtschaft mit den Strackschen Grabmalen für August Borsig, Friedrich August Stüler (1945 zerstört) und für sich selber (alle auf dem Dorotheenstädtischen Friedhof an der Chausseestr.) und ihrer dorischen Ordnung ist augenscheinlich, auch wenn diese als baldachinartige Gehäuse einen mehr architektonischen Charakter haben.

Julius Rubo (1794–1866) wurde 1817 wohl als erster Jude in Preußen zum Doctor juris promoviert, sein Sohn Ernst Traugott Rubo (1834–1895), ebenfalls Jurist, erhielt 1876 als erster Jude eine außerordentliche Professor an einer preußischen Universität.

Ein Tor in der Begrenzungsmauer schließt den zweiten Zugang zum Friedhof ab. Hier endet der sog. Judengang oder »Kommunikation«, auf den die Leichenbegängnisse umgeleitet wurden, weil es der König als Ärgernis empfand, ihnen bei seinen Ausfahrten nach Niederschönhausen zu begegnen. Unter »Kommunikation« verstand man im 19. Jh. den Verbindungsweg in einem Torbereich. Das mit eisernen Flügeln versehene Tor zur »Kommunikation« entstand zwischen 1910 und 1920. Gegenüber diesem Zugang beginnt der Weg mit dem repräsentativen Erbbegräbnis für den Botaniker Nathanael Pringsheim (1823–1894), ein monumentales, frei stehendes Wandgrab. Dahinter die einfache Marmortafel für Hermann Salingré (1833–1879), der ein beliebter Possendichter im Berlin der zweiten Hälfte des 19. Jhs. war, aber in Armut starb. Auf dem Weg weiter das Wandgrab des ältesten Sohnes Moses Mendelssohns, Joseph Mendelssohn (1770–1848), des Gründers und Mitinhabers der Bank J. und A. Mendelssohn, das Muschelkalk-Grabmal Herz-Katz-Grau, ein ebenfalls frei stehendes Wandgrab mit ornamentiertem Gesims und einer Mittelnische, in die eine von einem stilisierten Palmettenfächer gekrönte Urne gestellt ist, nach einem Entwurf von Max Landsberg, einem Schüler und Mitarbeiter von Alfred Messel, nach 1922 entstanden. Drei gleichartige Obelisken aus rotem schwedischem Granit bezeichnen die Gräber des Zeitungsverlegers und Druckereibesitzers Leopold Ullstein (1826–1899) und seiner beiden Ehefrauen. Er gründete 1877 den Ullstein-Verlag, der zunächst Zeitungen, dann auch Bücher herausbrachte. Unter seinen Söhnen entwickelte sich der Verlag zum größten Europas. 1933 wurde das Familienunternehmen enteignet und zum gleichgeschalteten »Deutschen Verlag« umfunktioniert. Nach dem Krieg erhielt der Verlag wieder seinen traditionellen Namen und wurde 1960 vom Axel-Springer-Konzern übernommen.

Die Familiengrabstätte Goldschmidt vor der Ostmauer besteht aus einer Reihe von vier gleichgestalteten klassizistischen Stelen mit flachgiebligem Abschluss; unterschiedlich sind nur die reliefierten Symbole oberhalb der Inschriften. Stark zerfallen ist das gusseiserne Wandgrab für Joachim Liebermann (1778–1853) nach dem Entwurf des Architekten Gustav Stier. Das dreiteilige Grabmal, dessen überhöhte und ausgenischte Mitte in einem Rundbogen mit dem eingefügten Davidstern schließt, steht in der Tradition des Berliner Eisengusses seit den Befreiungskriegen; in der Ornamentik bereichert es den klassizistischen Formenkanon mit orientalisierenden Elementen. Schräg gegenüber das Erbbegräbnis, in dem am 12. Februar 1935 der Maler Max Liebermann (1847–1935), der große Impressionist und zugleich ein echt Berliner Kind, unter schlichter liegender Schriftplatte bestattet worden ist. In seinem Palais am Pariser Platz, gleich am Nordflügel des Brandenburger Tors, versammelte er die geistige und künstlerische Elite des Landes, worum sich Wilhelm II. in seinem Schloss am anderen Ende Unter den Linden vergeblich bemühte. Mit der seiner Kunst innewohnenden Kraft der Vergegenwärtigung gelang es ihm, ein getreues Bild seiner Epoche zu vermitteln, das er uns in einem reichen künstlerischen Werk vermittelt hat. Seine Gänserupferinnen, Schuster, Ziegenhirten, Feldarbeiterinnen, die er ohne Sentimentalität und Vorurteil gegenüber dem vierten Stand malte, und auch die noch im hohen Alter entstandenen Werke wie die Porträts Fontanes und Sauerbruchs wurden oft genug als gesellschaftlicher Affront angesehen und waren doch nicht anders gemeint als pure Wahrheit gegen die Fassadenwelt der lauten Worte und großen Gesten. Liebermann, der erste Vorsitzende der 1898 gegründeten Berliner Sezession und 1920–1932 Präsident der Preußischen Akademie der Künste, ist bereits am 2. Mai 1933 aus der Akademie ausgetreten. Er wurde 1933 aus »rassischen« Gründen mit einem Mal- und Ausstellungsverbot belegt. Zu seiner Trauerfeier am 12. Februar 1935 hatten sich die Kunsthistoriker Adolph Goldschmidt und Max Osborn, der Verleger Bruno Cassirer, der Museumsdirektor Max Friedländer, die Bildhauerin und Graphikerin Käthe Kollwitz und der Chirurg Sauerbruch eingefunden. Trauerreden hielten der Kunstkritiker Karl Scheffler und Rabbiner Warschauer. Acht Jahre später, im März 1943, folgte seine Witwe, als sie mit einer Krankenbahre zum Transport in ein Vernichtungslager abgeholt werden sollte, freiwillig in den Tod. Sie wurde erst nach dem Kriege an die Seite ihres Mannes umgebettet. Das Erbbegräbnis der Familie Louis Liebermann (1819–1894) im Neorenaissancestil hat der Architekt Hans Grisebach Ende des 19. Jhs. geschaffen, er war einer der bekanntesten Baumeister der Neurenaissance in Berlin. Das Grabmal besteht aus einer über L-förmigem Grundriss errichteten Sandsteinmauer mit Arkatur von 3 zu 4 Achsen; in dem historisierenden Stil mischt sich die klassische Richtung der Renaissance mit bestimmten Zügen des Manierismus.

Schräg gegenüber fällt der gewaltige neubarocke Marmor-Prunksarkophag Adolphs Ritter Liebermann von Wahlendorf auf, vor der Jahrhundertwende entstanden (der Künstler ist unbekannt). Die mehrfachen Abstufungen des hohen Sockels werden von drapierten Schilden unterbrochen, Eichenlaubkränze mit Quasten zieren die Ecken. Darauf steht der Sarkophag, von einer schweren, bestickten und von Fransen umrandeten Decke behangen.

Auf dem Weg entlang der Friedhofsgrenze kann man weitere Namen entdecken: Simon Joel Arnheim (1802–1875), der als Kunstschlosser als erster eiserne Geldschränke herstellte, Wilhelm Sklarek (1830–1915), der eigentlich Arzt war, aber als Herausgeber naturwissenschaftlicher Zeitschriften bekannt wurde, Julius Lessing (1843–1908), der Kunsthistoriker und erster Direktor des Kunstgewerbemuseums war, Richard Moritz Meyer (1860–1914), der bedeutende Literaturhistoriker und Germanist. Herausragend die Gedenkpyramide (eigentlich: das Relief einer Pyramide) mit dem marmornen, von Palmwedeln eingefassten Medaillon über der Scheintür zur Grabkammer, die der Maschinenfabrikant und eine Zeitlang Privatsekretär Ferdinand Lassalles, Ludwig Loewe (1837–1886), seiner jung verstorbenen Frau Sophie (gest. 1876) setzen ließ. Das Grabmal bricht mit der traditionellen Bildnislosigkeit der jüdischen Grabmalkunst, Loewe wollte hier wohl ein Zeichen der Emanzipation setzen. Gegenüber sein eigenes Grabmal, im spitzen Winkel der Wegeinmündung über dreieckigem Grund aufgebaut, erhebt es sich auf einem Postament, dessen Ecken durch Pfeiler verstärkt und oben durch massige Segmentbögen miteinander verbunden sind, als Obelisk, ebenfalls dreiseitig und ursprünglich mit metallenen Beschlägen an den Kanten.

In der Nähe die Grabstätten von Albert Mosse (1846–1925), als profilierter Verfassungsrechtler war er auch Berater der japanischen Regierung, und von Hugo Lubliner (1846–1911), der unter dem Pseudonym

Hugo Bürger Stücke und Prosa schrieb. Das Grabmal Lion-Deutsch hat Tabernakel- bzw. Baldachinform und ist um 1877 der Signatur am Sockel zufolge von dem 1880 nach Amerika ausgewanderten Architekten August Wilhelm Cordes entworfen und von M. L. Schleicher ausgeführt worden. Vier Stützen, vorn Säulen, hinten Pfeiler, tragen über den Rundbögen ein Satteldach; die geschlossene Rückwand ist von einer großen Speichenrose durchbrochen. Mit seinem romanisch-orientalisierenden Mischstil steht das Grabmal unter dem Einfluss des wenige Jahre zuvor fertiggestellten Baues der Neuen Synagoge in der Oranienburger Str. Dahinter das Grabmal für Louis Oppenheim (gest. 1909), von dem Architekten Max Landsberg entworfen, ein auf hohem Sockel ruhender Sarkophag von architektonischer Form in neuklassizistischem Stil.

Das Grabmal des 1895 beim Bergsteigen in den Alpen tödlich verunglückten Jurastudenten Paul Model aus carrarischem Marmor auf einem Granitsockel zeigt das reliefierte Porträt des Verstorbenen auf einer Kartusche. Das seltene Beispiel einer Menschendarstellung (auf dem Friedhof das zweite neben dem Grabmal der Sophie Loewe) ist einmalig in der Wiedergabe zweier trauernder Genien, deren Körper wie mit der Draperie verwachsen scheinen.

Auf dem an der Friedhofsgrenze entlangführenden Weg befinden sich weiter das stark verfallene gusseiserne Grabmal für den Großvater des Malers Max Liebermann, Joseph Liebermann (1783–1860), der zugleich ein führender Kattunhersteller in Berlin war, die Grabstätte des Physikers Theophil Riess (1804–1883), der als erster Jude zum Mitglied der preußischen Akademie der Wissenschaften gewählt und auch vom König bestätigt wurde, die Grabstätte des Orientforschers Hermann Burchardt (1857–1909), der während einer Forschungsreise bei Tais im Jemen ermordet wurde, der Grabstein für den Botaniker Wilhelm Magnus (1848–1914) und seinen Sohn Werner Magnus (1876–1942), ebenfalls Botaniker, der vor der drohenden Deportation in den Freitod ging. Die spätklassizistische Grabstätte Meyer-Magnus und Adolph Meyer hat die Form eines Peristyls, eines von Säulen bzw. Pfeilern umgebenen offenen Raumes, hier im dorischen Stil.

In der Südwestecke fällt das aus gelben Ziegelsteinen gemauerte Grabmal Lehwess-Manheimer auf, in dem so ziemlich alles zusammengefügt wurde, was die 80 Jahre des 19. Jhs. an Historismen hervorbrachten: eine romanische Blendengalerie, ein Nischengewölbe in

Muschelform nach Renaissanceart, manieristisch dekorierte Säulen mit Kompositkapitellen und einem füllig ornamentierten Gebälk, als Bekrönung ein Lünettengiebel der Backstein-Renaissance, aber tief gemischt, darüber und an den Seiten klassizistische Akroterien.

Weiter am Weg längs der Begrenzungsmauer der Grabstein von Ludwig (Louis) Traube (1818–1876), Pathologe und klinischer Diagnostiker, der, obwohl Jude, zu hohen Ämtern aufstieg. Sein Sohn Ludwig Traube (1861–1907) war Altphilologe. Der erste habilitierte Jude in Preußen war 1847 der Neurologe Robert Remak (1815–1865), der Begründer der Elektrotherapie. Sein Sohn Ernst Remak (1849–1911) war ebenfalls Neurologe. Der in West-Ost-Richtung verlaufende Weg weist ein Grabmal aus schwarzem schwedischem Granit für den Steinmetzmeister Martin Zachart (1823–1916) auf, der auch auf diesem Friedhof zahlreiche klassizistische Grabmale gefertigt hat. Zwei Marmorsarkophage für Hermann und Agnes Lehmann ähneln denen des Ehepaares Makower, sie dürften also aus derselben Steinmetzwerkstatt stammen. Etwas abseits vom Weg ein Sandsteinmal für Adele Fränkel in Form eines Baumstumpfes, Sinnbild für ein in seiner vollsten Kraft vernichtetes Leben. Max Ring (1817–1901), zunächst Arzt, war seit 1857 nur noch literarisch tätig. Eine dekorative Sockelplatte und eine abgebrochene Säule kennzeichnen das Doppelgrab von Paul Meyer und seiner früh verstorbenen Frau. Ein großer Palmwedel und eine Rosengirlande symbolisieren Trauer und liebendes Gedenken des Mannes. Sein eigenes, bescheideneres Grabmal besteht aus einer Sockelplatte mit Trauerflor und hingestreuten Rosen und nimmt damit dieselbe Gestalt wie am Grabmal der Frau an.

Im nordwestlichen Teil des Friedhofes, nahe der Begrenzungsmauer zur Schönhauser Allee, befindet sich eine Gedenktafel an Kriegsgegner, die Ende 1944 auf dem Friedhof Zuflucht suchend, hier erhängt wurden. Die Inschrift lautet: *Den Tod anderer nicht zu wollen, das war ihr Tod.*

In den Außenbezirken

Städtischer Zentralfriedhof Friedrichsfelde
Gudrunstr., 10365 Berlin

Von 1875, als der Friedhof angelegt wurde, bis etwa 1911 fanden hier die Ärmsten der Armen ihre letzte Ruhe. Wie die Chronik berichtet, ist als erstes eine Frau bestattet worden, die an Schwindsucht verstarb.

Als erste Friedhofsanlage für Berlin wurde er in einem damals neuartigen Parkstil – wie etwa der Ohlsdorfer Hauptfriedhof in Hamburg und andere – angelegt. Im höher gelegenen östlichen Streifen mit seinem Hauptweg gibt es verschiedene gartenkünstlerische Gestaltungselemente, wie etwa die Kastanienallee. Der tiefer gelegene westliche Teil, der beiderseits eines kurvigen Mittelweges entlangführt, ist in rechteckige Gräberfelder unterteilt.

Vom Armenfriedhof des Berliner Magistrats bis zu einer der größten, eindrucksvollsten und geschichtsträchtigsten Ruhestätten auf deutschem Boden sollten fast 120 Jahre vergehen. Die erste große Trauerfeier der Berliner Arbeiter war die Beisetzung Wilhelm Liebknechts am 12. August 1900. Ein Trauerzug von über 200 000 Teilnehmern begleitete den Kampfgefährten von August Bebel, der entscheidenden Anteil an der Herausbildung der Sozialdemokratischen Partei hatte.

Am 15. Januar 1919 fielen Karl Liebknecht und Rosa Luxemburg, die zum Jahresende die Kommunistische Partei begründet hatten, in die Hände konterrevolutionärer Freikorpsverbände. Sie wurden grausam misshandelt und dann ermordet. Die Beisetzung Karl Liebknechts und 32 während der Januarkämpfe ermordeter Arbeiter und Soldaten wurde am 25. Januar begleitet von einer gewaltigen Demonstration der Berliner Arbeiter.

Da der Magistrat von Berlin die Beisetzung der Opfer des konterrevolutionären Mordterrors auf dem Friedhof der Märzgefallenen im Friedrichshain verboten hatte, wurde als letzte Ruhestätte für die Kämpfer der Revolution der entfernteste Winkel auf dem Friedrichsfelder Friedhof festgelegt. »Die Welt folgte ihm«, schrieb der Publizist und USPD-Politiker Kurt Eisner, »- ein Zug der Liebe, gewaltig durch seine

Masse, seinen Ernst, seine Prunklosigkeit. Aus allen Staaten Europas waren Vertreter des Proletariats gekommen.« Die Leiche Rosa Luxemburgs hatten die Mörder in den Landwehrkanal geworfen. Erst fünf Monate später konnte sie an der Seite Karl Liebknechts bestattet werden.

Anfang der 1920er Jahre beschloss die Kommunistische Partei, den toten Revolutionären in Friedrichsfelde eine würdige Gedenkstätte zu errichten. Die Mittel hierfür wurden aus mühsam gesammelten Arbeitergroschen aufgebracht. So wurden Postkarten mit dem Denkmalsentwurf des bekannten Architekten Mies van der Rohe, des späteren Direktors des Bauhauses in Dessau und Berlin, verkauft.

Das 1926 eingeweihte Bauwerk, eine Mauer mit kastenförmig vorspringenden Ziegelelementen, 12 m lang, 4 m breit und 6 m hoch, erhielt von ihm eine damals ungewöhnliche, kühne Gestaltung, die es deutlich von herkömmlichen Denkmalsanlagen unterschied. Auf seiner rechten Seite befand sich ein 2 m großer Stern mit Hammer und Sichel, daneben ein Mast mit der roten Fahne. Links standen die Worte: *Ich war – ich bin – ich werde sein.* Diese Verszeile Ferdinand Freiligraths hatte am 14. Januar 1919 Rosa Luxemburgs letzten Artikel abgeschlossen. Vor dem Denkmal lagen in drei Reihen 35 Grabplatten. Die Arbeiten hatte die »Bauhütte« ausgeführt, eine von freigewerkschaftlich organisierten Bauarbeitern gebildete Genossenschaft.

Von nun an traf sich das »rote« Berlin einmal jährlich an einem Sonntag im Januar, um der Toten der deutschen Arbeiterbewegung zu gedenken. Am 8. Mai 1929 wurden 31 Opfer des »Blutmai« am Revolutionsdenkmal beigesetzt. Am 15. Januar 1933 fand die letzte Kundgebung vor der Errichtung der NS-Diktatur statt; in 18 Marschkolonnen zogen kommunistische, sozialdemokratische und parteilose Arbeiter nach Friedrichsfelde. Am 10. Februar 1933 wurden die von den Nationalsozialisten ermordeten Jungarbeiter Peter Schulz, Erwin Berner und Alfred Kollatsch hier beigesetzt. 1935 ließen die Nationalsozialisten das Denkmal Mies van der Rohes abreißen und die »Kommunistengräber« einebnen.

Im Dezember 1945 beschloss der Berliner Magistrat, die Erinnerungsstätte in Friedrichsfelde in einen würdigen Zustand zu bringen. Für die erste Demonstration im Januar 1946 erteilte das Zentralkomitee der KPD einem Lichtenberger Kollektiv den Auftrag, das ehemalige Revolutionsdenkmal behelfsmäßig in originalgetreuen Abmessungen nachzubilden. Nach Gründung der DDR erhielt die Gedenkstätte der Sozialisten unweit des Einganges zum Zentralfriedhof Friedrichsfelde einen neuen Platz. Sie wurde am 14. Januar 1951 eingeweiht. Sie wird von einer 4 m hohen, fast kreisförmigen Mauer eingefriedet und hat einen Innendurchmesser von 45 m. Im Mittelpunkt des Innenhofes erhebt sich ein mächtiger, 4 m hoher und 2 m breiter Stein aus Rochlitzer Porphyr mit der Aufschrift: *Die Toten mahnen uns*. Um diesen Stein sind zehn Grabstätten angelegt; auf schlichten Metallplatten ist zu lesen: *Karl Liebknecht, ermordet am 15. Januar 1919; Rosa Luxemburg, ermordet am 15. Januar 1919; Ernst Thälmann, ermordet am 18. August 1944 (im KZ Buchenwald); Rudolf Breitscheid, ermordet am 24. August 1944 (im KZ Buchenwald); Wilhelm Pieck, gestorben am 7. September 1960; Otto Grotewohl, gestorben am 21. September 1964; Walter Ulbricht, gestorben am 1. August 1973; John Scheer, ermordet am 1. Februar 1934; Franz Mehring, gestorben am 29. Januar 1919; Franz Künstler, gestorben am 10. September 1942.*

Das Rund der Umfassungsmauer birgt die letzten Ruhestätten weiterer Persönlichkeiten der deutschen Arbeiterbewegung und Politiker der DDR, u. a. Paul Singer (1844–1911), sozialdemokratischer Arbeiterführer, gehörte 1869 zu den Mitbegründern der Sozialdemokratischen Arbeiterpartei und war seit 1890 einer der beiden Vorsitzenden der deutschen Sozialdemokratie, seine Grabstele stammt von dem Berliner Architekten Ludwig Hoffmann; Hermann Müller-Franken (1876–1931) war 1919–1928 einer der Parteivorsitzenden der SPD, bildete 1928 als Reichskanzler eine Regierung der Großen Koalition; Hugo Haase (1863–1919), Sozialdemokrat, seit Bildung der USPD im April 1917 war er bis zu seinem Tod Vorsitzender dieser Partei und vertrat mit Karl Kautsky deren rechten Flügel; Wilhelm Liebknecht (1826–1900), trat 1850 dem Bund der Kommunisten bei, war 1869 maßgeblich an der Gründung der Sozialdemokratischen Arbeiterpartei beteiligt, gehörte 1889 zu den Begründern der II. Internationale, seit 1891 Chefredakteur des »Vorwärts«, des Zentralorgans der deutschen Sozialdemokratie – seine Bronzebüste auf einem Granitsockel und die dahinter stehende (*H. May* signierte) Reliefplatte mit der Darstellung der Siegesgöttin, die einem Hüttenarbeiter die Hand reicht und ihn mit einem Lorbeergewinde schmückt, ist nach dem Entwurf von Ludwig Hoffmann entstanden.

Urnenstätten in der Ringmauer (in Auswahl von links nach rechts):

Rudolf Schwarz (1904–1934), Mitglied der Bundesführung des Roten Frontkämpferbundes, seit 1929 Mitarbeiter des ZK der KPD, wurde gemeinsam mit John Scheer, Eugen Schönhaar und Erich Steinfurth von den Nationalsozialisten ermordet; Edwin Hoernle (1883–1952), einer der führenden Agrarpolitiker der KPD, Mitbegründer des Nationalkomitees »Freies Deutschland« in der Sowjetunion, nach 1945 Vizepräsident der Deutschen Verwaltungsakademie und Dekan der Agrarpolitischen Fakultät; Erich Weinert (1890–1953), bedeutender politisch-satirischer Dichter, der in mitreißender Weise seine Gedichte zunächst im Kabarett, später in Arbeiterversammlungen und auf Kundgebungen vortrug, 1943 Mitbegründer und Präsident des Nationalkomitees »Freies Deutschland«, 1950 Gründungsmitglied der Deutschen Akademie der Künste; Friedrich Wolf (1888–1953), bedeutender Dramatiker und Schriftsteller, der nach expressionistischen Anfängen historische Dramen (»Der Arme Konrad«, 1924; »Beaumarchais«, 1941; »Thomas Müntzer«, 1953) und Revolutionsstücke (»Die Matrosen von Cattaro«, 1930) sowie sozialkritische (»Cyankali«, 1929) und antifaschistische Zeitstücke (»Professor Mamlock«, 1934) schrieb, 1943 Mitbegründer des Nationalkomitees »Freies Deutschland«, nach 1945 erfolgreich auch mit Tiergeschichten für Kinder; Willi Bredel (1901–1964), proletarisch-revolutionärer Schriftsteller, kam mit seinem Buch »Die Prüfung« (1935), in dem er seine Erlebnisse im KZ Fuhlsbüttel schilderte und damit als erster Autor die Unmenschlichkeit der deutschen Nationalsozialisten vor aller Welt entlarvte, zu einem Welterfolg, gab 1936–1939 die literarische Exilzeitschrift »Das Wort« in Moskau heraus, nahm 1937–1939 als Kriegskommissar der Internationalen Brigaden am Kampf gegen Franco in Spanien teil, war seit 1956 Vizepräsident und Präsident der Deutschen Akademie der Künste, gestaltete in der Trilogie »Verwandte und Bekannte« (1943–1953) das Schicksal einer Hamburger Arbeiterfamilie in der ersten Hälfte des 20. Jhs.; Erich Apel (1917–1965), seit 1963 Stellvertreter des Vorsitzenden des Ministerrates und Vorsitzender der Staatlichen Plankommission, beging Selbstmord wegen einseitiger Wirtschaftsverträge mit der Sowjetunion; Gerhart Eisler (1897–1968), seit 1962 Vorsitzender des Staatlichen Rundfunkkomitees der DDR; Alfred Kurella (1895–1975), Schriftsteller, 1958–1963 Kandidat des Politbüros des ZK der SED, 1955 Mitglied und seit 1965 Vizepräsident der Akademie der Künste der DDR; Fred Oelssner (1903–1977), 1950–1958 Mitglied des

Politbüros des ZK der SED, 1958–1969 Direktor des Zentralinstituts für Wirtschaftswissenschaften der Akademie der Wissenschaften der DDR; Werner Lamberz (1929–1978), seit 1971 Mitglied des Politbüros des ZK der SED, kam bei einem Flugzeugabsturz in Libyen ums Leben; Hans Rodenberg (1895–1978), 1950–1976 Mitglied des Staatsrates der DDR, 1952 Mitglied und 1969–1974 Vizepräsident der Akademie der Künste der DDR; Friedrich Ebert (1894–1979), 1948–1967 Oberbürgermeister in Ost-Berlin, seit 1971 Stellvertreter des Vorsitzenden des Staatsrates und des Präsidenten der Volkskammer der DDR.

Ganz rechts am Ende der Mauer befindet sich eine große Granittafel mit den Namen verstorbener, in der Zeit der Weimarer Republik ermordeter, im spanischen Freiheitskampf gefallener oder 1933–1945 von den Nationalsozialisten ermordeter Kämpfer für den Sozialismus.

Von 1952 bis 1989 fanden jeweils im Januar die jährlichen Massendemonstrationen in der Tradition von Karl Liebknecht und Rosa Luxemburg statt, zu der die Partei- und Staatsführung die Ost-Berliner aufrief und die immer mehr zu rituellen Treuegelöbnissen für die DDR erstarrten. Auf der Demonstration am 14. Januar 1988 kam es zu Auseinandersetzungen mit oppositionell Gesinnten, die mit den Worten von Rosa Luxemburg »Freiheit ist stets auch Freiheit für die Andersdenkenden« ihren Protest gegen die Deformationserscheinungen in der DDR bekunden wollten.

Verhaftungen, Gefängnis und Ausbürgerungen waren die Folge. Seitdem begann sich die Opposition in der DDR stärker zu formieren. Seit 1990 haben die Januar-Kundgebungen auf der Gedenkstätte der Sozialisten einen völlig anderen Charakter erhalten, mehr als 50 000 Berliner versammelten sich am 10. Januar 1993 hier, um gegen die Gefahr von rechts zu protestieren. Es kam auch zu mehrfachen Schändungen der Gedenkstätte durch neonazistische Schmierereien.

Unmittelbar an die Gedenkstätte der Sozialisten, deren Hauptteil erhalten bleibt, schließt sich die Rondell-Anlage des Pergolenweges an. Hier sind die Urnen mit den sterblichen Überresten von mehr als 300 Persönlichkeiten der deutschen Arbeiterbewegung – vielfach mit ihren Lebensgefährten – beigesetzt. Die meisten von ihnen nahmen in Kerker, Illegalität und vielen Emigrationsländern am Widerstand gegen die Hitler-Diktatur und den Hitler-Krieg teil. Viele gehörten bis 1945/46 der Sozialdemokratie oder anderen Strömungen und Gruppierungen an. Dann engagierten sie sich für den Aufbau des Sozialismus in der DDR. Nicht wenige waren auch stalinistischen Repressalien ausgesetzt.

Zu nennen sind vor allem: Bruno Apitz (1900–1979), der während der NS-Zeit mehr als zehn Jahre im Zuchthaus Waldheim und KZ Buchenwald verbrachte, sein Roman »Nackt unter Wölfen« (1958), in dem er das Schicksal eines jüdischen Kindes mit dem des Lagers Buchenwald verknüpfte, wurde zu einem Welterfolg; Hilde Benjamin (1902–1989), 1949–1953 Vizepräsidentin des Obersten Gerichts, Vorsitzende in vielen Schauprozessen, mitverantwortlich für harte Urteile, 1953–1967 Ministerin für Justiz der DDR; Max Burghardt (1893–1977), Schauspieler, 1950–1954 Generalintendant der Städtischen Bühnen in Leipzig, 1954–1963 Intendant der Staatsoper in Berlin, seit 1958 Präsident des Kulturbundes der DDR; Hermann Budzislawski (1901–1978), Journalistikwissenschaftler, Herausgeber und Chefredakteur der »Neuen Weltbühne« in Prag 1933–1938 und der »Weltbühne« 1967–1971 in Berlin; Anna (1899–1978) und Max Christiansen-Clausen (1899–1979), während der NS-Zeit Kundschafter für die Sowjetunion; Frieda Coppi (1884–1961), Mitglied der »Roten Kapelle«, lange Zuchthaushaft; Peter Edel-Hirschweh (1921–1983), Maler, Schriftsteller und Publizist, KZ-Aufenthalt wegen antifaschistischer Widerstandstätigkeit; Klaus Fuchs (1911–1988), Sohn des Theologen Emil Fuchs, Physiker, emigrierte 1933, nach dem Krieg leitender Wissenschaftler im englischen Atomforschungszentrum Harwell, 1950–1959 Gefängnishaft aus politischen Gründen (Informant für die Sowjetunion), seit 1959 stellvertretender Direktor im Zentralinstitut für Kernforschung in Rossendorf; Otto Gotsche (1904–1985), 1960–1971 Sekretär des Staatsrates, Schriftsteller, schrieb Romane aus der Geschichte der Arbeiterbewegung; Adolf Hennecke (1905–1975), Hauer im Steinkohlenbergbau, Initiator der Aktivistenbewegung in der DDR; Bruno Kaiser (1911–1982), Literatur- und Bibliothekswissenschaftler, begründete die Pirckheimer-Gesellschaft der Bücherfreunde im Kulturbund der DDR; Peter Kast (1894–1959), Jugendbuchautor, schrieb spannende und zugleich didaktisch angelegte Abenteuerbücher; Friedrich Karl Kaul (1906–1981), Rechtsanwalt und Prozessverteidiger westdeutscher Kommunisten, Kriminalfälle und Justizverbrechen von der wilhelminischen Ära bis zur Gegenwart behandeln seine Fernsehspiele und Erzählprosa; Georg Klaus (1912–1974), einer der führenden Philosophen der DDR; Berta Lask (1878–1967), Dramatikerin (»Thomas Müntzer«, 1925; »Leuna 1921«, 1927; »Giftgasnebel über Sowjetrussland«, 1927) und Erzählerin (autobiographische Trilogie »Stille und Sturm«, 1955); Rudolf Leonhardt (1889–1953), Lyriker, Dramatiker, Erzähler und Essayist; Robert Liebknecht (1903–1994), Maler und Grafiker, Enkel von Wilhelm und Sohn von Karl Liebknecht; Alfred Meusel (1896–1960), Historiker, seit 1952 Direktor des Museums für Deutsche Geschichte, wissenschaftliche Arbeiten zur Geschichte der bürgerlichen Revolutionen in Deutschland und England; Michael Tschesno-Hell (1902–1980), Filmautor, verfasste die Szenarien von DEFA- und Fernseh-Filmen über Ernst Thälmann, Karl Liebknecht und den 1945 von den Nationalsozialisten hingerichteten Maler Alfred Frank; Konrad Wolf (1925–1982), Sohn des Schriftstellers Friedrich Wolf, Filmregisseur, international bekannt durch Filme wie »Sterne« (Goldene Palme), »Sonnensucher«, »Ich war neunzehn«, »Goya«, »Mama, ich lebe« und »Solo Sunny«, 1965–1982 Präsident der Akademie der Künste der DDR. Ein Stein ist dem *unvergesslichen Arbeitersportler und Widerstandskämpfer Willi Sänger, geb. 21. 5. 1894, hingerichtet 27. 11. 1944* gewidmet.

Hinter der Ziegelmauer der Gedenkstätte der Sozialisten steht eine Muschelkalkstele für Clara Meyerheim (1845–1907) und den Maler und Grafiker Paul Meyerheim (1842–1915) mit einer vollplastischen Urne in einer Nische.

Ein dreiteiliges Mahnmal ist dem Gedenken der Opfer der schrecklichen Schiffskatastrophe auf der Spree vom 5. Juli 1951 errichtet worden. 27 Kinder und zwei Erwachsene mussten ihr Leben lassen. Tausende Berliner nahmen damals zusammen mit den Angehörigen Abschied von den in Treptow verunglückten Kindern.

Rechts davor die von einer Backsteinmauer eingefasste Grabstätte für das Schriftstellerehepaar Franz Carl Weiskopf (1900–1955) und Grete Weiskopf (1905–1966), letztere bekannt unter ihrem Schriftstellernamen Alex Wedding. Auf der Backsteinmauer zwei Bronzetafeln, die rechte mit der Inschrift *Er kämpfte lächelnd auch in trüben Tagen, sein Mut und seine Überzeugung leben fort in seiner Dichtung,* die linke mit dem nach der Totenmaske geschaffenen Bildnis F. C. Weiskopf von Gerhard Thieme. Die davor liegende Grabplatte für seine Frau. Als Erzähler gestaltete Weiskopf die soziale Situation der tschechischen und slowakischen Arbeiter und Bauern, schrieb in der Emigration Romane, die sich mit Krieg und Faschismus auseinandersetzen, und schilderte in einem groß angelegten Romanzyklus die nationalen und sozialen Probleme der alten Donaumonarchie. Als er 1953 aus der Tschechoslowakei in die DDR übersiedelte, begründete er mit Willi Bredel die Zeitschrift »Neue Deutsche Literatur«. Alex Wedding war eine bedeutende Jugendbuchschriftstellerin, die sich mit feinem Einfühlungsvermögen in geschichtliche Prozesse sowie fremde Sitten und Kulturen hineinzuversetzen vermochte.

Ebenfalls am Rondell befindet sich das Grabmal Carl Lange (gest. 1923) und Frau, auf einer geschweiften Stele eine eingerollte Schlange, seitlich die granitenen Kolossalfiguren zweier trauernder Frauen in kniender Haltung.

Rechts am Hauptweg, der zu der 1978 völlig erneuerten Feierhalle führt, ruht der Astronom Friedrich Archenhold (1861–1939), der Begründer und Direktor der nach ihm benannten Treptower Sternwarte, der sich vor allem für die populärwissenschaftliche Verbreitung astronomischer Kenntnisse einsetzte. Der schlichte Grabstein trägt die Goethesche Inschrift: *Den lieb ich, der Unmögliches begehrt.*

Links daneben eine mächtige, mit stilisierten Kreuzen versehene Bodenplatte: *1939–1949. Hier ruhen 121 deutsche Soldaten.* Dort, wo sich ein Massengrab für Tote der letzten Kriegswochen aus dem Oskar-Ziethen-Krankenhaus sowie von Soldatengräbern aus dem 2. Weltkrieg befinden, hat 1992 der Volksbund Deutsche Kriegsgräberfürsorge Gedenktafeln angelegt. Soldatengräber aus dem 1. Weltkrieg befinden sich auch an der Einfassungsmauer beim Treppenaufgang zur Feierhalle.

An der Kastanienallee südwestlich der Feierhalle das Grabmal für den Berliner Stadtgartendirektor Hermann Mächtig (1837–1909), den Gestalter des Zentralfriedhofes, und für den Gartenbaudirektor Axel Fintelmann (gest. 1907), den Förderer der Berliner Gartenkunst. Die ihm von Freunden und Verehrern gestiftete Sandsteinstele trägt die reliefierte Darstellung einer Parklandschaft, darin eingefasst die Bronzeplatte mit dem Porträt des Verstorbenen, 1908 von Albert Manthe entworfen.

Hier sollen auch die Gräber weiterer bedeutender Wissenschaftler genannt werden, so des Theologen Emil Fuchs (1874–1971), des Mitbegründers des Bundes religiöser Sozialisten, oder Erwin Marcusson (gest. 1976), eines führenden deutschen Sozialhygienikers.

In einer Nischenreihe der achten Urnenabteilung befinden sich die

Grabstätten einiger bedeutender Künstler und Kulturschaffender. Zuallererst das Familiengrabmal des Ehepaares Konrad (1863–1932) und Anna Schmidt (1863–1925), des Georg Stern (1867–1934) sowie des Arztes Karl Kollwitz (1863–1940) und seiner Frau, der berühmten Grafikerin und Bildhauerin Käthe Kollwitz, geb. Schmidt (1867–1945). Das Grabrelief unter segmentförmigem Abschluss auf der stehenden Bronzeplatte hat die Künstlerin 1936 für das Grabmal des Bruders wie für die Familiengrabstätte geschaffen. Es wurde von dem Goethewort »Ruht im Frieden seiner Hände« angeregt: Mutterhände, die sich schützend um den in Tuchfalten geborgenen Kopf eines Kindes legen. Die plastischen Motive der Kollwitz entstammten den grafischen Blättern, die schon Jahrzehnte vorher als »Rinnsteinkunst« diffamiert worden waren: vor allem Mütter, schützend und klagend, und Menschen in Trauer. Bereits 1927 hatte der französische Romancier Romain Rolland ihre Kunst als »die größte Dichtung des Deutschland unserer Tage, welche Not und Leid der Niedrigen und Unbedeutenden widerspiegelt«, bezeichnet.

Damals waren die blockhaft geschlossenen Figuren der »Eltern« (1932) für den Soldatenfriedhof im belgischen Roggevelde, für ihren im 1. Weltkrieg gefallenen Sohn Peter, und auch die monumentale Gruppe der »Mutter mit Zwillingen« (1926–1937) noch nicht geschaffen, doch scheinen die folgenden Sätze Rollands gerade von ihnen zu sprechen: »Diese Frau mit dem Herzen eines Mannes hat sie in ihre Augen, in ihre mütterliche Arme genommen mit einem düsteren und zärtlichen Mitleid. Sie ist die Stimme des Schweigens der hingeopferten Völker.« Jahrzehnte beschäftigte die Künstlerin der Gedanke an den Tod. Er war ein vertrauter Begleiter ihrer Tage, und ihr ganzes Leben ist, wie die Schwester Lise meinte, ein Zwiegespräch mit dem Tod gewesen. Von den Nationalsozialisten verfemt, die Zerstörung ihrer Arbeitsräume und den Tod ihres Enkels durch den Krieg vor Augen, starb sie einsam und verbittert wenige Tage vor dem Ende der NS-Schreckensherrschaft.

Rechts anschließend das Grabmal des Malers Otto Nagel (1894–1967) mit den eigenen Namenszügen in Bronze von Gerhard Thieme. Für den im Berliner Arbeiterviertel Wedding aufgewachsenen Autodidakten sind die Freundschaft und Zusammenarbeit mit Heinrich Zille und Käthe Kollwitz kennzeichnend, über die er auch Bücher herausgab. Mit einer in der Berliner Maltradition verwurzelten Sachlichkeit der Beobachtung und einem spezifischen Sinn für das Malbare der Wirklichkeit hat er das Berliner Arbeitermilieu und Berliner Stadtansichten dargestellt. Von 1956 bis 1962 war er Präsident der Deutschen Akademie der Künste.

Weitere Grabmäler: das der Bildhauerin Jenny Mucchi-Wiegmann (1895–1969), die 1933 den italienischen Maler Gabriele Mucchi heiratete und seit 1950 der Gruppe italienischer Realisten angehörte – mit der Gestaltung spannungsvoller und differenzierter Persönlichkeitsbilder hat sie die Bildhauerkunst wesentlich bereichert; das des Schriftstellers Paul Wiens (1922–1982), der zunächst mit Lyrik hervortrat, die eine breite Traditionswahl spüren ließ und die Mannigfaltigkeit der Form und des Ausdrucks bestimmte, schrieb dann eine stimmungsvolle Prosa und erfolgreiche Szenarien für Filme und Fernsehfilme, gestaltet vom Bildhauer Wieland Förster; das des Schauspielers Norbert Christian (1925–1976), der methodisch wie handwerklich noch bei Brecht gelernt hat und über Jahrzehnte zum Stamm des Berliner Ensembles gehörte, in den letzten Jahren auch viele Fernsehrollen prägte, trägt eine expressive Reliefgestaltung; das des Arbeiter-Schriftstellers Ludwig Turek (1898–1975), der durch sein Buch »Ein Prolet erzählt« (1930) bekannt geworden ist und sein erzählerisches Talent später in weiteren autobiographischen Werken und Reportagen hat festigen können; das des weltbekannten Autors Ludwig Renn (1889–1979), der eigentlich Arnold Vieth von Golssenau hieß und aus dem sächsischen Hochadel kam – sein Buch »Krieg« (1928) erzählt genau registrierend, nüchtern, fast unterkühlt aus der »Graben«-Perspektive des einfachen Soldaten, setzt an die Stelle der traditionellen Romangestaltung den Bericht des Augenzeugen und das authentische Dokument und wurde so zum Welterfolg; Renns bedeutendste Leistung liegt auf dem Gebiet des zeitdokumentarischen Berichtsromans autobiographischen Charakters und des Kinder- und Jugendbuches mit exotischer Stoffwahl.

Auf der gegenüberliegenden Seite des Weges die Gräber der Autoren Irmtraut Morgner (1933–1990), Hans Weber (1937–1987) und Herbert Nachbar (1930–1980), der Regisseure Wolfgang E. Struck (1920–1989) und Janos Veiczi (1924–1968), des Zeichners Leo Haas (1901–1983) und des Garten- und Landschaftsgestalters Reinhold Lingner (1902–1968). Das große Thema der Irmtraut Morgner war der Eintritt der Frau in die Historie. Sie, die als »eine Art Doktor Faustus für Feministinnen« bis in die USA verehrt wird, erfand ihre eigenen Roman-Collagen und gab ihre Hexen-Romane »Beatriz« und »Amanda« als »operative Montage« aus. In ihren Büchern »muss die Frau in die bunten Lumpen der Verwandlung schlüpfen, eine Hexe werden, um in der zweiten Schicht Haushalt und Kindererziehung im Griff zu haben, und dabei noch ein Wesen bleiben, das im erotischen Reigen mitspielen kann«, schrieb ihr Schriftstellerkollege Fritz Rudolf Fries. Hans Weber setzte sich in seinen für Jugendliche wie Erwachsene geschriebenen Erzählungen und Romanen mit den Problemen der jungen Generation auseinander. Auch Herbert Nachbar griff Gegenwartsthemen auf; seinem Roman »Die Hochzeit von Länneken« (1960) liegt ein Romeo-und-Julia-Konflikt zugrunde.

In jüngster Zeit sind der Schauspieler und Regisseur Curt Trepte (1902–1990) und die Schauspielerin Steffi Spira-Ruschin (1908–1995) beigesetzt worden. Beide engagierten sich in Gustav von Wangenheims »Truppe 1931« und im Exiltheater, Steffi Spira verkörperte zahlreiche Volksgestalten und ergriff auf der Massendemonstration auf dem Alexanderplatz im November 1989 das Wort.

Am Terrassenring nordwestlich der Feierhalle erhebt sich das künstlerisch wertvolle Grabmal für den Kaufmann und Rentier Simon Blad (gest. 1896), der sein gesamtes Vermögen der Stadt Berlin hinterließ. Auf der Muschelkalkstele, von Ludwig Hoffmann 1903 entworfen (zwischen der Jahreszahl das Stundenglas reliefiert), befindet sich eine vorzüglich gearbeitete Bronzetafel mit der Ganzfigur des Verstorbenen, sitzend, mit einem Buch in der Hand, und – in Anlehnung an Renaissancegrabmäler – eingefasst von einem Akanthusrahmen mit Engelkopfmedaillons, 1909 von August Vogel geschaffen. Die Urnenkammer auf der Rückseite ist durch ein Miniaturportal verschlossen. Links davon die Familienbegräbnisstätte Minna und Wilhelm, Anita und Bruno Nötzel, zwei sich einander zuneigende Granitsteine, auf dem einen die weiblichen, auf dem anderen die männlichen Namen, mit einem beide Steine verbindenden gotisierenden Schriftband *Aber du stehst am Tor – und wartest auf mich.*

Der Friedhof ist terrassenförmig angelegt, Treppen führen auf höhere Plateaus, Rondelle schaffen Zentren. Am Rondell nördlich der Feierhalle findet sich das aufwendig gearbeitete Grabmal des Nestors des deutschen Theaters, Eduard von Winterstein, eigentlich Eduard Freiherr von Wangenheim (1871–1961), eine große Inschriftstele aus

Muschelkalkstein in klassizisierenden Formen, zwei Säulen im Halbrelief, mit dem Familienwappen des Löwen und dem Spruch *vert und trev,* nach 1921 gesetzt: *Wir tragen unser Leid und unser Glück/Wir tragen unser Lieben/Hoffen/Sehnen/tragen unser Leben/tragen uns selbst hoch über uns empor in jene Sphären, die uns freundlich klingen.* Winterstein stand 70 Jahre auf der Bühne, umfasste eine ganze Theaterepoche von Otto Brahm über Max Reinhardt, Leopold Jessner, Heinz Hilpert bis Wolfgang Langhoff und verkörperte die besten Traditionen deutscher Schauspielkunst. Seine Erfüllung fand er 1955 als »Nathan« am Deutschen Theater in Berlin. Die liegende Grabplatte daneben ist seinem Sohn gewidmet, dem Schauspieler, Regisseur und Dramatiker Gustav von Wangenheim (1895–1975). Er hat sich um das revolutionäre Agitproptheater verdient gemacht und gründete 1931 das antifaschistische Schauspielerkollektiv »Truppe 31«, für das er Stücke schrieb und inszenierte. Am gleichen Rondell befand sich das in den 1970er Jahren aus unerfindlichen Gründen entfernte Grab des Schriftstellers Julius Rodenberg (1831–1914), der die einflussreiche »Deutsche Rundschau« begründete und durch seine »Bilder aus dem Berliner Leben« weithin bekannt wurde. Auch die Sandsteinstele mit einem Porträtrelief des Verstorbenen von Hugo Lederer ist verschwunden.

Gleich neben dem Winterstein-Grabmal eröffnet sich der Blick auf eine Allee mit Erbbegräbnissen wohlhabender Bürger aus den ersten Jahrzehnten des 20. Jhs. – Altarsteine, mehrteilige Grabwände, Säulenreihen, Grabpforten, reich geschmückt, die Namen kaum noch zu entziffern. Erschütternd eine Formsteinmauer mit den eingefügten Namenstafeln der Familien Hermann und Meyer und dem Johannes-R.-Becher-Spruch: *Und lasst uns wach halten, Liebe, Hass und Schmerz.* Allein neun Mitglieder der Familie Meyer sind in den KZs Maidanek, Auschwitz, Theresienstadt und Jungfernhof bei Riga ermordet worden. Eine schlichte Marmorplatte rechts vorn am Boden ist dem Komponisten und Musikwissenschaftler Ernst Hermann-Meyer (1905–1988) gewidmet.

Auf einem dicht von Bäumen bestandenen Hügel ein Grabmonument ohne Namen, ein Sandsteinbau in Form eines quadratischen, nach oben sich verjüngenden Turmes mit massiver Kuppel, errichtet um 1910.

Im neueren Teil des Friedhofs befindet sich das »VVN-Gräberfeld«, eine Ende der 1970er Jahre angelegte Begräbnisstätte für Teilnehmer am antifaschistischen Widerstand. Hier sind etwa 350 Einzelgräber. Die Stele wurde 1985 errichtet. Die Interessenvereinigung ehemaliger Teilnehmer am antifaschistischen Widerstand, Verfolgter des Naziregimes und Hinterbliebener e. V. hat die Obhut über diese Anlage.

Auf dieses Gräberfeld, auf dem viele vergessene und noch im Bewusstsein eingegrabene Namen zu entdecken sind, ist der im Alter von 37 Jahren verstorbenen Satiriker Fritz Hampel (1895–1932), bekannt unter seinem Pseudonym Slang, umgebettet worden. Seit 1924 Redakteur der KPD-Zeitung »Die Rote Fahne«, zeichnete er Karikaturen, schrieb Glossen, Feuilletons, satirische Gedichte und Geschichten, attackierte den »militaristischen Paradeochsen«, die »studienrätliche Patriotenvisage«, die »Potsdamer Moralwachtel« – so Erich Weinert in seinem Nachruf – und andere, die den Untergang der Weimarer Republik vorbereiteten.

Kleist-Grab am Kleinen Wannsee
Bismarckstr., 14109 Berlin

Das Wort aus dem »Prinzen von Homburg« (V, 10) steht heute auf dem Grabstein Heinrich von Kleists (1777–1811): *Nun, o Unsterblichkeit, bist Du ganz mein!* Der frühere Grabsteinvers des Zehlendorfer Heimatdichters Max Ring aus dem Jahre 1862 *Er lebte, sang und litt/in trüber schwerer Zeit,/er suchte hier den Tod,/und fand Unsterblichkeit* wurde auf eine Holztafel am Eingang der Gedenkstätte gesetzt. Die krebskranke Frau des Generalrendanten der Kurmärkischen Land-Feuer-Sozietät Vogel, Henriette Vogel (1780–1811), teilte Kleists Tod. Über die äußeren Umstände dieses gemeinsamen Todes, der die Gemüter der Berliner aufs heftigste erregte, heißt es in einem zeitgenössischen Brief: »Beide sind zu Stimming (seinerzeit ein beliebtes Ausfluglokal am Wannsee und Treffpunkt der Berliner Romantiker, der Verf.) gefahren. Sie haben die ganze Nacht Briefe geschrieben und Wein und Tee getrunken und haben den Morgen den Wirt gebeten, ihnen den Kaffee jenseits des Sees, links von der (Potsdamer) Chaussee hinzubringen. Dort haben sie in eine Grube sich hingesetzt, und nachdem die Aufwärterin weggegangen und in der Haustür ist, um ihnen noch etwas zu holen, schießt er zunächst sie und dann sich tot. Das

Mädchen hört die Schüsse, glaubt, es jagte jemand im Walde, und bringt das Befohlene richtig hin, wo sie beide tot findet.« Zu den in diesem Schreiben erwähnten Briefen gehört auch der Abschiedsbrief Kleists an seine Schwester Ulrike. Darin heißt es: »... möge Dir der Himmel einen Tod schenken, nur halb an Freude und unaussprechlicher Heiterkeit dem meinen gleich ...« Das war der Kleist des 21. November 1811, den der Dichter des romantischen »Undine«-Märchens Fouqué den »herrlichsten Selbstmörder« nannte, »den es je gegeben hat«. Einer der äußeren Anlässe des Selbstmordes ist wohl auch der Zusammenbruch des Kleistschen Zeitungsunternehmens im März 1811 gewesen. Im Oktober 1810 hatte Kleist die »Berliner Abendblätter«, die erste täglich erscheinende Zeitung Berlins, ins Leben gerufen. Kleist nannte es ein »Volksblatt« und servierte dem Leser nicht nur eigene Arbeiten wie »Die Bettlerin von Locarno« oder »Über das Marionettentheater«, sondern auch die neuesten Nachrichten aus Berlin. Schwierigkeiten mit der Zensur, Krach mit den Behörden und dem allmächtigen Theatermann Iffland brachten trotz großer Anfangserfolge den Ruin. Das »Morgenblatt« erklärte hämisch: »Das Abendblatt hat den Abend seines Lebens erreicht und dadurch sich und die etwaigen übergeduldigen Leser in den Ruhestand versetzt.«

Kleist und Henriette Vogel wurden dort begraben, wo sie den Tod gesucht hatten. Die Grabstätte geriet bald in Vergessenheit und verwilderte. 1862 setzten Verehrer Kleists einen Granitstein mit einer Marmortafel, auf der die Verse Max Rings standen, und einem Gitter darum. Das Geburtsdatum wurde fälschlich angegeben: 10. Oktober 1776 statt 18. Oktober 1777. Theodor Fontane berichtete 1889, dass das Kleist-Grab »seit Eröffnung der in geringer Entfernung vorüberführenden Grunewald-Bahn eine vielbesuchte Pilgerstätte« geworden war. 1936, anlässlich der Olympischen Spiele in Berlin, erhielt das Grab einen neuen Granitstein und eine neue schmiedeeiserne Einfriedung, 1941 wurde ihm die neue Inschrift aus dem »Homburg«-Drama gegeben. Ob man inzwischen bemerkt hatte, dass der bisherige Grabspruch aus der Feder eines jüdischen Schriftstellers stammte? Anfang der 1960er Jahre wurde die Grabanlage zur Wegseite »geöffnet« und der Stein um 90 Grad gedreht. Zudem wurde erst 1980 am Anfang der Bismarckstr. eine Bronzetafel des Berliner Bildhauers Heinz Spilker angebracht, auf der der bisher verschwiegene Name der Henriette Vogel genannt wird.

Neuer Friedhof Wannsee
Lindenstr. 1–2, 14109 Berlin

»Zur Ehre Gottes und im Hinblick auf die kirchlichen Bedürfnisse der Villenkolonie Alsen sowie aus Dankbarkeit für die uns und unseren Kindern während unserer fast vollendeten 50-jährigen Ehe so reichlich zuteil gewordene göttliche Gnade haben wir diese Kirche erbauen lassen«, so kann man in der von dem Bankier und Geheimrat Wilhelm Conrad und seiner Frau unterzeichneten Stiftungskirche für die »Neue Kirche« an der Lindenstr. in Wannsee lesen. Wilhelm Conrad (1822–1899), der auch der Gründer der Villenkolonie Alsen war, die später in die Gemeinde Wannsee aufging, hatte den Baumeister Johannes Otzen mit dem Kirchenbau beauftragt, der aber nur eine offene Vorhalle errichtete. Sein Schwiegersohn Otto Stahn erbaute dann die Kirche in neugotischen Formen mit kurzen Querschiffen in Nord-Süd-Richtung anstelle der bisher geplanten Ost-West-Richtung, wobei die Otzensche Vorhalle nun der Ostseite vorgelagert wurde. In letzterer steht die Bronzebüste des Stifters, geschaffen von Carl Pracht, einem Schüler von Carl Begas. Conrad und seine Frau sind im alten Friedhofsteil in der Ecke links von der Trauerhalle bestattet. Die Gräber der Erbauer der Kirche liegen rechts von der Halle. Die gotische Bauweise Otzens hat Carl Gustav Curt Stoevening in der Architektur des Begräbnisses nachempfinden wollen. Rings um die Kirche, die seit 1965 Andreas-Kirche heißt, erstreckt sich das 1895 – ein Jahr vor Einweihung der Kirche – angelegte Gräberfeld, auf dem berühmte und begüterte Einwohner der Villenkolonie ihre letzte Ruhe fanden. Die alteingesessenen Wannseer sprechen vom »Millionenfriedhof«. Wenn man die teilweise sehr prunkvollen, alten Erbbegräbnisse sieht, wird es einem schnell klar, warum der Volksmund diesen Namen geprägt hat. Der Friedhof ist später nach Osten und Westen wesentlich erweitert worden, weil von den reichen Wannseer Familien immer neue Erbbegräbnisse gekauft wurden.

Wer sind nun die bedeutenden Gelehrten, Künstler und reichen Geschäftsleute, die diesem Gottesacker den ungewöhnlichen Namen gaben? Gleich links am Eingang ist das Grab des Frauenarztes Prof. Dr. Paul Strassmann (1866–1935), der eine eigene Frauenklinik begründete und zahlreiche wissenschaftliche Schriften, u. a. »Aus der Medizin des Rinascimento«, veröffentlichte. Schräg gegenüber die

Plastik eines Knaben von dem Berliner Bildhauer Bernhard Heiliger. Strassmanns großer Kollege aus dem Bereich der Medizin, der Chirurg und Geheimrat Prof. Dr. Ferdinand Sauerbruch (1875–1951), der die moderne Thoraxchirurgie begründete und (durch eigene Muskelleistungen) greiffähige Armprothesen konstruierte, hat jenseits der Kirche im alten Friedhofsteil seine Ruhestätte gefunden. Auf der dunklen Marmorplatte ist das Sinnbild für den Heilberuf, der Äskulapstab, eingraviert. Gegenüber die Gräber des Augenarztes Richard Greeff (1862–1938), des Begründers der Ophthalmologie, und des Historienmalers Hugo Vogel (1855–1934). Die Grabstätte des Kaufmanns und Kunstmäzens Eduard Arnhold (1849–1927) bezeichnet eine Kolonadenarchitektur, in dessen Hof sich eine Stele mit einem klassizistischen Halbrelief mit dem Horaz-Wort *Non omnis morior* (Nicht ganz werde ich sterben) von Theodor Georgis erhebt (1927). Im neuen Teil die Grabstätte des Mediziners und Direktors des Hygienischen Instituts in Berlin, Martin Hahn (1865–1934).

In der Mitte des alten Teils das von Mauern umgebene Erbbegräbnis der Industriellenfamilie von Siemens, auf dem auch der Physiker Arnold von Siemens beigesetzt wurde. Hier soll sich eines der schönsten Grabmäler befunden haben, »Christus vor der Auferstehung« von Adolf von Hildebrand. Inmitten auf Steintreppen gebettet das Grab des Arztes und Naturforschers Hermann von Helmholtz (1821–1894), des Erfinders des Augenspiegels und der Lehre von den Tonempfindungen. Für die miteinander verwandten Familien entstand eine von einer Kalksteinmauer umgebene repräsentative Grabstelle mit Renaissance-Reliefs. Die Grabanlage, angelegt in Form eines architektonisch gerahmten Denkmalsgartens von Adolf von Hildebrand, um 1910, ist nach dem Prinzip von eigenen »Familienhöfen« anstelle der einheitlichen Gesamtfriedhöfe entworfen worden. Gehen wir den Weg von der Vorhalle links außen entlang, vorbei am Mausoleum der Pferdehändlerfamilie Richter, kommen wir zum Grabmal des Chemikers Emil Fischer (1852–1919), der für seine Arbeiten auf dem Gebiet der Kohlenhydrate und Purine 1902 den Nobelpreis erhielt. Das Reliefbild stellt ein Werk des Berliner Bildhauers Fritz Klimsch dar: Zwei junge Menschen halten die Gralsschale mit dem Wasser des ewigen Lebens.

Auf weiteren Erbbegräbnissen liest man die Namen der Verleger Reclam und Carl Langenscheidt. Vor einer Granitmauer befindet sich auf den Grabstellen der Familien Langenscheidt und Stahn je eine

Trauernde als Ausdruck tiefsten Schmerzes. Curt Stoevening hat dagegen für das Grabmal von Johannes Otzen eine phantasievolle Wandarchitektur aus Kalkstein in gotischem Maßwerk mit rosettengeschmückten Fialen und zwei Engeln mit Rosen bzw. der Kirche in den Händen geschaffen.

Im neuen Teil, auf dem Hauptweg vom Südeingang des Friedhofes, das Grab der Schauspielerin Agnes Sorma (1865–1927), die durch ihre Natürlichkeit und Gefühlsintensität die Welt bezauberte: als Ophelia und Porzia (Shakespeare), als Käthchen von Heilbronn (Kleist), Franziska (Lessing), Nora (Ibsen) oder Candida (Shaw). Das Grabmal stellt ein Bildnis des lesenden Grafen Minotti, ihres Ehemannes, dar, der gemeinsam mit ihr hier ruht. 1941 folgte ihr die Schauspielerin Marieluise Claudius (1912–1941), eine Nachfahrin des Dichters Matthias Claudius, und erst 1956 fand hier ein Künstler die letzte Ruhestätte, der es auf eine besondere Art verstand, die Berliner zu begeistern: der unvergessene Kabarettist Erich Carow (1893–1956); neben ihm seine Frau, die Operettensängerin Lucie Carow, geb. Blattner (1899–1953). Auf diesem jüngeren Friedhofsteil befinden sich weitere, teilweise eingeebnete, Grabstätten von Industriellen, Militärs und Beamten, Wissenschaftlern und Ärzten, Künstlern und Geistlichen, so der Patres des Salesianerordens.

Alter Friedhof Wannsee
Friedenstr., 14109 Berlin

Der älteste Begräbnisort befand sich an der alten Kirche von Stolpe; hier wurden auch die Toten von Kohlhasenbrück und Steinstücken beerdigt. Anstelle der spätmittelalterlichen Dorfkirche wurde 1859 nach Entwürfen August Stülers, denen eine Skizze Friedrich Wilhelms IV. zugrunde lag, ein neuer Bau eingeweiht: als Dreikonchenanlage eine der interessantesten Lösungen des Dorfkirchenbaus dieser Zeit. In der Kirche befindet sich das 1777 im Rokokostil errichtete Heydertsche Grabdenkmal, das in Berlin ohne Beispiel ist und in die neue Kirche mit übernommen wurde. Martin Ludwig Heydert, Hofgärtner in Kleinglienicke, hatte der Kirche eine größere Summe geschenkt und damit das Recht erworben, sich mit seiner Familie in der Kirche bestatten zu lassen. Der mächtige Aufbau aus weiß getünchtem Sandstein ist in drei

Teile gegliedert. Das obere Ende des hochgezogenen Mittelpfeilers, der eine Urne trägt, umgeben Draperien und Putten. Auf vorspringenden Seitenpfeilern sitzen die beinahe lebensgroßen Gestalten des Chronos, Personifikation der Zeit, und einer weinenden Frau, Symbolfigur der Trauer. Die von Girlanden und Rocaillen umrahmten Widmungstafeln bieten in langen, vortrefflich geformten Inschriften die Lebensereignisse des Martin Heydert (gest. 1728), *Gärtner und Planteur,* seiner Schwiegertochter und seines 1794 verstorbenen Sohnes Joachim Ludwig, Nachfolger des Vaters im Amte des Hofgärtners in Kleinglienicke. Auf der Mitteltafel heißt es: *Dieser noch lebende jüngste Sohn hat nach seines Vaters letzten willen dieses Denckmahl setzen lassen,* und zwar 1779 anlässlich des Todes seiner zwei Jahre zuvor verstorbenen Frau. Die stilistischen Merkmale besagen, dass wir ein Werk des Berliner Bildhauers Wilhelm Christian Meyer (1726–1786) vor uns haben.

Seit dem Neubau der Kirche erfolgten auf dem umliegenden Areal keine Bestattungen mehr. An der heutigen Friedenstr. ist dafür 1846 ein Gemeindefriedhof eingeweiht worden, auf dem 1886 noch eine Leichenhalle errichtet wurde und spätere Umbauten und Erweiterungen erfolgten. Seit 1898 trägt die Begräbnisstätte den Namen Alter Friedhof Wannsee. Unweit der beiden Ehrenmale für die Opfer der zwei Weltkriege befinden sich die Gemeinschaftsgräber der Soldaten und Zivilisten, die während der Kämpfe um das belagerte Wannsee ums Leben kamen. In Ehrengräbern ruhen hier der Baumeister und Architekt Hans Poelzig (1869–1936) und der Droschkenkutscher Gustav Hartmann (1859–1938). Poelzig baute 1919 den Zirkus Schumann für Max Reinhardt zu einem »Theater der Fünftausend« um, das durch seine üppige, wie Stalaktiten wirkende Akustik- und Lichtarchitektur die Welt in Staunen versetzte. Sein Bekenntnis zur »Architektur als Kunst gegen die Geometrisierung und Technisierung der Formsprache« suchte er in seinen großen Berliner Bauaufträgen, vor allem im Haus des Rundfunks in der Masurenallee, zu verwirklichen. Hartmann dagegen unternahm als 70-Jähriger im Frühsommer 1928 mit seinem Pferd »Grasmus« und der alten Droschkenkutsche 120 im Zuckeltrab eine aufsehenerregende Fahrt nach Paris und wieder zurück. Hans Fallada hat dem letzten Berliner Droschkenkutscher in seinem Roman »Der eiserne Gustav« (1938) ein literarisches Denkmal gesetzt.

Ein roter Granitobelisk mit dem marmornen Porträtmedaillon des

Verstorbenen bezeichnet das Grabmal des Malers Oscar Begas (1828–1883). Er war der älteste Sohn des Malers Carl Begas und Bruder des Bildhauers Reinhold Begas, begann als Schüler seines Vaters und wurde ein beliebter Porträtist. Das Grabmal trägt die Signatur Matthias Leonhard Schleichers, der einen Berliner Steinmetzbetrieb besaß und zahlreiche Erbbegräbnisse errichtete. Auffallend auch ein Wandgrab aus rötlichem Ziegelmauerwerk mit einem farbig glasierten Terrakottarelief, einen Schutzengel darstellend, der die Seele einer Verstorbenen geleitet. Das wohl in Anlehnung an Luca della Robbia geschaffene Relief in dem Grabmal für Katharina Franck (1866–1902) stammt von dem ebenfalls hier beigesetzten Ehemann Philipp Franck (1860–1902), einem Maler impressionistischer Richtung, der seit 1915 fast 30 Jahre die Kunstschule in Berlin leitete. An einem Wegrand im mittleren Teil des Friedhofs fand ein Grabrelief mit dem den Drachen tötenden St. Georg Aufstellung.

Auf dem Alten Friedhof sind auch die Bildhauer Erdmann Encke (1843–1896) und Eberhard Encke (1881–1936) sowie der Verleger Lothar Blanvalet (1910–1980), dessen erstes Buch nach 1945 Albrecht Haushofers »Moabiter Sonette« war, beigesetzt.

Südwestkirchhof Stahnsdorf und Wilmersdorfer Waldfriedhof in Stahnsdorf

Bahnhofstr./Potsdamer Landstr., 14532 Stahnsdorf

Gleich nach der Jahrhundertwende entstand bei den Kirchengemeinden im südlichen Teil Berlins ein Bedarf an neuem Begräbnisland. Es sollte für diese Gemeinden ein zentraler Friedhof an der Peripherie Berlins, im Südwesten, geschaffen werden. Der Erwerb dieses Landes für einen solchen zentralen Begräbnisplatz oblag gesetzlich der Berliner Stadtsynode.

1902 wurde das Gelände bei Stahnsdorf in der Größe von etwa 150 ha, davon 100 ha Kiefern-Bauernwald, angekauft und bald darauf mit der Einrichtung des Zentralfriedhofs, vorwiegend für Protestanten aller Berliner Gemeinden, begonnen. Ein umfangreiches Wege- und Wasserrohrsystem wurde angelegt. Bereits am 28. März 1909 konnte der Friedhof seiner Bestimmung übergeben werden. Die gärtnerische Gestaltung vollzog sich nach den Plänen des Gartenoberingenieurs

Louis Meyer, eines Lenné-Schülers und Absolventen der Königlichen Gärtnerlehranstalt Potsdam-Wildpark. 1908–1911 wurde die große Holzkapelle nach dem Vorbild norwegischer Stabkirchen – eine Nachbildung der Kirche Wang aus Südnorwegen – von dem Architekten Gustav Werner errichtet. Sie hat ein Dreiklanggeläut, eine wertvolle Orgel, erbaut von der Firma Sauer aus Frankfurt/Oder; in ihr finden neben Beerdigungsfeiern auch noch Gottesdienste am Karfreitag und Ewigkeitssonntag statt. Das Grab Gustav Werners (1859–1917), des Erbauers der Kapelle, befindet sich unter einer schlichten Grabplatte direkt gegenüber dem Kapellenvorplatz (Kapellenblock, Wahlstelle 7/8).

1913 erfolgte die Fertigstellung der S-Bahn-Verbindung zum Friedhof, die im Volksmund bald als »Friedhofs-« oder »Leichenbahn« bekannt wurde. Am 3. Juni 1913 wurde der fahrplanmäßige Betrieb zwischen Berlin-Wannsee und Stahnsdorf aufgenommen und die Strecke – einschließlich des Bahnhofsgebäudes – der Reichsbahn übergeben. Mit dem 2. Weltkrieg wurde die Teltowkanalbrücke zerstört, 1946/47 wieder aufgebaut. Die S-Bahn verkehrte wieder zwischen Wannsee und Stahnsdorf. 14 Jahre nach Wiederherstellung der Friedhofsbahn wurde die Stadtgrenze im Düppeler Forst zu einer Staatsgrenze »neuen Typus«. Auch nach dem Mauerbau war es für kurze Zeit noch möglich, dass, nachdem das Passierscheinabkommen zwischen dem Senat von West-Berlin und den DDR-Behörden ausgehandelt worden war, West-Berliner die Gräber ihrer Angehörigen am Bußtag und am Totensonntag in Stahnsdorf besuchen konnten. Am 1. Juni 1976 wurde jedoch das Bahnhofsgebäude des S-Bahnhofs Stahnsdorf auf Anordnung der DDR-Behörden gesprengt, und damit war das endgültige Zeichen für die Trennung der verkehrsmäßigen Anbindung des Friedhofs zu Berlin gesetzt. Seit der Maueröffnung ist der Stahnsdorfer Friedhof wieder mit den Berliner Kirchengemeinden verbunden.

Auf dem Südwest-Kirchhof sind 107 000 Verstorbene seit 1909 beigesetzt. Davon wurden etwa 35 000 von Friedhöfen aus der südwestlichen Innenstadt Berlins auf mehrere große Umbettungsblöcke umgebettet. Neben den großen, in sich abgeschlossenen Kriegsgräberanlagen (Englischer Kriegerfriedhof, Italienischer Kriegerfriedhof, »Heldenblock« und »Neuer Ehrenhain«) befanden sich bis Herbst 1994 noch verstreut auf allen Grabblöcken des Südwest-Kirchhofs fast 1360 Gräber, die als sogenannte Kriegsgräber aus der Zeit als »Opfer von Krieg und Gewaltherrschaft« anerkannt und erfasst wurden. Für die meisten dieser Opfer (1111 Tote) wurde 1994/95 eine würdige, geschlossene Grabanlage auf dem Block Epiphanien geschaffen.

Der Stahnsdorfer Friedhof zählt zu den größten und schönsten Waldfriedhöfen in Deutschland. Die sandige Stahnsdorfer Feldmark mit Ackerland und Kiefernheide hat sich in eine teils verwunschene, teils gepflegte Kunstlandschaft verwandelt. Mittelpunkt des Friedhofs ist das Areal um die große Holzkapelle, das in weitem Bogen nach dem nordischen Wald-Heide-Motiv bepflanzt wurde. Von hier aus führen Alleen in alle Richtungen. Jedes Quartier erhielt eine eigenständige Begrünung. Versteckt sind an mancher Stelle Hochsitze eingebaut, denn nicht für die Bestattung in Anspruch genommene Flächen waren zur Jagd und zur land- und forstwirtschaftlichen Nutzung freigegeben. Viele zu ihrer Zeit und zum Teil auch noch heute bekannte und berühmte Persönlichkeiten haben in aufwendigen Mausoleen und Grabanlagen wie in bescheidenen Gräbern hier ihre letzte Ruhestätte gefunden. Einige der kunsthistorisch bedeutendsten Grabmäler der letzten hundert Jahre sind hier zu finden.

Ein besonderes Wahrzeichen des Friedhofs setzt das in der Nähe des Friedhofeinganges 1923 aufgestellte Christus-Denkmal »Kommt her zu mir alle, die ihr mühselig und beladen seid«, ein großes Marmor-Reliefbild, das Lebenswerk des Bildhauers und Begas-Nachfolgers Ludwig Manzel, des letzten großen Vertreters der Berliner Bildhauerschule. Die Mitte wird von der Heilandsfigur und einigen zu beiden Seiten niederknienden Gläubigen eingenommen. In zwei längeren Zügen nahen sich die Mühseligen und Beladenen, die Kranken und Gebrechlichen, um der Gnade teilhaftig zu werden – es sind zeitlose Gestalten in fließender Linienführung und klassisch gemilderter Charakterisitik. Wenige Schritte nur von seinem Werk entfernt hat Ludwig Manzel (1858–1936) seine letzte Ruhestätte gefunden. Ein schmaler Weg führt zu dem Grab mit dem einfachen Stein, der eine bronzene Porträtplakette von Willibald Fritsch trägt und den Sockel für einen aufschauenden Frauenkopf bildet – auch das ein Werk des Künstlers. Er hat die Frauenbüste, die gleichsam aus dem Block zu erwachsen scheint, schon 1899 auf der großen Berliner Kunstausstellung gezeigt.

Nur wenige Schritte von dem Hauptwerk Manzels entfernt liegt unter einem großen verwitterten, von zwei Säulen flankierten Gedenkstein Carl Ludwig Schleich (1859–1922), der Schriftsteller (Verfasser der bekannten Erinnerungen »Besonnte Vergangenheit«, 1921), Philosoph und vor allem Mediziner, der die Lokalanasthäsie und somit die schmerzlose Operation begründete und entwickelte. Eine Steinschale steht auf dem Stein, der die Inschrift *Grenzstein des Lebens, aber nicht der Liebe* trägt. Dieses neoklassizistische Porträtgrabmal ist eine Arbeit von Werner Begas.

Ein schlichter Findling bezeichnet das Grab des berühmten Malers und Grafikers Lovis Corinth (1858–1925), neben Liebermann und Slevogt einer der Hauptvertreter des deutschen Impressionismus. Nach anfänglich dunkler, toniger Malweise verband der gebürtige Ostpreuße, der seit 1901 in Berlin lebte, eine helle Farbigkeit und lockere Pinselführung mit barockem Pathos und oft drastischem Naturalismus. Ein Schlaganfall (1911) hatte eine deutliche Zäsur in seinem Schaffen zur Folge. Im Spätwerk näherte er sich dem Expressionismus. Corinth behandelte religiöse (»Der rote Christus«, 1922), mythologische (»Jugend des Zeus, 1905; »Das Trojanische Pferd«, 1924) und historische Themen, er schuf Akte, Bildnisse und Selbstbildnisse (»Selbstbildnis mit Skelett«, 1896; »Selbstbildnis im weißen Kittel«, 1918), Stillleben und Landschaften, ab 1911 auch Radierungen, Lithografien und Buchillustrationen. Mit seinen Walchensee-Bildern von wilder, ausdrucksstarker Farbigkeit und den späten, fast gespenstischen Porträts erreichte er einen neuen Höhepunkt seiner Kunst.

Der Grabstein des Zeichners und Photographen des Berliner »Milljöhs« Heinrich Zille (1858–1929) trägt ein Porträtrelief aus dem Jahre 1930 von dem befreundeten Bildhauer August Kraus. Der im Volksmund »Pinsel-Heinrich« Genannte war der wohl populärste Künstler Berlins. Seine Blätter zeichnen sich durch treffsichere Beobachtung markierender Situationen aus, die unter Nutzung volksverbundenen Humors und ebenso entlarvender wie bis ins Detail stimmiger Milieubeobachtung gegeben werden. Dabei bediente er sich zuweilen auch drastischer erotischer Mittel, die den kritischen Blick für die Realität von Prostitution und Lumpenproletariat schärften und die bürgerliche Öffentlichkeit schockierten. In seinen von eigenen Texten begleiteten grafischen Zyklen wie auch in vielen Bildunterschriften bewies er seine außerordentliche Fähigkeit, die Kraft des bildkünstlerischen Einfalls durch das Wort zu erweitern.

Hier ruhen auch der Maler und Grafiker Hans Baluschek (1870–1935), der mit dokumentarischer Treue und sozialkritischer Tendenz typische

Seiten des Berliner Lebens darstellte; der Bildhauer Hugo Lederer (1871–1940), der Brunnen und Denkmäler, so das 1906 errichtete Bismarck-Denkmal in Hamburg, von statuarisch-archaischer Geschlossenheit, mit einer Tendenz zum Pathos und Kolossalischen, gestaltete; der Landschafts- und Tiermaler Wilhelm Kuhnert (1865–1926), der die Illustrationen für »Brehms Tierleben« schuf; die Bildhauer Reinhold Felderhoff (1865–1919) und Kurt Kroner (1885–1929). Den Findling für Wilhelm Kuhnert schmückt ein bronzenes Löwenrelief, nach einer Zeichnung Kuhnerts gestaltet von dem (Tier-)Bildhauer Georg Roch (1831–1943), dem auf der Grabstelle daneben ebenfalls ein Findling gesetzt wurde. Das Bronzerelief an der Marmorstele für Reinhold Felderhoff wurde nach einem Entwurf des Verstorbenen gegossen. Die Porträtplakette am Grabstein für Max Jordan (1837–1906), den ersten Direktor der Berliner Nationalgalerie, stammt von Hugo Lederer. Ebenso schlicht ist der Grabstein für den Komponisten Engelbert Humperdinck (1854–1921), den Schöpfer der Opern »Hänsel und Gretel« (1893) und »Die Königskinder« (1910) und überragenden Gestalter poetischer Stimmungsbilder. Ein schönes Holzkreuz bezeichnet das Grab des Kirchenmusikers und Komponisten Hugo Distler (1906–1942). Er war der Schöpfer eines neuen Stils in der evangelischen Kirchenmusik, schuf Chormusik, Motetten und die »Deutsche Chormesse« (1932). Wegen politischer Verfolgung beging er 1942 Selbstmord. Hier ruht auch der Komponist Jean Kurt Forest (1909–1975), der seine Opern nach Dramenvorlagen schuf. Eine Gruftanlage in Gestalt eines mittelalterlichen Burgverlieses ist für den Lustspieldichter Gustav Kadelburg (1851–1925), der unter anderem den Text zum »Weißen Rößl« schrieb, errichtet worden.

Eine hohe Granitstele erhebt sich über dem Grab des Kritikers Siegfried Jacobsohn (1881–1926), des Begründers der für das deutsche Theaterleben wichtigen Zeitschrift »Die Schaubühne«, die ab 1918, nach Erweiterung der Themenkreise, den Namen »Die Weltbühne« erhielt. Hier ruhen auch der Kritiker und Literaturhistoriker Paul Wiegler (1878–1948), der zusammen mit dem Dichter Johannes R. Becher 1948 die internationale Literaturzeitschrift »Sinn und Form« begründete; der Schauspieler und vor allem Komiker Max Adalbert (1874–1933), der mit Vorliebe volkstümliche Possen und Schwänke spielte und zu dessen bedeutendster Leistung der Hauptmann von Köpenick in Carl Zuckmayers gleichnamigen Stück 1930 im Deutschen Theater zählte; der von den Nationalsozialisten ermordete Schauspieler Hans Otto (1900–1933), der sich nicht erst am Berliner Staatstheater zu einem einzigartigen Heldendarsteller entwickelte, der sich für die Arbeitertheaterbewegung engagierte und mit dem die bedeutendsten Darsteller und Regisseure der Zeit zusammenarbeiteten; der Schauspieler, Theaterleiter (Direktor des Theaters in der Behrenstr.) und Regisseur Ralph Arthur Roberts (1884–1940); der Schauspieler Joachim Gottschalk (1904–1941), Prototyp des jugendlichen Helden, der mit seiner Familie in den Tod ging, weil Goebbels von ihm unter Androhung von Deportation die Trennung von seiner jüdischen Frau Meta (1902–1941) verlangte; der Schauspieler Hannjo Hasse (1921–1983), der auf der Bühne meist negative Rollen verkörperte, besonders einprägsam in Offiziersgestalten war und erst im Fernsehen die Möglichkeit hatte, positive Rollen zu spielen; der Schauspieler und Schriftsteller Walter Lieck (1906–1944); die Opernsänger, vor allem der Opern Richard Wagners, Albert (1831–1917) und Hedwig Niemann (1844–1905); das Schauspielerehepaar Emil (1859–1917) und Adele Milan-Doré (1863–1918), deren Grab ein großes antikisierendes Marmorrelief schmückt.

Die Gruftanlage für den bedeutenden Stummfilmregisseur Friedrich Wilhelm Murnau (1888–1931), der sich mit »Der letzte Mann« (1924) in die deutsche Filmgeschichte eintrug, trägt auf einer schmucklosen, klar gegliederten Muschelkalksteinwand die von Ludwig Manzel geschaffene Büste des Verstorbenen. Das von dem Bildhauer Küpper gestaltete rote Sandsteinmonument zum Gedenken an den im 1. Weltkrieg gefallenen Dichter und Dramatiker August Stramm (1874–1915) bezieht seine expressionistische Wirkung ganz aus den als Hochrelief herausgearbeiteten Schriftzeilen. Das Erlebnis des Krieges als exemplarische Katastrophe notierte Stramm in seinen Briefen: »Unaufhörlich bullert der Tod in wahnwitzigsten und lächerlichsten Gestalten. Alles Pathos verschwindet ...« Damit war für ihn bestätigt, was er schon vorher empfunden hatte: dass die traditionellen Formen und Sprechweisen der Poesie für seine Erfahrung der Wirklichkeit als Ausdruck überhaupt ungeeignet waren. Infolgedessen löste er Strophe und Vers, Satzbau und Semantik aus ihrer Regelmäßigkeit, der Unterschied zwischen objektiver Wahrnehmung und subjektiver Empfindung, zwischen Gedanke und Bild verschwindet: »Sturmangriff/Aus allen Winkeln gellen/Fürchte Wollen/Kreisch/Peitscht/Das Leben/Vor/

Sich/Her/Den keuchen Tod/Die Himmel fetzen/Blinde schlächtert wildum das Entsetzen.« Von allen Lyrikern bis zum 1. Weltkrieg geht Stramm mit der Deformation am weitesten und gibt damit die totale Erfahrungskrise wieder. Der Architekt Walter Gropius (1848–1911), der Vater des berühmten Bauhaus-Architekten Walter Gropius, ruht unter einem Muschelkalksteinmal mit expressionistischem, figürlichem Bronzerelief, das auf einen Entwurf des Bildhauers Richard Scheibe zurückgeht. Der Sprachlehrer und Verlagsgründer Gustav Langenscheidt (1832–1895) wurde in einer dreiteiligen Sandstein-Grabanlage im Neorenaissancestil bestattet. Besonders schön das schmiedeeiserne Gitter mit dem Familienwappen (ein Globus vor dem flammenden Sonnenball) der Werkstatt Ferdinand Paul Krüger und der Mosaikschmuck im Giebelfeld des überkuppelten Mausoleums, der von der Deutschen Glasmosaik-Gesellschaft Puhl & Wagner angefertigt wurde.

Art-Deco-Formen zeigt das Erbbegräbnis des Zeitungsverlegers Louis Ferdinand Ullstein (1863–1933), des ältesten Sohnes des Verlagsgründers Leopold Ullstein. Zwischen den Blättern des Lorbeerfestons über der Namenstafel befindet sich das Familiensignet: der Eulenkopf. Die Steinputten auf den Torpfeilern wurden 1987 entwendet. Die Söhne Leopold Ullsteins, Hans (1859–1935), Louis, Franz (1868–1945), Rudolf (1873–1964) und Hermann (1875–1943), hatten das Unternehmen zu einem der größten deutschen Presse- und Buchverlage in der Weimarer Republik ausgebaut. Nach dem erzwungenen Verkauf des Familienbetriebs 1934 an die NSDAP wurde das Unternehmen 1937–1945 als »Deutscher Verlag« geführt. 1945 stellte die amerikanische Besatzungsmacht die Firma unter Treuhänderschaft bis zur Rückgabe an die Familie Ullstein 1952. 1956 erwarb der Axel Springer Verlag die Aktienmehrheit des Ullstein Verlages, der 1985 in eine Holdinggesellschaft zusammengefasst wurde.

Dem Charakter eines märkischen Waldfriedhofs entsprechend tragen die Grabstätten meist schlichte Granitfindlinge, Inschriftgrabsteine, einige wenige mit Porträtreliefs, Büsten oder Figuren geschmückt (Zille, Kuhnert, Felderhoff, Kroner u. a.). Aber auf Grund vielfacher Umbettungen seit 1938, der (Wieder-)Errichtung ganzer Grabanlagen und Mausoleen ist die angestrebte Einheitlichkeit der Gräberfelder nicht durchgesetzt worden. Die größte Anlage des Friedhofs stellt das als Innenhof 1922 nach den Plänen von Adolf von Hildebrand gestaltete Erbbegräbnis Werner von Siemens (1816–1892), des Ingenieurs und Firmengründers, des Begründers der Elektrotechnik und Erfinders der Dynamomaschine, dar, der 1847 gemeinsam mit J. G. Halske eine Telegrafenanstalt gründete. Nach dem Tode von Hildebrand hat der Siemens-Architekt Hertlein die Grabstätte nach dessen Plänen zusammen mit anderen Künstlern fertiggestellt, sodass die Überführung des Firmenchefs vom Alten Lietzower Friedhof in Charlottenburg nach Stahnsdorf 1922 erfolgen konnte. Eine riesige Mauer umgibt die Ruhestätte von Siemens, in der er mit mehreren Familienangehörigen liegt. Sein lebensgroßer, in Stein gemeißelter Kopf ist eine Kopie des Reliefs, das Adolf von Hildebrand für ein Gedächtnismal im Garten der Berliner Siemensvilla geschaffen hat. Dagegen ist das Porträtrelief des Sohnes Wilhelm von Siemens (1855–1919) eine Arbeit des Bildhauers Hermann Fuchs.

Neben Werner von Siemens liegen in Stahnsdorf bedeutende Naturwissenschaftler, Ingenieure und Erfinder: Georg Graf von Arco (1869–1940), Physiker und Pionier der Funktechnik, der die Großfunkstation Nauen aufbaute und 1903–1930 Direktor der Telefunken-Gesellschaft war; der Ingenieur Fritz Banneitz (1885–1940), der wesentlich an der Entwicklung der Fernsehtechnik beteiligt war; der Chemiker Karl Dietrich Harries (1866–1940), der im chemischen Labor den Nachweis der Darstellung von synthetischem Kautschuk erbrachte (Polymerisation von Isopren); Adolf Rohrbach (1889–1939), der sich als Flugzeug- und Flugbootkonstrukteur einen Namen machte und das Flugboot entwickelte; Edmund Rumpler (1872–1940), als Flugzeug- und Kraftwagenkonstrukteur tätig (»Rumpler-Taube«); August Raps (1865–1920), der Erfindungen auf dem Gebiet der Telefontechnik machte und den Selbstsprechverkehr einführte; der Botaniker Hugo Conwentz (1855–1922), der Mitbegründer der Naturschutzbewegung in Deutschland war; der Technikhistoriker Conrad Matschoß (1871–1942), der Nestor der Dampfmaschinen-Geschichtsschreibung. Hier ruhen der Statiker August Max Hermann Boost (1864–1941), der den Kuppelbau des Berliner Domes schuf, und der Rechtshistoriker und evangelische Kirchenrechtslehrer Ulrich Stutz (1868–1938), der Verfasser von »Das Verwandtschaftsbild des Sachsenspiegels« (1890). Von den Politikern sind der durch den »Zwickelerlass« bekannt gewordene preußische Innenminister Franz Bracht (1877–1933) oder der Generalleutnant und Reichsinnenminister Wilhelm Groener (1867–1939) zu nennen. Groener war 1920–1923 Reichsverkehrsminister, 1928–1932 Reichswehrminister, gleichzeitig 1931/32 Reichsinnenminister, er bezog Stellung gegen die Nationalsozialisten und verbot im April 1932 die SA.

Hier ist das Grab von Theodor Fontanes zweitem Sohn Theodor (1856–1933), während sich die Grabstätte seines berühmten Vaters, dessen Werke er mit dem Bruder herausbrachte, auf dem Neuen Französischen Friedhof an der Liesenstr. befindet. Auf dem Südwestfriedhof ruht auch das Vorbild für Effi Briest in Fontanes gleichnamigen Roman, Elisabeth Baronin von Ardenne, geb. Freiin und Edle von Plotho (1853–1952), die Großmutter des Dresdner Physikers Manfred von Ardenne. Dagegen ist der Amtsvorsteher Oskar Busse (gest. 1908) das Vorbild des Wehrhahn in Gerhart Hauptmanns Stück »Der Biberpelz«. Nicht zu vergessen der Hoffriseur Francois Haby (1861–1938), der die Bartmode Kaiser Wilhelms II. erschuf, im Volksmund spöttisch »Es ist vollbracht« bezeichnet. Es ist allerdings nur noch der Stein mit seiner Inschrift vorhanden. Seine Gebeine wurden 1955 von Stahnsdorf nach dem Berliner Friedhof Heerstr. überführt. Am Hauptweg westlich der Kapelle befinden sich die meist in neoklassizistischem Stil gestalteten Familiengrabanlagen und Mausoleen: die Muschelkalksteinanlage der Familie Caspary (1911) mit einer großen Trauernden des Münchner Bildhauers Heinrich Waderé, der Sandsteinbau der Familie Boedefeld (1913), der Granittempel der Familie Heinecke (1937), die im ägyptischen Stil angelegte Muschelkalksteinkapelle der Familie Harteneck (1913), der offene Sandsteingrabtempel der Familie Duisberg (1912) mit den Marmorbüsten der Verstorbenen und der rote Klinkerbau von Graf und Gräfin von Frankenberg (1932).

An der die Alte Potsdamer Landstr. angrenzenden Peripherie stehen die vom Schöneberger Matthäusfriedhof hierher umgesetzten Erbbegräbnisse: die laternenbekrönten Sandsteinkapellen für die Familien H. und F. Müller vom Anfang des 20. Jhs.; die schon genannte dreiteilige Neorenaissance-Sandsteingrabanlage der Familie Langenscheidt (1895); die Sandsteinkapelle für Albrecht Felinus (1893), im Innern das Bronzerelief eines Christuskopfes von Hans Latt; die Kapelle für August Kuh (1932) mit einem lebensgroßen Engel mit Flammenschwert im Innern; der offene Grabtempel mit Karyatiden für den Bankier Wilhelm Kühn (1901); das Muschelkalksteinmal der Familie Schultz (nach 1906), das ein bemerkenswertes Beispiel des Berliner Jugendstils darstellt (in einer Rundbogennische kniet vor einem Kreuz eine verhüllte Trauerfigur); zwei neoromanische Wandarchitekturen aus Sandstein für die Familie Windeck (1899) und Becker (1906); das – beschädigte – Travertingrabmal für den Geographen und Forschungsreisenden Ferdinand von Richthofen (1833–1905), an dem die Porträtbüste des Verstorbenen seit längerem fehlt; das spätklassizistische Wandgrabmal mit Giebelbekrönung für die Familie Gustav Dietz (um 1863).

Das bekannteste und kunsthistorisch bedeutendste Grabmal des Stahnsdorfer Friedhofes stellt aber die expressionistische Arkadenarchitektur dar, die sich über dem Erbbegräbnis des Kaufmannes und Kunstförderers Julius Wissinger (1848–1920) wölbt. Das farbige Betongerüst wurde von dem Architekten Max Taut wohl 1920 entworfen und 1922/23 ausgeführt: Über bizarr geformten Sockelplatten aus Lavatuffstein erheben sich acht Eisenbetonpfeiler, die durch gotische Spitzbögen miteinander verbunden sind – eine Konstruktion, bei der architektonische und florale Formen miteinander verschmelzen. Die skulpturalen Stützen haben anthropomorphe Züge angenommen und umstehen wie mittelalterliche Pleurants die Grabplatten. Im Zentrum der Anlage befand sich »ein plastisches Inszenarium aus zeichenhaften Symbolen« (Joachim Heusinger von Waldegg), das der mit der Familie Wissinger befreundete und 1943 im KZ Lublin-Majdanek ermordete Bildhauer Otto Freundlich geschaffen hatte: Dargestellt war »eine aus dem Wolkenband herausragende (segnende?) Hand, vor der sich eine Gewandfigur niederwirft« (J. H. von Waldegg). Der architektonische Raum sollte mit bildhaften Vorstellungen und Kräften erfüllt werden. Möglicherweise ist das »gotische« Betongewölbe das Modell einer »gebauten« Naturempfindung, die gestaltgewordene Vision des Architektenkreises der »Gläsernen Kette«, deren Zeitschrift – nach einer dem Mystiker Heinrich Seuse zugeschriebenen Schrift – »Frühlicht« hieß und in der Max Taut 1921 ein Modell seiner Architektur veröffentlichte. Heute weist nichts mehr auf die geplante Farbigkeit des Modells hin. Aber auch das plastische Werk Freundlichs musste nach heftigen Auseinandersetzungen, die um das ungewöhnliche Mal geführt wurden, 1923 entfernt werden. 1987/88 erfolgte eine umfassenden Restaurierung der Gesamtanlage unter Leitung des Architekten Christoph Fischer.

Eine stilistische Verwandtschaft zum Wissingergrab kann auch bei der Muschelkalkstein-Grabanlage für die Familie Möller (1925) im

Block Trinitatis gefunden werden: Über sarkophagähnlichem Postament mit Urne erhebt sich ein hoher Spitzbogen. Den Entwurf hat wohl der Architekt Werner Möller (1892–1951) geschaffen, der auch hier begraben ist.

Aber auch bei anderen Grabanlagen wurden ungewöhnliche architektonische und plastische Konzeptionen verwirklicht: durch ein wohlproportioniertes Arkadenoval mit zehn Travertinsäulen (1932) über der Ruhestätte des Berliner Gatronomen Gustav Horcher (1873–1931); einen wappenbekrönten Sarkophag aus rötlichem Kalkstein (1931) auf der Familiengrabstätte von Pannwitz; den weithin sichtbaren betenden Knaben, einen Bronzeguss von Hermann Noack nach einem griechischen Original des 1. Jhs. v. Chr. (wurde inzwischen sichergestellt) in der nie belegten Grabstätte Georg Solmssen; die vier kleinen Stelen mit Bronzeplaketten der Verstorbenen und den lebensgroßen Bergmann aus Muschelkalkstein im Hintergrund (1921 von August Kraus und Max Bezner) auf dem Erbbegräbnis der Familien Poensgen und Grau; das von einer überdimensionalen Briefmarke »Kap der guten Hoffnung« bekrönte Sandsteingrabmal für den Philatelisten Hermann Reitmeister (1866–1925).

Ganz expressionistisch wirken nicht nur die als Hochrelief gearbeiteten Schriftzeilen auf dem roten Sandsteinmal für den expressionistischen Dichter August Stramm, sondern auch das an Käthe Kollwitz erinnernde Muschelkalksteinmonument für Lotte Birnbaum (1930) oder die von F. Sinecker geschaffene unbeschriftete Sandsteinstele mit betender Frauenfigur und Andreaskreuz für zwei Russinnen, Mutter und Tochter – letztere wurde wohl erschossen, kann sich aber auch selbst erschossen haben.

Auf dem Friedhof sind kubistische Gestaltungen wie Grabsteine im Feld 9 des Urnenhaines II ebenso vertreten wie eine große Zahl von originell gestalteten Art-Déco-Denkmälern, so in Urnenform für die Familie Plonsk (um 1924), als hoher Pfeiler für den sozialdemokratischen Wirtschaftspolitiker und Publizisten Richard Calwer (1868–1927) oder in einer Brunnenhausform für die Familie Benkendorf.

Zu den Höhepunkten guter zeitgenössischer, vornehmlich Berliner Bildhauerkunst, die seit den 1930er Jahren auf dem Friedhof immer seltener werden, gehören die Marmordenkmale Constantin Starcks für den Ethnologen Andreas Fedor Jagor (1816–1900) und Gerfrieda Georgi (1906–1935); Milly Stegers erst 1947 geschaffene Marmorbüste für Sabine Busse, geb. von Arnim; die bronzene Porträttafel von Fritz Klimsch an dem von einem Adler bekrönten Muschelkalksteinkubus für den Generaloberst Alexander von Kluck (1846–1934), der im 1. Weltkrieg Kommandeur der 1. Armee im Westen war, das Medaillonbildnis von Paul Gruson auf dem Muschelkalksteinmal für Georg von Arco (1941) oder das dem Relief »Der Rufer« von Arno Breker ähnelnde auf dem Monument für Adolf Rohrbach. Die fast lebensgroße, als David bezeichnete Marmorfigur von Paul Hubrich auf der Grabstätte Seefeld ist wohl ursprünglich nicht als Friedhofsplastik geschaffen worden.

Auf einem großen Holzkreuz, das zur Begräbnisstätte der Toten, hoher Offiziere und Beamten, gehört, die 1949 aus der Krypta der durch Bomben zerstörten Garnisonkirche zu Berlin umgebettet wurden (dem sogenannten »Garnisongrab«), steht das Wort des Paulus: *Als die Unbekannten, und doch bekannt; als die Sterbenden, und siehe, wir leben* (2. Korinther 6,9). Durch die auf Anregung des Propstes der Evangelischen Kirche Berlin Grüber, des Magistrates von Groß-Berlin durch den Alliierten Kontrollrat veranlassten Umbettungen aus der Garnisonkirche hat der Stahnsdorfer Südwestkirchhof eine Tradition von 200 Jahren übernommen. Er hat aber nicht nur einen historischen, sondern auch einen internationalen Charakter. Westlich der Kapelle liegt die Begräbnisstätte der Schwedischen Viktoria-Gemeinde in Berlin-Wilmersdorf mit einem antiken Diana-Tempel und einem schönen schmiedeeisernen Eingangstor. Hier fanden 80 Tote ihre letzte Ruhestätte.

Auf dem Englischen Kriegerfriedhof sind 1172 Soldaten aus England und dem Commonwealth beigesetzt. Sie starben während der Kriegsgefangenschaft in der Mark Brandenburg, in Schlesien und Pommern und wurden 1920 hier beigesetzt. *Their name liveth for ever!* (Ihr Name lebt in Ewigkeit!) steht auf einem sarkophagähnlichen Monument in diesem Areal, das von einer hohen Rotbuchenhecke umgeben ist. Inmitten der Anlage ein weithin sichtbares Steinkreuz mit Schwert. Die beiden grabturmartigen Bauten rechts und links des schmiedeeisernen Eingangstores entstanden nach indischem Vorbild. Auf dem südlich anschließenden Ehrenfriedhof, 1928 seiner Bestimmung übergeben, ist die Zahl der italienischen Soldatengräber noch höher. 1976 wurden hier Rekonstruktionsarbeiten ausgeführt und anstelle von 1659 Kissensteinen 25 Grabkreuze aus Naturstein errichtet. Der die Dominante bildende Kalksteinobelisk wurde von dem italienischen Bildhauer A. Negretti 1928 geschaffen.

Überall auf dem Friedhof wird Zeitgeschichte lebendig. Der evangelische Kirchenmusiker und Komponist Hugo Distler (1908–1942) hatte sich öffentlich gegen das Hitler-Regime geäußert und ging am 1. November 1942 in den Tod. Wohl zu Unrecht wurde der Tod des »Hellsehers Hitlers«, des Artisten Jan-Erik Hanussen-Steinschneider (1889–1933), als Selbstmord deklariert; er hatte den von den Nationalsozialisten inszenierten Reichstagsbrand vorausgesagt. Das Schauspielerehepaar Joachim und Meta Gottschalk ist mit dem Sohn Michael, einem bedeutenden Jugenddarsteller, am 6. November 1942 gemeinsam aus dem Leben geschieden, da Frau Gottschalk Jüdin war. Goebbels hatte die getrennte Verscharrung der drei Leichen angeordnet, doch die Schauspielerkollegen Gustav Knuth, Brigitte Horney und der Regisseur Wolfgang Liebeneiner sorgten für eine gemeinsame Bestattung. Der 1947 von Kurt Maetzig gedrehte DEFA-Film »Ehe im Schatten« hat diese Tragödie einer größeren Öffentlichkeit bekannt gemacht.

Folgende Widerstandskämpfer, die hingerichtet wurden, an den Folgen einer KZ-Haft oder im KZ starben, liegen in Stahnsdorf: der sozialdemokratische Politiker Rudolf Breitscheid (1874–1944), der, seit 1933 im französischen Exil, 1940 von der Vichy-Regierung ausgeliefert, im KZ Buchenwald bei einem Fliegerangriff ums Leben kam; der Bäcker Hanno Günther, der nur 21 Jahre alt geworden ist; der Arbeiter Richard Hüttig (1902–1934), der erste in Plötzensee hingerichtete Widerstandskämpfer; der antifaschistische Pfarrer Johannes Noack (1878–1942); der zur Bekennenden Kirche gehörende Landgerichtsrat Friedrich Weißler (1891–1937), gestorben im KZ Sachsenhausen, und sieben weitere ermordete Widerstandskämpfer, die 1942 bis 1943 durch den Volksgerichtshof unter Vorsitz Freislers zum Tode verurteilt und in Plötzensee hingerichtet wurden. Zahlreiche jüdische Familien mosaischen und christlichen Glaubens haben hier ihre letzte Ruhestätte gefunden. Im Urnenhain Nr. III steht ein schlichter grauer Granitstein, darauf eingemeißelt die Namen: Martin Samter, geb. 1884, und seine Tochter Felicia Samter, geb. 1927; Datum ihres gemeinsamen Freitodes: der 23. 12. 1940. Todesursache beim Vater: *Tod durch Erhängen*, der Tochter: *Wurde vom Vater erhängt*. Martin Samter wusste keinen Ausweg mehr, um sich vor dem Abtransport durch die SS in ein KZ zu retten.

Außerdem steht auf dem Denkstein noch der im KZ Auschwitz 1943 umgebrachte Bruder vermerkt, der Rechtsanwalt Dr. Artur Samter.

Überall mahnen die Toten: eine sitzende Engelsfigur aus Metallguss auf dem Grab der Kaufmannsfamilie Schulte im Block »Heilig Geist«; ein trauernder, gebeugter Mann, auf einem Steinblock sitzend, als das von ihm selbst geschaffene Grabmal Kurt Kroner im Block »Reformation«.

Ein kleiner antiker Rundtempel mit acht ionischen Säulen und einer stilvollen antiken Urnenvase in der Mitte ziert im Block »Erlöser« das Grab der Eleonore Wilcke und des Ehepaares Klinge. Dort findet sich auch auf dem Grab von Bertha Skala eine trauernde Maria aus Bronze mit faltigem Gewand, eine welkende Rose in der Hand. Ein Andreas-Kreuz aus Holz mit Emailleeinlagen einer Ikone erinnert im Block »Trinitatis« an Olga Tolstoj (1862–1945), eine Nachfahrin des russischen Schriftstellers Leo Tolstoj.

Der Friedhof birgt allerorts Überraschungen und Entdeckungen, vieles wird wieder ins Bewusstsein der Zeit zu heben sein. Im gleichen Block »Trinitatis« kann man eine große unbenannte – heute von Wildgehölzen überwucherte – Begräbnisstätte erblicken, die vermutlich anthroposophische Züge aufweist. Sie wurde 1930 durch das Architekturbüro Breslauer aus Berlin im Auftrag des Bankdirektors Solmssen eingerichtet. Hier stand auf einem Sockel die Kopie eines Bronzegusses des berühmten »Betenden Knaben von Sanssouci« (das Original geht zurück auf den griechischen Bronzebildner Lysipp aus dem 4. Jh. v. Chr.). Diese Bronzefigur wurde aufgrund zahlreicher Friedhofsdiebstähle durch die Friedhofsverwaltung sichergestellt. Der Begräbnisplatz zeigt einen birnenförmigen Grundriss und ist von einer Steinmauer umgeben. Durch eine Gittertür mit zwei Pfeilern, die Pinienzapfen darstellen, gelangt man leicht ansteigend auf einen halbrunden, mit Natursteinplatten gepflasterten Platz, auf dem die jetzt entfernte Sockelfigur stand. Den Abschluss hinter der Sockelfigur bildet eine halbrunde, in die Wand eingelassene Steinbank. In deren Rundung steht der in großen Lettern eingemeißelte Spruch: *Zur Erde muss, was aus der Erde stammt. Doch was des Äthers Saat entkeimte, Kehrt wieder in des Himmels Wölbung.*

Mausoleum im Schlosspark Charlottenburg
Spandauer Damm, 14059 Berlin

Im Sommer 1810, kaum 14 Tage nach dem Tod der Königin Luise (19. Juli 1810), ist der Mausoleumsbau nach einer Idee Friedrich Wilhelms III. begonnen worden. 1812 war er vollendet.

Über die Wahl des Platzes berichtet Friedrich Wilhelm III. in den Aufzeichnungen über die letzten Tage seiner verstorbenen Gemahlin: »Einstmals frug sie mich nach der dunklen Tannenallee, die sie wegen ihres eigentümlichen schwermütigen Charakters gern mochte. Ich zeigte sie ihr, und wir gingen sie entlang. Dies ist die Hauptveranlassung zu der ihr dort errichteten Ruhestätte, die vielleicht bald uns beide vereinigen soll.«

Einen phantasievollen Idealentwurf in gotischen Formen hatte Schinkel vorab lediglich nach einer Vorstellung des Königs gezeichnet. Den Riss für die ursprünglich in Sandstein ausgeführte Fassade lieferte er als dorische Tempelfront. 1828/29 wurde der Sandsteinportikus auf die Pfaueninsel übertragen und hier in rötlichem Granit ersetzt, einem Stein, dem patriotische Bedeutung beigelegt wurde, weil er in der Mark vorkam. Die weniger strengen Formen des Innern gehen auf Heinrich Gentz zurück. Eine erste Erweiterung wurde erforderlich, als Friedrich Wilhelm IV. 1840 seinen Vater neben der Königin Luise in der Gruft beisetzen ließ und 1841 einen Marmorsarkophag mit der Darstellung des Königs in Uniform in Auftrag gab, der 1846 aufgestellt wurde. So fügte Ludwig Ferdinand Hesse 1841/42, noch nach einem Entwurf Schinkels, einen querschiffartigen Raum mit einer Apsis zur Aufnahme beider Sarkophage an. Im Innern wie in der äußeren Erscheinung des Baues wurden dadurch die klassizistischen Formen mit frühmittelalterlichen verbunden und nicht zuletzt durch einen Altar und ein Marmorkruzifix von Wilhelm Achtermann der antikisierende Tempel in eine christliche Kirche verwandelt. Nach dem Tode Wilhelms I. hat Albert Geyer das Mausoleum 1890/91 nochmals erweitert. Der Anbau von 1841/42 wurde zum Quadrat vertieft und die Apsis samt einem Fresko von Carl Gottfried Pfannschmidt (Friedrich Wilhelm III. und die Königin Luise vor dem thronenden Christus) wiederholt. 1894 konnten die von Erdmann Encke geschaffenen Marmorsarkophage Kaiser Wilhelms I. (gest. 1888) und seiner 1890 verstorbenen Gemahlin Augusta aufgestellt werden.

Der Bau ist ein viersäuliger Prostylos. Durch die hohe Tür eintretend, gelangt man in den Vorraum. Hier hängt ein kreuzförmiger Leuchter der Bronzefabrik Werner & Neffen mit kniendem Cherubim. In der Mitte führen Stufen in die gewölbte (nicht zugängliche) Gruft hinab. An beiden Seiten gelangt man über acht Stufen zu dem durch zwei Doppelsäulen aus farbigem Marmor (aus Schloss Oranienburg, jedoch älteren Ursprunges) abgetrennten oberen Teil, der ursprünglich nur aus einem quadratischen, mit Oberlicht versehenen Raum bestand und den Marmorsarkophag der Königin Luise aufnahm. Ein Hauptwerk deutscher Skulptur des 19. Jhs. ist dieser 1811–1814 geschaffene und 1815 aufgestellte Marmorsarkophag der Königin Luise von Christian Daniel Rauch. Der reich ornamentierte Unterbau zeigt an Stirn- und Fußende den preußischen Adler, an den Breitseiten das preußische und das mecklenburgische Wappen. Die Königin ist wie schlummernd dargestellt. Kopf und Hände sind mit weichen Rundungen modelliert, während das Gewand durch seinen Faltenreichtum eine eigene Art von Lebendigkeit erzeugt. Caroline von Humboldt berichtete am 26. Juni 1811: »Der König ist in einen Strom von Tränen ausgebrochen, wie er den angelegten Kopf der verstorbenen geliebten Frau erblickt hat, so sprechend ähnlich hat er ihn gefunden«. Die Totenmaske der Königin, die der Bildhauer Christian Philipp Wolff abgenommen hatte, wurde von Rauch als Vorlage für die Grabfigur benutzt. Dem bereits von den romantischen Dichtern vor den Freiheitskriegen hochstilisierten Bild Luises folgte er mit dem von einem Diadem geschmückten, von einem Sternennimbus umgebenen Haupt der Königin. Zur ursprünglichen Ausstattung gehören die beiden 1812 von Schinkel entworfenen Kandelaber, von denen Friedrich Tieck den einen (mit Horen), Rauch den anderen (mit den Parzen) gearbeitet hat.

Städtischer Friedhof Heerstrasse

Haupteingang: Trakehner Allee 1, 14053 Berlin

Ein tiefer Friede liegt über dem großen Waldfriedhof an der Heerstr. Als interkonfessionelle Begräbnisstätte für Groß-Berlin angelegt, ist er neben der großen Dahlemer Ruhestätte der wohl landschaftlich schönste. Die Gräber an terrassierten Wegen umgeben allseits den tief im alten Grunewaldteil gelegenen Sausuhlensee. 1921 erfolgten hier die ersten Bestattungen. Im gleichen Jahr wurde auch die kleine Kapelle gebaut, die dann später von Ministerialrat Schellberg umgestaltet wurde. Auch er hat hier seine letzte Ruhe gefunden. Rings um den See, amphitheatralisch in die Höhe steigend, wurden im Laufe der Jahre an die 16 000 Grabstellen gruppiert. Wege und Stege durchziehen parallel wie diagonal den 17 ha großen hügeligen Komplex. Versteckt zwischen Büschen und Bäumen liegen die Gräber, deren Steine einstmals wie auch heute noch bekannte Namen tragen.

Hinter dem Verwaltungsgebäude führt steil ein Hauptweg zum Heckenrondell hinab. Auf halber Höhe rechts liegt die Grabstätte der Familie Franz Ullstein (1868–1945), 1928 von Ernst Lessing und Max Bremer mit einer Wandarchitektur versehen. In deren mittlerem Freiraum setzt zwischen dorischen Säulen ein Mamorhochrelief von Josef Thorak den bildnerischen Akzent: ein trauernd zueinander geneigtes junges Paar von verhaltenem Gefühlswert.

Im innersten Ring des Rondells rechts liegen nebeneinander die Ehrengräber des Zeichners, Grafikers und Malers George Grosz (1893–1959) und des Dichters Theodor Däubler (1876–1934). Grosz hatte in den Jahren der Weimarer Republik einen sarkastisch-aggressiven Zeichenstil ausgebildet, mit dem er die Spießerhaftigkeit und Blasiertheit des deutschen Nachkriegsbürgertums aufs Korn nahm, die moralische Verkommenheit in den Großstädten und die sozialen Missstände im Land. Noch vor der Machtübernahme durch die Nationalsozialisten, die seine Arbeiten als »Machwerke des Irrsinns und der Bosheit« bezeichneten, konnte er in die USA emigrieren, aus denen er erst wenige Tage vor seinem Tode, Mitte Juni 1959, nach Berlin zurückkehrte. Theodor Däubler, den Carl Schmitt als »Genius europäischer Sensibilität« bezeichnete, hat ein Epos von 30 000 Versen verfasst, »Das Nordlicht« (1910), einen Sonnenmythos in vieldeutiger Strahlung: »Nordlicht, goldgewordne Glücksverheißung, Feuerblume, Samenüberschwang,/ sichtbar-tiefe Sonn- und Erdverschweißung, wahre unsern heiligen Sonnendrang.« Zeitlebens auf Gönner und Mäzene angewiesen, starb er in völliger Armut. Barlachs Entwurf für das Grabmal seines Freundes Däubler, ein schwebender Genius im Hochrelief, wurde 1935 nicht genehmigt. So findet sich nur der vorgesehene Schlussvers aus dem Nordlicht-Epos als Grabspruch: *Ich bin der Glaube an die Macht der Sonne* mit einem weiteren *(Die Welt versöhnt und übertönt der Geist)* auf einer schlichten Platte aus grünem Fichtelgebirgsporpyr nach einem

Entwurf von Wilhelm Wulff. Etwas oberhalb, neben dem äußeren Hauptweg, das Grab des Grafikers Marcus Behmer (1879–1958); der Findling trägt sein Delphin-Signet.

Vom Rondell aus verläuft auf der Kapellenseite ein Hauptweg oberhalb des Seeufers; an ihm liegen die bedeutendsten, durch ihre stilvolle Strenge auffallenden Steinmonumente der späten 1920er Jahre, darunter eine schwere Deckplatte auf schlichtem Sockel, die Georg Kolbe 1926 für seinen durch Freitod verschiedenen Kunsthändler und Verleger Paul Cassirer (1871–1926) mit dem Goethe-Wort *Zum Sehen geboren, zum Schauen bestellt* entwarf – es gilt dem mehr als ein Vierteljahrhundert in Berlin tätig gewesenen geistvollen Förderer der französischen Impressionisten, der Sezessionisten und Expressionisten. Daneben die Grabstätte für den Bruder Alfred Cassirer (1875–1932) mit einem Tierfries nach Gaul. Das Grab der Schauspielerin Edyth Edwards (gest. 1957) deckt eine große Platte aus griechischem Marmor mit einem Bronzerelief von Harald Haacke, der Nachbildung eines Orpheus-Kameos, den die Künstlerin besaß. Der Gesamtentwurf stammt von Richard Scheibe. Ein kleiner Stein auf der Grabstätte Oppenheimer-Friedländer bezeichnet das Urnengrab des in Amsterdam verstorbenen Kunstwissenschaftlers Max Jakob Friedländer (1867–1958), der 1924/33 Direktor der Berliner Gemäldegalerie war.

Wenige Meter weiter befindet sich die von dem Bildhauer Georg Kolbe (1877–1947) nach dem frühen Tod seiner Frau 1927 entworfene Familiengrabstätte mit vier großen Platten aus Untersberger Marmor und drei feinen Stelen vor dem einst dreifach gestuften Rasenhang. An ihren Kapitellen befinden sich die Inschriften *TERRA* – Erde (links) und *COELI* – Himmel (rechts), und über gewundenem Schaft in der Mitte drei geflügelte Engelsköpfchen in Erinnerung an das schöne Antlitz der Verstorbenen. Die Steinarbeiten schuf J. Gobes nach Kolbes Modellen und Angaben. Kolbe, neben Lehmbruck und Barlach der wohl bedeutendste deutsche Bildhauer des 20. Jhs., hat mit seiner »Tänzerin« von 1911/12 (Alte Nationalgalerie Berlin), einem Unikat, seinen Ruhm nachhaltig begründet. In dem schlanken Mädchenkörper, der maßvollen Anmut seiner Bewegung und der malerischen Lichtführung fand Kolbes Konzeption ihren vollkommensten Ausdruck. Die 18-jährige Charlotte Kaprolat, zukünftige Frau des befreundeten »Brücke«-Malers Max Pechstein, stand ihm Modell.

Unmittelbar am Seeufer schräg unterhalb der breite Grabstein für

Arno Holz (1863–1929) mit dem bronzenen Bildnismedaillon von K. Isenstein (1933) und dem großen Namenszug des Dichters, davor noch eine Platte mit den Schlussversen der »Phantasus«-Dichtung: *Mein Staub verstoben; wie ein Stern strahlt mein Gedächtnis!* Nach seinem Tode am 26. Oktober 1929 veranstaltete die Preußische Akademie der Künste für ihr streitbares Mitglied eine Totenfeier, bei der Alfred Döblin die Gedenkrede hielt. Erst am 26. April 1933 wurde die Urne mit der Asche des Dichters hier beigesetzt. Was hat der Mitbegründer des Naturalismus, der aber auch schon auf die expressionistische Dichtung hinweist, nicht alles beispielhaft und beispiellos in sprachlich-genialer Virtuosität in seinem Werk beschrieben, gedichtet, dargestellt, aber auch in die taube Trägheit seiner Zeit hinausgewettert, postuliert, als Sprachmonument aufgerichtet. Ob man das »Buch der Zeit« von 1886 mit seinen in ihrer Wortkraft zündenden Versen liest oder die in Barockmanier gebosselten »Dafnis-Lieder« oder gar sein – wie er es nannte – »Riesen-Phantasus-Nonplusultra-Poem«: Er baute, erfand, türmte die Worte, als ob es gälte, die Worte neu zu formen, und als wäre jede Stunde seiner Arbeit ein aus Urkräften aufdämmernder Schöpfungstag. Als sein literarisches Bekenntnis können vier lapidare Zeilen gelten: »Pinsel, Hammer, Meißel, Stift,/Über alles siegt die Schrift./Idol, vor dem die übrigen verblassen,/Die Welt in Worte fassen!«

Links daneben ein von dem Architekten Heinrich Tessenow entworfener kubischer Feldstein, das Grabmal für den Schriftsteller und Kritiker Felix Hollaender (1867–1931), der als Dramaturg, Regisseur, Pressechef und Stellvertreter Max Reinhardts dessen enger Mitarbeiter war und nach Reinhardts Weggang nach Wien 1920–1923 dessen Berliner Bühnen leitete. Die Fama sagt, dass sich Holz und Hollaender im Leben nie recht gemocht hätten. Nun liegen sie friedlich nebeneinander. Unweit auch die Grabstätten des Regisseurs Karl Heinz Martin (1888–1948), der der zeitgenössischen Dramatik (Sternheim, Wedekind, Toller, Hauptmann, Zuckmayer) zum Durchbruch verhalf, der Sopranistin Frieda Hempel (1885–1955), seit 1907 Mitglied der Königlichen Oper Berlin, die in vielseitigen Rollen zugleich eine umfangreiche Gastspieltätigkeit nach Europa und Amerika führte, und der Tochter des Berliner Gastronomen Hans Kempinski, dessen Weinrestaurant am Kurfürstendamm Treffpunkt prominenter Stammgäste war.

Ein sarkophagartiges Porphyr-Grabmal mit der Inschrift *Keines Er-*

oberers Macht währt als des Gedankens bezeichnet die Ruhestätte des berühmten Kritikers Maximilian Harden (1861–1927), Herausgeber der Wochenzeitschrift »Zukunft« (1892–1923) und Verfasser literarischer Porträts von Zeitgenossen; ein Granitstein verweist auf das Grab des aus Wien stammenden Dramatikers Ferdinand Bruckner (1891–1958), der mit bedeutenden Zeitstücken Jugendnöte, Sexualdelikte, Justizkritik (»Die Verbrecher«) und die Auseinandersetzung zwischen Jung-Nationalsozialisten und jungen Juden über Rassenfragen (»Die Rassen«) auf die Bühne brachte.

Am Hang auf halber Höhe das von Efeu überwucherte hohe Steinmal für Franz Cassirer (gest. 1912) mit zwei Tierreliefbildern des bekannten Bildhauers August Gaul, dessen Tierdarstellungen von der großen klaren Form und Natürlichkeit bestimmt sind.

Auf dem Friedhof befindet sich auch die Ruhestätte von August Kraus (1868–1934), einem in seiner Zeit bekannten Bildhauer, der bis zu seinem Rom-Aufenthalt 1900 vom Neubarock seines Berliner Lehrers Reinhold Begas geprägt war, sich dann aber dessen Antipoden Adolph von Hildebrandt und dem Neuklassizismus zuwandte. Seltsam war sein Tod: Ein furchtbarer Sturm schleuderte am 8. Februar 1934 in der Siegesallee einen starken Baumast auf das von Kraus geschaffene Denkmal Kaiser Heinrichs und zertrümmerte einen Teil des Marmorsockels. Zur gleichen Stunde verschied Kraus.

Auf der anderen Seeseite an einem bergan führenden Weg rechter Hand ein sinnbezogener Grabstein in Gestalt eines versteinerten, violett schimmernden Baumstumpfes für Walther Gothan (1879–1954).

Ganz in der Nähe hat Carl Schuhmann, der erste deutsche Olympiasieger in Athen im Jahre 1896, sein Grab. Ein paar Schritte weiter liegen die Gouverneure der früheren deutschen Kolonien in Afrika, Schnee und Albrecht von Bechenberg. Östlich des Sees, auf dem neuen Teil des Friedhofs, schlafen 1500 Tote aus den Kampftagen 1945.

Viele andere große Künstler haben auf dem Friedhof ihre letzte Ruhe gefunden. Unter kleinen Birken direkt am See befindet sich das Grabmal, das kleinste unter den kleinen, des großen Berliner Schauspielers Paul Wegener (1874–1948). Es zeigt einen jungen Buddha, der – ihm zur Seite ein Löwe – lächelnd den Weg durch das Tor des Todes ins »Nirwana«, den Zustand ewiger Ruhe, weist. Der unvergessene Tragöde und Charakterdarsteller, ein Genie auf der Bühne, spielte mit Vorliebe unheimliche und dämonische Charaktere, jedoch ebenso fesselnd Menschen von stiller Besinnlichkeit und grüblerischer Innerlichkeit. Nach dem letzten Krieg brillierte er am Deutschen Theater mit der Altersrolle des Nathan. Er war auch einer der ersten Bühnenkünstler im Filmschaffen und hielt zudem – was heute weniger bekannt ist – als Kenner und Sammler ostasiatischer Kunstwerke fesselnde Vorträge über Altchina. Der Dichter, Maler und Kabarettist Joachim Ringelnatz (1883–1934) hat Wegener besonders verehrt und ihn mit den Versen gezeichnet: »Und drum rum, Buddhas schön und stumm, die er schätzt und uns nennt und deren Seele er kennt.« Nur wenige Gräber trennen heute Wegener und Ringelnatz, dessen richtiger Name Hans Bötticher war. Statt eines Hügels liegt ein schlichter Stein auf dem Boden: *Joachim Ringelnatz.* »Wenn ich tot bin, darfst du gar nicht trauern. Meine Liebe wird mich überdauern«, hat er einmal seiner Lebensgefährtin zugerufen. 1920 erschien unter seinem Seemannsnamen Kuttel Daddeldu eine Sammlung verdrehter und umgedrehter Verse – ein Lachbuch für alle Menschen, die nach der Tragödie des 1. Weltkrieges aufgeheitert werden sollten. Und für die, die genauer hinhörten, ein erschütterndes Buch, das mit zerstörender Selbstparodie eigene Träume und Ideale zu Grabe trägt. Als Vortragskünstler in den großen Kabaretts erzielte er Lacherfolge über Lacherfolge und kehrte dann in den letzten Lebensjahren wieder nach Berlin zurück, denn »die Dichter und die Maler und auch die Kriminaler, die kennen ihr Berlin«.

Ein anderer Altmeister des Kabaretts, Willi Schaeffers (1884–1962), fand hier seine letzte Ruhe. *Was wir sammeln, was wir speichern, mag's die Erben noch bereichern, einst vergeht's. Nur der Schatz der Seelenspenden wächst, je mehr wir ihn verschwenden, jetzt und stets;* das schrieb der Dichter Richard Dehmel 1907 für Schaeffer in einen Gedichtband. Die Verse wurden seine Lebensmaxime und heute stehen sie auf seinem Grabstein.

In der Nähe der Grabstätte ihres ersten Mannes, Paul Cassirer, liegt der schlichte Feldstein für die große Tragödin Tilla Durieux (1880–1971), die von 1903 bis 1934 an verschiedenen Berliner Bühnen wirkte, dann in die Emigration ging und 1952 wieder nach Berlin zurückkehrte. Ein starkes, erotisch attraktives Temperament, mit differenzierten, aber kalkulierten Wirkungen feierte sie als Salome (Oscar Wilde), Lulu (Frank Wedekind), in Stücken von Shaw und Ibsen, zuletzt in »Die

Irre von Chaillot« von J. Giraudoux und »Die Stühle« von E. Ionesco Triumphe.

Der am 12. September 1960 in der Schweiz gestorbene Curt Goetz (1888–1960) war ein ebenso hinreißender Schauspieler wie erfolgreicher Autor spritzig-ironischer Komödien wie »Das Haus in Montevideo«, »Hokuspokus« oder »Dr. med. Hiob Prätorius«. Seit 1924 trat er in eigenen und fremden Stücken, mit eigenen Tournee-Ensembles auf. Als Valerie von Martens (1894–1986) im Alter von 91 Jahren in der Schweiz starb, wurde die Urne mit den sterblichen Überresten der Schauspielerin im Ehrengrab ihres Mannes Curt Goetz beigesetzt.

Viele andere Namen, die das Berliner Kultur- und Geistesleben zwischen den beiden Weltkriegen und auch noch nach 1945 bestimmten, sind zu entdecken. Wer kennt heute noch Gertrud Bindernagel, die einstmals gefeierte Sängerin mit ihrem strahlenden Sopran, die 1932 von ihrem Mann vor der Städtischen Oper in der Bismarckstr. erschossen wurde? Eine Tragödie, die damals wohl jedem Berliner ans Herz griff. Grete Weiser (1903–1970), die unverwüstliche Schauspielerin, ruht an der Seite ihres Mannes Dr. Hermann Schwerin auf dem Friedhof an der Trakehner Allee. Beide waren bei einem Autounfall bei Bad Tölz in Bayern ums Leben gekommen. Hier liegt auch der beliebte Schauspieler Victor de Kowa (1904–1973), der aus seinem »Bonvivant-Klischee« (Friedrich Luft) immer wieder auszubrechen verstand und überzeugend klassische Rollen verkörperte. Er war mit einer Japanerin verheiratet, sein Grabmal ist die Miniatur eines Tempels aus dem Land der aufgehenden Sonne. Sowohl der Operettenkönig Eduard Künneke (1885–1953) als auch der Komponist und Librettist Willi Kollo (1904–1988) haben hier ihr Grab gefunden, ebenso die Schauspielerinnen Käte Haack (1897–1986) und ihre Tochter Hannelore Schroth (1922–1987), der Regisseur und Schauspieler Leonard Steckel (1901–1971) und der Dirigent Leo Blech (1871–1958). Der Maler Hans Pels-Leusden, dessen Galerie zu den renommiertesten im deutschsprachigen Raum zählt und der mit seiner exzellenten Sammlung auch das Berliner Käthe-Kollwitz-Museum begründen konnte, wurde 1993 im Alter von 85 Jahren hier beigesetzt.

Beachtenswert schließlich das Familienbegräbnis Seidler mit einer abstrakten Edelstahl-Plastik von Volkmar Haase; solche Zeugnisse zeitgenössischer Kunst sind auf den Berliner Friedhöfen die Ausnahme.

Jüdischer Friedhof an der Heerstrasse
Heerstr./Scholzplatz, 14055 Berlin

Für die Bestattung der in Berlin ansässigen Juden diente bis 1945 der große jüdische Friedhof in Weißensee. Da dieser bereits stark belegt und durch die Spaltung der Stadt den West-Berlinern kaum noch zugänglich war, wurde 1954 ein neuer Friedhof auf West-Berliner Gebiet nach einem Entwurf des Frankfurter Architekten Hermann Guttmann angelegt.

Im November 1955 wurde der 3,4 ha große Begräbnisplatz eingeweiht. Am 28. April 1960 wurde ein Gedenkplatz mit einem von J. M. Lellek entworfenen Gedenkstein aus Steinen der ehemaligen Synagoge in der Fasanenstr. für die jüdischen Opfer des Nationalsozialismus errichtet. Er trägt in der Mitte eine große steinerne Schale. An der Vorderseite oben in hebräischer Sprache: *Der Allmächtige gedenke der Seele*. In der Mitte die deutsche Inschrift: *Denen die unter der Herrschaft des Unmenschen ihr Leben lassen mussten zum ewigen Gedächtnis 1933–1945*. Unten in hebräischer Sprache: *Möge die Seele im Bunde des ewigen Lebens aufgenommen sein*. Davor ein Grab mit Asche aus dem KZ Auschwitz. Neben dem in der Mitte befindlichen Mal sind noch weitere kleine Gedenksteine von den Angehörigen der Opfer gesetzt worden.

Unter den in Beton eingelassenen roten Granitsteinen ist einer Erich Nelhans, 1945–1947 Mitglied des Vorstands der Jüdischen Gemeinde zu Berlin, gewidmet, der in einer Stalinschen Haftanstalt umgekommen ist. Von den 1955/56 im Sockel des Palas-Baus der Spandauer Zitadelle aufgefundenen Grabsteinen des 1510 zerstörten »Judenkiewers« in Spandau wurde einer auf den Friedhof an der Heerstr. verbracht und aufgestellt. Der unbearbeitete Granitfindling hat auf seiner Vorderseite eine vierzeilige hebräische Inschrift, die ihn als Grabstein für eine Frau ausweist. Um den Grabstein sind Thorarollen, kultische Geräte und Gebetbücher zerstörter Synagogen beigesetzt.

In südlicher und nördlicher Richtung schließt sich an die Gedenkstätte die Ehrenreihe des Friedhofs an. Der Nordteil, der Anna-Rainis-Weg, ist noch unbelegt, im Südteil, am Martin-Sternberg-Weg, befindet sich die Grabstätte von Jeanette Wolff geborene Cohen (1888–1976), Stadtälteste von Berlin. Sie war nach zwölfjähriger Haft in nationalsozialistischen Gefängnissen und Konzentrationslagern seit 1945 für die Berliner SPD tätig gewesen, war Stadtverordnete, Mitglied des Berliner

Abgeordnetenhauses und des Bonner Bundestages. In der Jüdischen Gemeinde wirkte sie als Vorsitzende der Repräsentantenversammlung und der Zentralwohlfahrtsstelle. Die Inschrift auf ihrem Grabstein ist dem Talmud entnommen: *Eine Frau ausstrahlender Anmut durch ihre Taten*. Auch Siegmund Weltlinger (1886–1974) war Stadtältester von Berlin.

Hier ruht ebenfalls Hans Rosenthal (1925–1987), einer der bekanntesten Showmaster in Deutschland. Die NS-Herrschaft hat er in Deutschland überlebt, war 1943 bis zur Befreiung in Berlin untergetaucht. Er war Mitglied des Zentralrates der Juden, leitete bis 1980 die Unterhaltungsabteilung des RIAS Berlin und moderierte zahlreiche beliebte Unterhaltungssendungen in Fernsehen und Rundfunk.

Dem berühmten Schauspieler Ernst Deutsch (1890–1969) gelang in der Titelrolle von Hasenclevers expressionistischem Drama »Der Sohn« 1916 in Dresden der Durchbruch, er galt seither als der »expressionistische«, »glühende« Schauspieler, zeigte bald aber auch als genialer Darsteller klassischer Rollen, wie des Fiesko, des Marc Anton, des Marquis Posa und des Mephisto, bei Max Reinhardt am Deutschen Theater, bei Leopold Jessner am Staatstheater oder am Wiener Burgtheater sein Können. 1947 kehrte er aus dem USA-Exil zurück und verkörperte in seiner Reifezeit in unvergänglicher Weise Lessings Nathan, Clausen in Hauptmanns »Vor Sonnenuntergang« und Shylock in Shakespeares »Kaufmann von Venedig«. Auf seiner lang gestreckten Grabtafel bedeuten die beiden hebräischen Lettern *P* (po) und *N* (nibar) rechts und links des sechszackigen Sterns »Hier liegt begraben«, während die unteren Buchstaben Abkürzungen der rituellen Wendung »*Seine Seele sei dem Lebensbunde einverleibt*« sind.

Der katholische Chinese Ting Yu Chen (1894–1962) bewahrte eine Jüdin vor Deportation und Ermordung, indem er sie heiratete.

Der Fotograf Abraham Pisarek (1901–1983) dokumentierte das Leben der zur Vernichtung bestimmten Juden im nationalsozialistischen Berlin und den politischen und kulturellen Neubeginn im Berlin der Nachkriegszeit.

Heinz Galinski (1912–1992) überlebte als einziger seiner Familie die KZs, er hat nach 1945 die jüdische Gemeinde in Berlin wieder aufgebaut und, seit 1988 Vorsitzender des Zentralrates der Juden in Deutschland, immer wieder vor einem Gedächtnisverlust der Deutschen und gleichzeitig vor aufkommendem Rechtsextremismus gewarnt.

St.-Nikolai-Kirche Spandau
Reformationsplatz, 13597 Berlin

Der heutige einheitliche, wohl in kurzer Zeit errichtete Bau wird zwischen 1410 und 1450 datiert. 1830–1839 wurde die Kirche innen und außen nach Plänen Karl Friedrich Schinkels in einer romantisch-gotisierenden Fassung durchgreifend restauriert. Emporen wurden eingebaut und das Glockengeschoss mit gotischen Blendarkaden versehen. 1944 ging der Turm in Flammen auf. Die Haube von 1744 wurde bis 1989 und das Äußere der Kirche ganz im Schinkelschen Sinne wiederhergestellt. Das Innere der dreischiffigen Hallenkirche mit Umgang ist übersichtlich gegliedert. Die drei Mittelschiffjoche sind ebenso wie die Joche der Seitenschiffe mit Kreuzrippengewölbe versehen, das Sterngewölbe des vierten Jochs leitet zum Chor über. Der heutige Bildaltar wurde 1581 durch den Grafen Rochus Guerini zu Lynar (1525–1596) anstelle des alten Hochaltars errichtet. Durch frei gestaltete Pilaster und Karyatiden, aber auch durch mächtige Gebälke wird eine grandiose Architektur mit den Darstellungen des Heiligen Abendmahls, des Weltgerichts und des Gekreuzigten, flankiert von Bildnissen der Stifterfamilie, gegliedert.

Der Stifter Graf Lynar, der Festungsbaumeister wesentlicher Teile der Spandauer Zitadelle war, nachdem er als Marschall im 2. Hugenottenkrieg 1567/68 und später energisch der Reformation den Weg bereitet hatte, ist mit seiner Familie unter dem Hochaltar der Kirche beigesetzt. In dem Erbbegräbnis fanden bis 1655 Beisetzungen statt. Nach dem Verkauf des Lynarschen Palastes in Spandau 1686 erfolgten die Begräbnisse in der Lübbenauer Kirche. Erhalten sind die Zinn-Sarkophage der Gräfin Elisabeth zu Lynar (gest. 1652) und der Freifrau von Biberstein, geb. Gräfin zu Lynar (gest. 1655), sowie der beiden Söhne des Altarstifters. Bei den heute ausgestellten Särgen des Grafen Rochus und seiner Ehefrau handelt es sich nicht um die Originalstücke. Seit 1984 befindet sich im Chorumgang auch eine Gedenktafel für Wilhelm Friedrich Graf zu Lynar, der wegen seines Widerstandes gegen die Nationalsozialisten ermordet wurde. Vorwiegend im Chorumgang gibt es durch alle Epochen der Neuzeit bemerkenswerte Epitaphien und Grabtafeln. Die dazugehörigen Begräbnisplätze befinden sich teilweise direkt an der Umfassungsmauer der Kirche und waren als eingewölbte Gruft einstmals zugänglich. Das bildhafteste unter diesen Epitaphien ist das für die Brüder Joachim und Zacharias Röbel (gest. 1572 und 1575), das am ersten chorseitigen Langhauspfeiler der Südseite in Augenhöhe angebracht ist. Auf Löwen stehen die trotz aller Gleichartigkeit der Haltung und Rüstung doch unterschiedlich charakterisierten Figuren als kräftig ausgebildete, farbig gefasste Reliefs in flachen Rundbogennischen. Das Schicksal der Brüder ist in ausführlichen Inschriften darunter geschildert.

Neben den steinernen Grabplatten für den Landreiter Wolfgang Schneider (gest. 1603), die ornamentalen Schwung und gespannten Ausdruck in Gesicht und Händen mit sensibler Oberflächenbehandlung vereinigen, oder dem Grab für Elisabeth Heinike und ihre Kinder (1604) sticht ein Bronze-Epitaph von 1641 für Adam Graf zu Schwarzenbach (1584–1614), Statthalter der Mark Brandenburg, hervor, der trotz seines katholischen Glaubens vor dem Hochaltar der Kirche beigesetzt ist. Über der ehemaligen Gruft im Chorumgang befindet sich das Bronze-Grabmal für Martin Heinsius (1650). Der Erzdiakon Michael Zye bekam ein 1665 geschaffenes Kalksteinmonument. Neben dem Epitaph für Anna Neumeister (1665) ist noch das hölzerne Denkmal für den General-Feldwachtmeister von Quast (1669) mit 14 kleinen Ahnenwappen von besonderer künstlerischer Bedeutung. Weitere Gedenksteine sind der für Daniel von der Linde und seine Frau (1680) mit dem malerisch aufgefassten, ausgezeichneten Bildnismedaillon des Verstorbenen im Dreiviertelprofil, darunter ein von einem Skelett gehaltenes Tuch mit der Grabinschrift; das für Bürgermeister Zuezel (1714), für Georg Adam Neumeister (1727), für Katharina Elisabeth Rincken (1758) in etwas schwerfälligen Rokokoformen; ein Epitaph für Johann Ludwig Haacke (1767) von Wilhelm Christian Meyer mit der Fama, der Allegorie des »Guten Rufes« in seiner bewegten Rokokogestaltung, die aber bereits den Klassizismus ahnen lässt, auf einer Konsole mit dem Chronos-Kopf, Flügelhelm und Thyrsosstab als Attribut des Merkur weisen auf den Beruf des Verstorbenen hin. Ein weiteres für Christiane Sophie Haacke (1775), das sich ursprünglich in der Johanniskirche befand, und eines für Johann Friedrich und Ewaldine Stechow, das ehemals auf dem Kirchhof an der Neuendorfer Str. stand. Diese Grabplatten haben, soweit sie überhaupt von Anfang an in der Kirche angebracht waren, teilweise die tatsächlichen Grabgewölbe abgedeckt, in deren Nähe sie jetzt hängen.

Die ehemalige Marienkapelle mit dem entsprechenden Altar wurde

1647 zur Gedächtniskapelle der Familie von Ribbeck, als unter ihr das Familienbegräbnis mit massivem Gewölbe eingerichtet wurde. Diese Gruft ist heute unzugänglich. Das prächtige, mit dem Ribbeckwappen versehene Eingangsgitter unter der Triumphkreuzgruppe weist auf sie hin.

Grabstätte Humboldt im Schlosspark Tegel
13505 Berlin

Das stattliche Landhaus des Hofsekretärs Joachims II., Hans Bredtschneider, um 1550 erbaut, hatte der Reitobrist Alexander Georg von Humboldt um 1776 als Mitgift seiner Frau Marie Elisabeth, geb. Colomb, aus deren erster Ehe mit von Holwede übernommen. 1820/21 baute Schinkel das »Schlössgen« so um, dass der Renaissancebau als Ost- und Eingangsseite einer größeren Anlage erhalten blieb. Wilhelm von Humboldt war schon 1802 durch Erbteilung mit dem Bruder Alexander alleiniger Besitzer des »stillen Hauses« im Park zu Tegel geworden. Er verschönerte das Schloss durch Anlagen und die Sammlung von Kunstwerken. Er verschied auch hier 1835 und liegt im Schlosspark, auf dem Campo Santo, beerdigt. Die Stätte, vom Ende der Lindenallee rechts, wurde nach dem Tod von Karoline von Dacheröden, der Gattin Humboldts und dem humanen Gewissen des Hauses, 1829 von Schinkel entworfen, mit der Statue der Spes des dänischen Meisters Thorvaldsen (heute eine Kopie) auf einer ionischen Porphyrsäule vor einer Exedra-Bank, wie sie ähnlich an der Gräberstraße von Pompeji zu finden waren. Das Areal hat zahlreiche Gräber des beginnenden 19. Jhs., der verwandten Familien von Bülow, von Heinz, von Hedemann, von Dacheröden, von Sydow. Die Säule im Hintergrund erinnert an Wilhelm von Humboldt. Davor ist das Grab mit dem Stein Alexander von Humboldts, gest. 1859, auf dessen Rückseite steht: *Du wirst im Alter zu Grabe kommen,/Wie Garben eingeführet zu seiner Zeit.* Nordwärts, auf halbem Wege zum Hügel, erhebt sich das Grabmal für den Botaniker Johann Christian Kundt (1757–1829), den Hauslehrer der Söhne Humboldts, eine Stele mit Giebelkrönung in einem Halbkreis aus Feldsteinen mit der Inschrift, die sich darauf bezieht, dass Wilhelm dem Lehrer diese Ruhestätte versprochen hat: *Grata quiescentem cultorem arbusta loquuntur* (Dankerfüllt loben Busch und Wald ihren sanft ruhenden Hüter).

Wihelm von Humboldt war 1767, Alexander von Humboldt 1769 geboren. Während Wilhelm sich seinen philosophisch-ästhetischen und später sprachwissenschaftlichen Interessen widmete, die Berliner Universität, die heutige Humboldt-Universität, und das humanistische Gymnasium konzipierte, als letzter Vorkämpfer einer preußischen Verfassung bis zum Staatsminister aufstieg, trat Alexander als Naturforscher und Geograph seine großen Reisen an, die ihn bis nach Süd-, Mittel-, Nordamerika und Asien und zu bedeutenden wissenschaftlichen Resultaten führten. Ab 1830 wieder in Berlin, begann Alexander in seinem enzyklopädischen Werk »Kosmos« (1845–1862) mit der Darstellung des gesamten Wissens der Erde. Wilhelm von Humboldt dagegen war als Kulturpolitiker ein führender Vertreter des Neuhumanismus, seine Grundlegung der Reorganisation des preußischen Bildungswesens hatte weitreichende Auswirkungen auf die deutsche Bildungsgeschichte. Auch Wesen, Sinn und Entwicklung von Sprache deutete er im umfassenden kulturgeschichtlichen Verständnis als Entwicklung des menschlichen Geistes überhaupt. Seine energetische Sprachbetrachtung wurde im 20. Jh. wieder aufgegriffen und fortgeführt. Die Ruhestätte (Familiengruft) der Brüder von Humboldt ist einer der besuchtesten Friedhöfe der Welt.

Schlosskirche und Kirchhof Alt-Buch
Alt-Buch, 13125 Berlin

Der 1740–1773 in Buch amtierende Pfarrer Ulrici rühmte: »eine kostbare Kirche, welche an Schönheit und Symmetrie in der ganzen Mark auf dem Lande schwerlich ihres Gleichen haben wird«, ein Urteil, das Nicolai in seinem Buch »Berlin und Potsdam« übernahm. Fontane war allerdings anderer Meinung und sagte, es sei »ein Ausspruch, der wohl nur in Zeiten möglich war, in denen man aufrichtig glaubte, durch Laternen- und Butterglockentürme die gotischen Formen unserer alten Feldsteinkirchen ersetzen oder gar noch verbessern zu können.«

Das 1731–1736 von dem Berliner Baudirektor Friedrich Wilhelm Diterichs an Stelle einer baufällig gewordenen mittelalterlichen Kirche im Auftrag des Gutsherrn Adam Otto von Viereck erbaute Gotteshaus, ein Kuppelbau mit zwei seitlichen Flügeln, gilt trotz Fontanes hartem Urteil nach Dehios Meinung als schönste Landkirche der

Mark. Besonders auffällig ist die lebhafte Gliederung der Wände mit ihren Säulen und Pilasterstellungen. Im 2. Weltkrieg wurde der Bau schwer mitgenommen. Die Schäden sind behoben, nur der Turm konnte nicht wiederhergestellt werden. Für immer verloren sind die Fresken und Stuckdekorationen der Innenkuppel wie auch die vortrefflich geschnitzte Herrschaftsloge.

Dank der schützenden Vermauerung blieb das figurenreiche Marmorgrabmal des Staatsministers von Viereck (gest. 1758), der 1724 das Gut erwarb, in der Ostwand, die Rundbogennische in voller Höhe ausfüllend, unversehrt. Es ist das letzte Werk des Schlüter-Schülers Johann Georg Glume aus dem Jahre 1763, ein charakteristisches Werk des Rokoko. Ein prachtvoller, asymmetrisch gestalteter Aufbau aus rotem Marmor, die figürlichen Plastiken und der ornamentale Dekor aus weißem Marmor. Über bewegtem Unterbau eine Vitentafel in geschwungener Rahmung, rechts flankiert von einer schön gewandeten weiblichen Gestalt mit einer Maske in der linken Hand (wohl Personifikation der Wahrheit), links von einer Flammenvase und – auf dem herabgezogenen Gesims – von Chronos. Als Abschluss und Bekrönung die Büste des Verstorbenen, umgeben von zwei Putten. Die in der Gruft unter dem Chor bestatteten Mitglieder der Familien Pölnitz, Viereck und Voss wurden auf natürliche Weise zu Mumien. Dieser Vorgang erinnert an das märkische Dorf Kampehl, wo seit mehr als 150 Jahren der mumifizierte Ritter Kahlbusch gezeigt wird. 1925 wurde die Gruft der Bucher Patronatsfamilien endgültig zugemauert. Auf dem umgebenden Kirchhof an der westlichen Begrenzungsmauer die nach 1864 angelegte Familiengrabstätte von Voss, in deren Eigentum das Gut sich bis Ende des 19. Jhs. befand. Julie von Voss wurde hier 1766 geboren und starb 1789 als Gräfin Ingenheim und morganatische Gemahlin Friedrich Wilhelms II. Ihr Gedenkstein in Form eines römischen Sarkophags ist verschwunden. Vom letzten Grafen von Voss kaufte 1898 die Stadt Berlin das gesamte Gut. Gleich hinter der Kirche auch das Grab für den Politiker und Staatssekretär Adolf Wermuth (1842–1927), der 1912–1920 Oberbürgermeister von Berlin war.

Jüdischer Friedhof Weissensee
Herbert-Baum-Str., 13088 Berlin

Weißensee war einer der größten Judenfriedhöfe in Europa, Grabstatt für mehr als 115 000 Tote. Das 40 ha große Gelände wurde am 9. September 1880 eingeweiht. Nach der Vollbelegung des Friedhofes an der Schönhauser Allee war hier ein neuer Begräbnisplatz entstanden. Die heutige Herbert-Baum-Str. stößt auf die Friedhofsmauer aus gelben Ziegeln, dahinter der Klinkerbau der alten Totenhalle, nüchtern, fabrikmäßig fast, die Neurenaissance streng geometrisch.

Hat man das reichgegliederte Eingangsportal durchschritten, steht man vor einem Rondell, in dessen Mitte ein Stein zum Gedenken an die 6 Millionen jüdischen Opfer der nationalsozialistischen Verfolgung errichtet ist. Die Namen aller großen KZs sind auf den kreisförmig angeordnet liegenden Steinen eingemeißelt. Während des Hitlerregimes haben Häscher die Friedhofsbesucher angehalten, ihnen die Kennkarten abgenommen und sie am nächsten Tag zur Gestapo bestellt. Viele gingen freiwillig in den Tod, andere tauchten unter. Diejenigen, die dem Befehl folgten, kamen nie wieder. Junge Juden, angeführt von Herbert Baum, hatten 1942 die Ausstellung »Sowjetparadies« in Brand gesteckt. Sie wurden verraten, entdeckt und zum Tode verurteilt. 27 im Alter zwischen 19 und 24 Jahren wurden enthauptet.

Das Friedhofsgelände, streng geometrisch in Rechtecke und in trapezförmige und dreieckige Teilflächen gegliedert, stellt eine komplizierte, ausgetüftelte Wegearchitektur der Jahrhundertwende dar. Beth ha Chajim, das heißt Friedhof, wörtlich Haus des ewigen Lebens. Efeu wuchert wild, schmückt die einfachen Steine und nimmt den kolossalen Anlagen ihre Strenge. Wie oft auf jüdischen Gräbern so auch hier: abgebrochene Säulen gemäß der Bibel, da Jakob an Rachels Grab eine Säulen-Ruine errichtete. Weide, Pappel, Linde, Eiche, Dorn und Hasel – einst plante man sorgfältig, wo und wie sie wachsen sollten, heute treiben sie wild überall.

»Bis zur Stunde der Befreiung wurde jeder mit Andacht und Würde der Erde übergeben, genau nach den Vorschriften der jüdischen Religion«. Die Armen ebenso wie die Reichen. Die Armensteine in entsprechenden Feldern sind heute fast wieder zur Natur geworden, kaum einmal, dass eine Inschrift zu lesen wäre. Nur die Kartei aller seit 1880 hier Bestatteten, durch die Bombennächte gerettet, gibt genaue Auskunft über die Namen. Tote, die in Berlin und über seine Grenzen hinaus Rang und Namen hatten, wurden in tempelartigen Erbbegräbnissen zur Ruhe gebettet. Wir lesen: Rosenberg, Cohen, Goldstern, Bloch, Bernfeld, Mosse ... Berliner Bürgertum, Literaten, Wissenschaftler, Künstler, Intendanten, Bankiers, Verleger, Geistliche ... Und dann fehlt hier eine Letter, dort zwei, beim dritten Grab ist der Nachname nicht mehr zu entziffern. Das waren nicht Wind und Wetter. Die Buchstaben wurden herausgerissen, verkauft, verschrottet, anderweitig genutzt. Besonders arg ist so bei den Kriegsgräbern gewütet worden.

Kommerzienrat Adolf Jandorf (1870–1932) ruht hier, der 1892 am Berliner Spittelmarkt das »Hamburger Engros-Lager« eröffnete. Der geschäftstüchtige Kaufmann wurde in den 1890er Jahren zum Wegbereiter des modernen Warenhauses und erreichte mit seinem Warenangebot und modernsten Verkaufstechniken breiteste Schichten. 1907 baute er nach amerikanischem Vorbild das »Kaufhaus des Westens«, das größte Warenhaus Deutschlands.

Wie auf vielen Familiengräbern deutet auch hier das leergebliebene Drittel des Jandorf-Grabmals auf das Schicksal der Berliner Juden hin. Sein Konkurrent von damals, Hermann Tietz (1837–1907), wurde dicht neben ihm bestattet. Er eröffnete 1882 in Gera die Firma H. Tietz, nicht ahnend, dass sich aus dem kleinen Weißwarengeschäft der Warenhauskonzern Hertie entwickeln und später Jandorfs Namen überflügeln würde. 1900 entstand in der Leipziger Str. das erste Tietz-Warenhaus. Nach dem Tode seines Onkels übernahm Oskar Tietz (1858–1923), der ebenfalls hier ruht, die Geschäfte. Der bedeutende Warenhauskonzern musste unter dem Druck der Nationalsozialisten von der Familie aufgegeben werden.

Und dann die vielen, deren Urnen aus den KZs geschickt wurden, von den Nationalsozialisten umgebracht. Die Todesursachen, angegeben von SS-Ärzten: Körperschwäche, Wassersucht, Grippe, Herzschlag, Zellgewebsentzündung, Blutvergiftung ...

»Viele ungepflegte Hügel auf unserem Friedhof künden heute der Nachwelt, dass von diesen Menschen kein Angehöriger mehr am Leben ist«, schreibt der spätere Landesrabbiner Martin Riesenburger in seinem kleinen Buch »Das Licht verlöscht nicht«. »Niemals aber darf von diesen Hügeln geschwiegen werden ... Tag für Tag wurden zahlreiche Menschen auf dem Friedhof eingeliefert, die, innerlich zermürbt, den Freitod den entsetzlichen Qualen, Folterungen und Misshandlungen vorzogen.« 1207 durch Freitod Verstorbene hat Riesenburger mit seinen Helfern in den Jahren 1941 bis 1943 begraben.

Herr, Du bist meine Zuflucht für und für. Diese Inschrift steht auf einem Steinblock im Mausoleum des Kammersängers Josef Schwarz (1881–1926), der als einer der bedeutendsten Baritone seiner Zeit galt. Gefeiertes Mitglied der Städtischen Oper Berlin und 1921–1924 umjubelter Gast an der Metropolitan Oper Chicago. 1926 wurde er in einem tempelähnlichen Erbbegräbnis, das Dach von 14 Säulen getragen, beigesetzt. Jahre später sollte der Text einen ganz neuen Sinn erhalten. Seine Grabstätte wurde nachts zur Zufluchtstätte von illegal lebenden Juden. Riesenburger erinnert sich: »In der Mitte des Daches befand sich eine Glasplatte. Man hob diese immerhin schmale Platte und suchte sich links und rechts von ihr ein Ruhelager für die Nacht. Unten ruhte der begnadete Sänger, der einst Tausende Menschen durch seinen Gesang zu heller Begeisterung aufflammen ließ, oben lagen seine Glaubensbrüder im unruhigen Schlaf, durch den sich nur die eine bange Frage zog: ›Wie lange noch?‹«

Nicht nur Menschen versteckte die Friedhofsbelegschaft: 560 Thorarollen, mit dem dazugehörigen Silber, 800 wertvolle Bücher, darunter Teile des babylonischen Talmuds, mehrere Trau-Baldachine in herrlicher Goldstickerei, Harmonien und Talare fanden hier ein Versteck, bis Bomben es zerstörten. Die, die gerettet worden sind, wurden jüdischem Ritus entsprechend hier auf dem Friedhof der Adass-Jisroel-Gemeinde und auf dem neuen Friedhof in der Heerstr. beerdigt.

Feld T in Weißensee. Das Grab der Eltern von Kurt Tucholsky, der unter dem Pseudonym Theobald Tiger in der »Weltbühne« dem Weißenseer Friedhof 1925 ein literarisches Denkmal gesetzt hat. Zwei schwarze Platten, nach oben gerundet, symmetrisch, symbolisieren Einheit, auch nach dem Tod. Doch die Mutter, Doris Tucholsky, hat hier nur ein »Schein-Grab« gefunden: 1943 wurde die 73-jährige nach Theresienstadt deportiert, wo sie ums Leben kam. Auf dem Grab liegt ein Strauß gelber Tulpen, Kunstblumen, auf dem Grabsteinrand eine Reihe Kiesel. Der Besucher hinterlässt sie dort, Zeichen seiner Anwesenheit.

In der Abteilung A I, nahe der Trauerhalle, wurde eine Ehrenreihe für hervorragende Persönlichkeiten angelegt, die sich um die Gemeinde, das Judentum oder die Kultur und die Wissenschaften verdient gemacht hatten. Sie beginnt mit den Gräbern des Rabbiners Dr. P. F. Frankl (1849–1887) und des Leiters der Berliner Reformgemeinde Immanuel Ritter (1825–1890). Besonders reich verziert ist der Grabstein des Rabbiners Rudolf Ungerleider (1833–1911). Neben dem Davidstern gehört die Menorah, der siebenarmige Leuchter, zu den häufigsten Grabzeichen. Ungerleider hatte bei der Einweihung des neuen Friedhofes 1888 das Schlussgebet gesprochen, in dem er – so berichtete die »Allgemeine Zeitung des Judentums« – »den Segen des Himmels auf den Kaiser, sein Haus, auf das Reich und die Stadt, und auf Alle, welche das geweihte Werk gefördert haben, herabgeführt.« Der Physiker Leopold Loewenherz (1847–1892) war Regierungsrat in Berlin und leitete die technische Abteilung der Physikalisch-Technischen Reichsanstalt. Der Hebraist David Cassel (1818–1893), Verfasser von Lehr- und Wörterbüchern, war 1846–1879 Direktor der Dina-Nauenschen Erziehungsanstalt für Waisenkinder und wurde 1872 an die neu gegründete Hochschule für die Wissenschaft des Judentums in Berlin berufen. Der Geograph Julius Loewenberg (1800–1893) »erfreute sich der besonderen Freundschaft Alexander von Humboldts, aus dessen Leben er viele Erinnerungen veröffentlichte«, schreibt Martin Riesenburger. Der Komponist und Chordirigent Louis Lewandowski (1821–1894) wurde von Alexander Mendelssohn, einem Enkel von Moses Mendelssohn, gefördert und musste eine strenge Aufnahmeprüfung bestehen, bevor er als erster Jude an der Akademie der Künste aufgenommen wurde. Das Examen »dauerte zwei Tage. Lewandowski musste in der Klausur zwei Chöre geistlicher Richtung komponieren, ein von einem anderen angefangenes Streichquartett vollenden und ein für Pianoforte komponiertes Stück für großes Orchester bearbeiten«, kann man in der Studie »Der synagogale Gesang« (1908) von Aron Friedmann lesen, der auch eine Biographie Lewandowskis beigegeben ist. Als Chordirigent wirkte Lewandowski seit 1840 in der Synagoge Heidereutergasse und seit 1866 in der Neuen Synagoge Oranienburger Str. Sein größtes Verdienst war, dass er den liberalen jüdischen Gottesdienst musikalisch reformierte: »Seine Werke fanden Eingang in alle jüdischen Gemeinden der Welt«, so Riesenburger. Anlässlich seines 25. Dienstjubiläums wurde er zum Königlichen Musikdirektor, anlässlich seines 50. verlieh ihm die Akademie der Künste den Professorentitel. Auf seinem und seiner Frau Grabstein stehen die Worte: *Liebe macht das Lied unsterblich!* Moritz Steinschneider (1816–1907) unterrichtete seit 1859 an der Veitel-Heine-Ephraim-Stiftung in Berlin, einem vom Hofjuwelier Friedrichs II. gestifteten Institut, das seit Mitte des 19. Jhs. die rabbinische Literatur erforschte, er leitete 1869–1890 die Töchterschule der Jüdischen Gemeinde und war zugleich Bibliothekar an der Königlichen Bibliothek in Berlin. Er verfasste 1850 die erste Darstellung jüdischer Literatur, katalogisierte die hebräischen Handschriften und Drucke großer Bibliotheken und gab 1858–1882 die Zeitschrift »Hebräische Bibliographie« heraus. Er gilt als Begründer der wissenschaftlichen hebräischen Bibliographie. Der Philosoph Heymann Steinthal (1823–1899) lehrte seit 1855 als Professor für allgemeine Sprachwissenschaft an der Berliner Universität und wurde 1872 auf den Lehrstuhl für Bibelwissenschaft und Religionsphilosophie an der neu gegründeten Hochschule für die Wissenschaft des Judentums berufen. Gemeinsam mit Moritz Lazarus begründete er die wissenschaftliche Völkerpsychologie und war Herausgeber der »Zeitschrift für Völkerpsychologie und Sprachpsychologie«. Salomon Kalischer (1845–1924) war Professor an der Technischen Hochschule Berlin und von 1912 bis zu seinem Tode Präsident des Deutsch-Israelitischen Gemeindebundes.

Als literarischer Anwalt der unterdrückten Völkerschaften Galiziens, vor allem der Bauern und jüdischen Kleinbürger und Handwerker, die noch unter dem inneren und äußeren Zwang fast mittelalterlicher Zustände leben mussten, ist Karl Emil Franzos (1848–1904) in die Literaturgeschichte eingegangen. Was für Gottfried Keller Seldwyla bedeutet, ist für diesen Erzähler das Städtchen Barnow. In nahezu allen Erzählungen wiederkehrend, repräsentiert es das osteuropäische Ghetto und das konfliktreiche Zusammenleben der Juden mit den Christen und ihrem Staat. Seit 1887 lebte Franzos als Journalist, Herausgeber und Verleger in Berlin, schrieb »Kulturbilder« über die Zustände in (Süd-)Osteuropa, die sich noch heute wie Entdeckungsfahrten lesen. Sein bedeutendstes Werk, den Roman »Der Pojaz«, die Geschichte eines ostjüdischen Bajazzo, der verballhornt Pojaz heißt und der zwischen galizischem Ghetto und bürgerlicher Gesellschaft aufgerieben wird, wagte er wegen zunehmendem Antisemitismus 1895 nicht in deutscher Sprache, sondern nur in russischer Übersetzung zu veröffentlichen. Auf seinem Grabstein stehen die Verse: *Wär Dein auch alle Erdenpracht/Und aller Weisheit Blüte/Das was zum Menschen erst Dich macht/Ist doch allein die Güte.* Hermann Staub

(1856–1904) war namhafter Anwalt, Mitbegründer und Mitherausgeber der »Juristischen Wochenschrift«. Seine Kommentare zum Handelsgesetzbuch und zum GmbH-Gesetz wurden zu Modellen deutscher juristischer Auslegung und machten ihn berühmt. Das Bonmot, das unter Freunden kursierte, wurde fast zu einem geflügelten Wort: »Hier liegt Staub – Kommentar überflüssig.« Der Talmud-Forscher Eduard Baneth (1855–1930) war Professor an der Hochschule für die Wissenschaft des Judentums, er »bildete eine ganze Rabbiner-Generation heran« (Riesenburger). Nach dem Vorbild der englischen Gewerkschaftsbewegung gründete der Nationalökonom und Sozialpolitiker Max Hirsch (1832–1905) gemeinsam mit Franz Duncker, dem Verleger und Herausgeber der fortschrittlichen Berliner »Volkszeitung«, 1868 den Verband der deutschen Gewerkvereine, die sogenannten Hirsch-Dunckerschen Gewerkschaften. Bei der Verbesserung der ökonomischen und sozialen Lage des Arbeiters ging Hirsch von dem Gedanken einer natürlichen Harmonie zwischen Kapital und Arbeit aus.

Sein Herz war der Quell seiner Weisheit, steht auf dem kunstvollen Grabstein des Literaturhistorikers und Schriftstellers Gustav Karpeles (1848–1909). Der Stein trägt die Nachbildung einer antiken Öllampe. Karpeles war Redakteur bei »Westermanns Monatsheften«, übernahm 1890 die »Allgemeine Zeitung des Judentums«, begründete Vereine für jüdische Geschichte und Literatur und trat selbst mit Werken über jüdische und deutsche Literatur, speziell über Heine (1884 brachte er eine kritische Gesamtausgabe heraus) und Goethe hervor.

Der Pharmakologe und Biochemiker Max Jaffe (1841–1911) starb während eines Besuches in Berlin, wirkte aber in Königsberg, zunächst in der Medizinischen Klinik, während er gleichzeitig eine Arztpraxis betrieb, die ihm den Ruf eines »Armenarztes« einbrachte, dann ab 1873 als erster Ordinarius für Pharmakologie an der dortigen Universität. Er erforschte die Umwandlung und Entgiftung körperfremder Stoffe im Organismus, den Stoffwechsel körpereigener Substanzen, darunter das Kreatinin, dessen chemischer Nachweis (Jaffes Kreatininprobe) seither mit seinem Namen verbunden ist.

Dem Physiologen Hermann Munk (1839–1912) dagegen, zu dessen Forschungsgebiet die Funktionen des Hirns und der Nervenerregung gehörte, blieb als Jude eine staatliche Anstellung oder ein Lehrstuhl an der Berliner Universität versagt. Er war Vorstand des Physiologischen

Laboratoriums an der Tierärztlichen Hochschule und wurde 1880 Mitglied der Akademie der Wissenschaften.

Der letzte Grabstein der Ehrenreihe ist dem Landesrabbiner Martin Riesenburger (1896–1965) gewidmet. Er hat als Prediger und Seelsorger die NS-Schreckenszeit erlebt und später in segensreicher Weise die Jüdische Gemeinde in Ost-Berlin gestärkt und zusammengehalten.

Auf einem Ehrenplatz erhebt sich der schlichte Grabstein für Herbert Baum (1912–1942). *Er war ein vorbildlicher Kämpfer gegen Krieg und Faschismus,* lautet die Inschrift. Ihm und seiner Frau Marianne gelang es, eine antifaschistische Widerstandsgruppe zu gründen, der neben weiteren Jungkommunisten auch junge jüdische Antifaschisten angehörten. Für den Brand, den sie als Signal des Widerstandes in der Hetzausstellung »Das Sowjetparadies« legten, wurde Herbert Baum am 11. Juni 1942 im Untersuchungsgefängnis ermordet, Marianne Baum und 26 weitere Angehörige der Gruppe wurden 1942/43 hingerichtet. Ihre Namen sind auf der Rückseite des Grabsteins festgehalten. 1949 war es gelungen, das Grab Herbert Baums auf dem Friedhof in Marzahn aufzuspüren. Seine Gebeine wurden auf den Friedhof in Weißensee überführt.

Am Nordrand der Abteilung G 7 steht an einer Rasenfläche eine Mauer mit eingelassenen Grabsteinen, auf denen Sterbeorte wie Sachsenhausen, Dachau und andere KZs vermerkt sind. Hier sind mehr als 800 Urnen mit der Asche ermordeter Juden beigesetzt.

Im nächsten Abschnitt der Ehrenreihe – auf dem Feld G I – befinden sich die Gräber weiterer bedeutender Persönlichkeiten. Der Historiker und Fürsorger Martin Philippson (1846–1916) begründete die Arbeiterkolonie in Weißensee und mehrere Fürsorgeanstalten, er brachte eine dreibändige »Neueste Geschichte des jüdischen Volkes« (1907–1911) heraus und wirkte am Gesamtarchiv der deutschen Juden in Berlin, das alle für die Geschichte der Juden bedeutsamen Dokumente sammelte.

Josef Eschelberger (1848–1916) wurde 1900 als Rabbiner für die Synagogen mit altem Ritus nach Berlin berufen und veröffentlichte Arbeiten zum Verhältnis von Juden- und Christentum. Seine Frau Ernestine Eschelbacher (1858–1931) übte eine verantwortungsvolle Tätigkeit in der jüdisch-sozialen Frauenarbeit aus.

Das Grab des Philosophen Hermann Cohen (1842–1918) entspricht ganz dem traditionellen Typus des Sarkophaggrabmals und erinnert den Besucher deshalb am ehesten an alte jüdische Friedhöfe. Dieser Sarkophag ist ein versachlichtes Zitat jener oft mit Reliefs, Ornamenten und Säulen reich geschmückten Gräber der Barockzeit, die für hervorragende jüdische Persönlichkeiten errichtet worden sind. Auf der Kopfwand sind über den Namen des Verstorbenen die segnenden Hände, das Namenssymbol für Cohen, abgebildet. Auf dem Satteldach der Schmalseiten stehen zweisprachig die Verse: *Platons strahlende Welt und Kants erleuchtete Tiefe/Strahlten dir, Großer, in eins: musisch erklangen sie dir./An der prophetischen Glut entbrannte die lodernde Fackel:/Sterbliches bargen wir hier, lodere heller, o Glut.* Cohen war 1876–1912 Professor in Marburg und gründete mit Paul Natorp die »Marburger Schule« des Neukantianismus. So suchte er Kants Lehre zu einem logischen Systemidealismus weiterzubilden, indem er vor allem den Dualismus von Anschauung und Denken, von Erscheinung und »Ding an sich« beseitigte. Später wirkte er an der Berliner Hochschule für die Wissenschaft des Judentums und entwickelte eine streng rationale Religionsphilosophie, gestützt auf das alttestamentarische Judentum.

Der Rabbiner Adolf Rosenzweig (1850–1918) kam 1887 nach Berlin, wo er als hervorragender Kanzelredner gerühmt wurde und sich auf historischem und archäologischem Gebiet betätigte. Auch der Rabbiner Siegmund Maybaum (1844–1919), 1881 nach Berlin berufen, war ein berühmter Kanzelredner, er lehrte Homiletik (Predigtlehre) an der Hochschule für die Wissenschaft des Judentums, gründete den Allgemeinen Deutschen Rabbiner-Verband und stand ihm lange Zeit vor.

In der Alten Schönhauser Str. 26 wohnte der »Wunderrabbi« Abram Mordko Grynberg (1867–1938). Er war der anerkannte religiöse Führer der Ostjuden Berlins. Auf seinem hebräisch beschrifteten Grabstein an der Ecke G 7 zu F 7, H 7 und I 7 ist ein Akrostichon, ein Gedicht, zu lesen, dessen Anfangsbuchstaben – von rechts oben nach unten – den Namen Abraham Mordechai ergeben. Dem Gedicht voraus gehen die fast hymnisch vorgetragenen Personenangaben, die, wie bei traditionellen Grabinschriften üblich, auch den Namen des Vaters enthalten: *Unter diesem Hügel ist bestattet/Unser Herr, unser Lehrer, der gerechte Rabbi,/Korb voller Bücher, der gelehrte Abraham Mordechai/Sohn des Rabbi, Fürsten der Thora/Herrn Chajim Cheika sel. Angedenkens aus Bisoyn/gestorben am Montag, 26. Tamus 5698.* Der hebräische

Schriftsteller Micha Josef Bin-Gorion (1865–1921), der aus der Ukraine stammte, lebte seit 1890 in Deutschland. Er begann mit hebräischen Essays in Zeitschriften, in denen er Auswüchse der jüdischen Tradition kritisierte und den für ihn revolutionären Chassidismus pries. Von 1901 an folgten jiddische Erzählungen, die das Leben in ostjüdischen Kleinstädten und die innere Gespaltenheit zwischen Tradition und religiöser Freiheit schildern, sowie Aufsätze zur Judenfrage. Seit 1911 in Berlin ansässig, besorgte er in deutscher Sprache Sammlungen jüdischer Sagen aus der talmudischen Zeit sowie späterer Märchen und Volkserzählungen, die in freier Nachdichtung, dann auch in hebräischer Sprache erschienen. Seine Frau Rahel, Zahnärztin und Hebraistin, führte mit ihrem Sohn Emanuel die Editionen nach Plänen ihres Mannes zu Ende und emigrierte 1936 nach Israel. Als bildliche Darstellungen findet man oft Figuren, die die Nach- und mitunter Vornamen der Verstorbenen symbolisieren. Die Abbildung eines Löwen auf dem Grabstein weist auf den hebräischen Namen hin, den sich der Schriftsteller, der eigentlich Berdyczewski hieß, zugelegt hatte.

Der Rabbiner Philipp Bloch (1841–1923) lehrte und forschte Geschichte der Philosophie und der Kabbala und war lange Zeit Präsident der Vereinigung liberaler Rabbiner. Während der Rechtsanwalt Oscar Cassel (1849–1923) 1901 zu den Gründern des Hilfsvereins der deutschen Juden für notleidende Juden gehörte und auch Vorsitzender des Verbandes der deutschen Juden war, stand der Jurist Eugen Fuchs (1856–1923) lange Zeit dem Central-Verein deutscher Staatsbürger jüdischen Glaubens vor. Der Physiker Eugen Goldstein (1850–1930), der eigentlich in der Berliner Sternwarte beschäftigt war, arbeitete in einem von ihm in seiner Schöneberger Mietwohnung eigens eingerichteten Laboratorium auf dem Gebiet der elektrischen Strahlung und Spektralanalyse und lieferte dabei wichtige Grundlagen für die spätere Entwicklung der Atom- und Kernphysik. Er entdeckte die Kanalstrahlen und Isotope und entwickelte den Massenspektrometer. Durch die elektrische Ablenkung der Kathodenstrahlen entsteht ein Fernsehbild auf dem Bildschirm.

Eugen Caspary (1863–1931), eigentlich Bildhauer von Beruf, gründete 1917 die Zentralwohlfahrtsstelle der deutschen Juden und organisierte das jüdische Wohlfahrtswesen in Berlin.

Der Maler und Graphiker Lesser Ury (1862–1931) gehört zu den Wegbereitern des deutschen Impressionismus, als in Berlin noch der Akademismus Anton von Werners herrschte und realistische Prinzipien durch Menzel, Skarbina und Liebermann noch nicht durchgesetzt waren. Neuartig war Urys Farb- und Lichtbehandlung, erprobt an Straßenbildern, Blumenstücken und Nachtstimmungen. Er stattete das Großstadtbild mit farbig sprühenden bis zuckenden Lichtern aus, die meist aus Brauntönen entwickelt wurden, malte die Straßen und den Verkehr fast aus Pariser Perspektive: Berliner Leben in der Umgebung des Tiergartenviertels mit einem zauberhaften Duft von Farbe und Stimmung und mit einem erstaunlichen Wagemut zu farbigen Kontrasten. Ury verfügte über ein hohes Maß an atmosphärischem Ausdruck, mit dem er etwa auf dem Ölbild »Brandenburger Tor« die Reihe der wartenden Droschken unter dem graugelben Himmel Berlins gestaltete. Gegen Jahrhundertende wandte er sich alttestamentarischen Themen in monumentalen Formaten zu, kehrte dann aber bald zur Landschaftsdarstellung zurück und erreichte in der Farb- und Lichtbehandlung mit einer luftig locker schwirrenden, lyrischen Auffassung einen künstlerischen Höhepunkt. 30 Jahre lang lebte er – unter Verfolgungswahn leidend – wie ein Einsiedler in seinem Atelier am Nollendorfplatz und bekannte, er habe »viele Feinde und wenig Freunde«. Nach seinem Tode fand man in seiner Wohnung nicht nur zahlreiche der besten Gemälde, sondern auch ein Vermögen von ungefähr 30 000 Mark. Über die Hälfte seines Gesamtwerks wurde dann von den Nationalsozialisten zerstört.

Leo Baeck (1873–1956) war seit 1912 Rabbiner in Berlin und wurde als Präsident der 1933 gegründeten Reichsvertretung der deutschen Juden zum angesehensten Repräsentanten und geistigen Führer der verfolgten deutschen Juden. 1943 kam er in das KZ Theresienstadt und ging nach dem Krieg nach London, wo er 1956 starb und begraben liegt. Die Inschrift auf dem Grab seiner Frau Nathalie erinnert an sein Wirken in Berlin. Das Leo-Baeck-Institut in Jerusalem, London und New York erforscht die Geschichte des deutschen Judentums.

Die erste Grabstätte der Reihe 2 von A 1 ist die des Arztes und Journalisten des »Berliner Tageblatts« Isidor Kastan (1840–1931). Sein Name ist mit jenem Theaterskandal am 20. Oktober 1889 verbunden, als der Dramenerstling »Vor Sonnenaufgang« des jungen Gerhart Hauptmann im Verein Freie Bühne seine Uraufführung erlebte. Als im fünften Akt auf der Bühne nach einer Hebamme gerufen wurde, holte im Parkett Dr. Kastan eine mitgebrachte Geburtszange heraus und schwenkte sie über seinem Kopf. »Rasender Tumult erhob sich«, berichteten Augenzeugen. Der Verein Freie Bühne schloss Kastan aus, musste ihn aber wieder aufnehmen. Als man ihm das Eintrittsgeld zurückerstatten wollte, wies er in Anspielung auf das Drama die Überweisung des Betrages an einen Verein zur Besserung von Gewohnheitstrinkern an.

Anfangs der Reihe 10 liegt der Journalist und Schriftsteller Theodor Wolff (1868–1943). Er war seit 1894 Pariser Korrespondent des »Berliner Tageblatts«, hatte dort gemeinsam mit Emile Zola und Anatole France um die Rehabilitierung des unschuldigen Dreyfus gekämpft, und wurde 1906 dessen Chefredakteur. Seine Leitartikel fanden internationale Beachtung, am Tag der Machtergreifung Hitlers schrieb er gegen die neue Diktatur und prophezeite den Volkswiderstand. Seine Schriften wurden bei der öffentlichen Bücherverbrennung im Mai 1933 auf den Scheiterhaufen geworfen. Wolff wurde in Nizza verhaftet und an die Gestapo ausgeliefert. Er wurde durch die Gefängnisse und Lager geschleppt, bis er sterbenskrank aus dem KZ Sachsenhausen ins Jüdische Krankenhaus eingeliefert wurde, wo er starb.

In Reihe 28 ist vorn als erster der Possendichter Eduard Jacobsohn (1833–1897) begraben. Er schrieb »Meine Tante, deine Tante« und »500 000 Taler«, das in Berlin mehr als 300 Aufführungen erreichte. Über 100 seiner Gesangspossen füllten zwischen 1860 und 1890 die Spielpläne der Berliner Privattheater. Neben David Kalisch ist Jacobsohn der wichtigste Vertreter der Berliner Lokalposse jener Zeit. Noch heute sind Redewendungen aus seinen Stücken gebräuchlich, wie »Bangemachen gilt nicht« und »Immer rin ins Vergnügen«.

Ein heller, hoher Stein in der Reihe 18 von E 1 bezeichnet das Grab des populärsten Zauberkünstlers im Deutschland des 19. Jhs., Samuel Bellachini (1827–1885). Als »Hofkünstler« steht er im Sterberegister. Seinen Mangel an Fingerfertigkeit soll er durch Humor ausgeglichen haben.

Auf dem Erbbegräbnis in M I am Weg zu I I ist der Toxikologe Louis Lewin (1850–1929) bestattet worden. Nachdem er lange Zeit bei Pettenkofer gearbeitet und bereits Weltruf erlangt hatte, wurde er 1893 zum Professor berufen. Er schrieb mehr als ein Dutzend Fachbücher über die Toxikologie, erforschte die Rauschgifte, die Blei- und Kohlenmonoxidvergiftungen in Betrieben sowie die Nebenwirkungen von Arzneimitteln und erarbeitete eine systematische Beschreibung von

Giftpflanzen. Er setzte sich für verbesserte Arbeitsverbindungen in der chemischen Industrie ein und lehnte jede Nutzung toxikologischer und chemischer Erkenntnisse für militärische Zwecke ab.

An der Friedhofsmauer gegenüber der Abteilung M I befindet sich das Erbbegräbnis des Verlegers Rudolf Mosse (1843–1920). Er begann mit der »Annoncen-Expedition Rudolf Mosse«, damals die erste Einrichtung dieser Art, mit der er so erfolgreich war, dass er 1872 eine eigene Zeitung, das angesehene liberale »Berliner Tageblatt«, gründen konnte. Mosse besaß außerdem eine Verlagsbuchhandlung, brachte Fachzeitschriften heraus und druckte Adress- und Telefonbücher. 1899 kam die »Berliner Morgenzeitung«, 1904 die »Berliner Volks-Zeitung« und später noch das »8-Uhr-Abendblatt« hinzu. Nach der Machtergreifung Hitlers wurde der Mosse-Verlag enteignet. Das von bronzenen Gittern umgebene Mausoleum Mosses, ein neuklassizistischer Bau aus rotem poliertem Granit mit einer von Pfeilern begrenzten Front, zwischen denen Säulen stehen, ist in keine jüdische Grabtradition einzuordnen.

Seinem Verleger Mosse gegenüber liegt der Schriftsteller und Humorist Siegmund Haber (1835–1895) begraben. Eigentlich war er Geschäftsreisender und Handlungsgehilfe, bis ihn Mosse 1872 bei der Gründung des »Berliner Tageblattes« für die humoristische Donnerstagsbeilage »Ulk« engagierte. Unter Habers Chefredaktion wurde sie zu einem beliebten politisch-satirischen, lokal-humorvollen Berliner Witzblatt, er schrieb selbst die Texte, erfand – wie schon Glassbrenner – Berliner Originale, wie den Eckensteher Nunne oder die Konfektionsmamsell Paula Erbswurst. Haber wurde zwar nach seinem Tode schnell vergessen, aber »Ulk« bestand weiter und wurde 1919 zeitweise auch von Kurt Tucholsky redigiert. Von den vielen Namen der Inschriftentafel auf dem Erbbegräbnis der Familie Scholem in Feld G 5 ist nur der Druckereibesitzer Arthur Scholem (1863–1925) hier beigesetzt worden. »Wir waren eine typische liberale bürgerliche Familie, in der die, wie man damals sagte, Assimilation ans Deutsche sehr weit fortgeschritten war ... Auf dem Grabstein meines Vaters gab es schon kein Hebräisch mehr«, schrieb sein Sohn Gershom Scholem, der schon 1923 nach Palästina auswanderte und 1982 in Jerusalem als Kabbalaforscher starb, in seinen Jugenderinnerungen »Von Berlin nach Jerusalem«. Andere Familienmitglieder konnten sich nach Australien retten, der Bruder Werner Scholem (1895–1942), kommunistischer Reichstagsabgeordneter, wurde 1942 in Buchenwald ermordet.

Die Grabstätte von einem, der heute noch weltbekannt ist: *Samuel Fischer, 24. Dez. 1859/15. Okt. 1934.* Unterhalb der Daten entdecken wir ein Viereck aus Grünspan. Es ist unschwer zu erkennen, was an dieser Stelle einmal angenagelt war: die Fischer-Netze. Die Symbole des Verlages sind herausgerissen aus dem Grabmal, verhökert als Altware, als Antiquität. Kaum jemand vermisst sie, jene Netze, die Hofmannsthal eingefangen haben, Schnitzler, Hesse, Altenberg, Shaw, Döblin, Freud, Kafka, Kerr, Pasternak, Stefan Zweig, Thomas Mann, Jakob Wassermann und Oskar Loerke. Bei S. Fischer erschienen ihre Bücher und durch ihn wurden sie berühmt. Der einstige Buchhändler aus der Friedrichstr. hatte 1886 seinen eigenen Verlag gegründet und sich mit naturalistischen und sozialkritischen deutschen und ausländischen Autoren wie Ibsen, Tolstoi, Dostojewski, Zola und Hauptmann einen Namen gemacht. 1889 war er Mitbegründer des Vereins Freie Bühne geworden, der die Erneuerung des Theaters aus dem Geiste des Naturalismus anstrebte. Aus der von S. Fischer herausgegebenen Zeitschrift »Freie Bühne« wurde die »Neue Rundschau«, die großen Einfluss auf das deutsche Geistesleben nahm. Thomas Mann verglich 1934 in seinem Nachruf auf S. Fischer diesen mit Johann Friedrich Cotta, dem Stuttgarter Verleger von Goethe und Schiller: »... der Vergleich liegt desto näher, als der Sinn fürs Klassische oder fürs Klassisch werden, die Neigung, das Revolutionäre ins Klassische münden zu lassen, sehr ausgesprochen bei ihm war. Er war der Mann des Wachstums, der reifenden Lebenswerke, der schönen Gesamtausgaben. Er selbst begann als Revolutionär, als Unternehmer des Kommenden, sein Verlag diente der literarischen Lufterneuerung nach dem Epigonentum ...« Auch der Dichter, Schriftsteller und Essayist Moritz Heimann (1868–1925) liegt in Feld P 4/Reihe 20 begraben. Seit 1895 schrieb er für die »Neue Rundschau« Kritiken und Essays »von untrüglicher Urteilskraft und stiller Autorität« und von 1896 bis zu seinem Tode arbeitete er als Lektor bei S. Fischer, wo er sich durch die Entdeckung und Förderung neuer Talente, wie Thomas Mann, Hermann Hesse, Friedrich Huch, Jakob Wassermann, Wilhelm Lehmann und Oskar Loerke, höchst verdienstvoll machte. So hatte er »ungenannten, aber maßgebenden Anteil am Werdegang der modernen deutschen Literatur, dem er sein eigenes Schaffen geopfert hat« (Ernst

Stein). Heimann fühlte sich als Deutscher und zugleich als Jude, denn »es ist nichts Unnatürliches darin, seine Bahn mit zwei Mittelpunkten zu laufen; einige Kometen tun es und die Planeten alle.«

Nahe dem Friedhofseingang in der Indira-Gandhi-Str. finden wir in der 3. Reihe von K 5 das Grab des expressionistischen Lyrikers Ernst Blass (1890–1935). Der promovierte Jurist und Bankkaufmann, Journalist und Lektor veröffentlichte die expressionistischen Gedichtsammlungen »Die Straßen komme ich entlanggeweht« (1912), »Die Gedichte von Trennung und Licht« (1915), »Die Gedichte von Sommer und Tod« (1918) und »Der offene Strom« (1921), kritische Essays über Stefan George und das Wesen der neuen Tanzkunst. Von 1914 bis 1921 gab er auch »Die Argonauten« heraus, »Blätter für Dichtung und Philosophie«. Im expressionistischen Reihungsstil seiner Gedichte kommt die Erfahrung der Entfremdung und Ich-Dissoziation zu Wort. Das Gedicht »Autofahrt« stellt das Verwirrende und innerlich Leere des modernen Lebenstempos dar und enthält zugleich eine ironisch-sprachreflexive Komponente: »... rast weiter über menschenlosen Platz,/Gelb, keuchend, zwischen Träumen und Erwachen,/Rings Nebel, die Gebüsche blinder machen,/Das Auto dreht ... in einem Satz.// Ich liege nur, mein Herz ward ausgerenkt,/Bin ich hier nicht am Brandenburger Tor?/Rechts steigt der Himmel dunstig schief empor,/Wo klein der Mond, ein weißer Tropfen, hängt.« Ein kleiner, neuerer Grabstein bezeichnet in der 17. Reihe der Abteilung U I das Grab des »Weltbühnen«-Mitarbeiters Berthold Jacob (1898–1944). Er hatte nach dem 1. Weltkrieg den Militarismus, die geheime deutsche Aufrüstung und die Fememorde der Schwarzen Reichswehr bloßgestellt. Damit hatte er sich den deutschen Rechten so verhasst gemacht, dass sein Name nicht nur auf die Ausbürgerungsliste kam, sondern er 1935 sogar aus der Schweiz nach Deutschland verschleppt wurde. Durch Intervention der Schweizer Regierung wieder befreit, wurde er abermals aus Portugal nach Deutschland entführt, wo er nach drei schrecklichen Haftjahren bei der Gestapo verstarb.

In der Reihe 18 von P 2 findet sich ohne Lebensdaten das Grab von David Frischmann (1865–1922), der als klassischer neuhebräischer Schriftsteller Gedichte, Essays, Erzählungen und Legenden schrieb sowie Shakespeare, Goethe, Nietzsche und Tagore übersetzte. In der Reihe 6 der Abteilung Q 4 ist auch das Grab des in Minsk geborenen Schriftstellers und Übersetzers Alexander Eliasberg (1878–1924). Er veröffentlichte »Russische Lyrik der Gegenwart«, »Die russische Kunst«, »Russische Baukunst« und übersetzte Dostojewski, Gorki, Puschkin und Scholem Alejchem. In der 34. Reihe der Abteilung C 6 erhebt sich ein roter Granitstein mit einer reliefierten Eule und dem Spruch: *Es sprach die Not/Ich beuge dich/Es sprach der Mut/Ich wehre mich/Es sprach die Zeit/Ruhm winkt und Licht/Da sprach der Tod/Ich will es nicht.* Hier liegt der Schriftsteller und Journalist Jakob Scherek (1870–1927), der Dramen und Romane schrieb, lange Zeit Redakteur verschiedener Zeitungen und Zeitschriften und zuletzt als Oberregierungsrat stellvertretender Pressechef der preußischen Landesregierung war. In der 11. Reihe von F 7 befindet sich das Grab von Arthur Sakheim (1884–1931), der Molière, Goldoni und Lermontow übersetzte, Romane und Dramen schrieb. Auf dem Grabstein des Lyrikers und Erzählers Ludwig Jacobowski (1868–1900) stehen über der Darstellung einer liegenden Fackel die Worte *ratlos, furchtlos, selbstlos.* Mit dem Roman »Werther der Jude« (1892) erregte er Aufsehen, er gründete den Berliner Klub für Schriftsteller und Künstler »Die Kommenden« und war gemeinsam mit Richard Zoozmann Redakteur der Berliner Monatshefte »Zeitgenossen«.

An der Mauer von U 2 liegt ein produktiver Berliner Unterhaltungsschriftsteller und Theaterleiter, Oscar Blumenthal (1852–1917), begraben. Er begann 1875 als Theaterkritiker und Feuilletonchef im »Berliner Tageblatt«. Seine erbarmungslosen Verrisse trugen ihm den Beinamen »der Blutige« ein. Seinen eigenen Stücke war mancher Misserfolg beschieden, und deshalb gründete er wohl auch 1888 das Lessingtheater, das er bis 1897 leitete. Hier machte 1889 die Uraufführung von Gerhart Hauptmanns »Vor Sonnenaufgang« Theatergeschichte. Sein gemeinsam mit Kadelburg verfasster Gesellschaftsschwank »Im weißen Rößl« (1898) ist bis heute in den Repertoires deutscher Bühnen zu finden. Auch der Komponist des früher sehr verbreiteten Gassenhauers »In Rixdorf ist Musike«, der Musikdirektor Eugen Philippi (1856–1920), ruht in O 5. Ein weiterer Musiker, Adolf Schreiber (1883–1920), der in Berlin an der »Neuen Opernschule« von Mary Hahn lehrte, ist in P 5 bestattet. Nach seinem Freitod fand man in seinem Nachlass 200 Lieder, einen Chor mit Orchester als Vertonung von Bürgers »Lenore«, ein Zyklus »Marienleben« nach Rilke für Gesang, Klavier und Viola sowie auch Bühnenmusiken zu Stücken von Max Brod, der später Schreibers Musikerschicksal würdigte und zehn seiner Lieder herausgab.

Am Anfang der Reihe 11 von U I befindet sich das Grab der Schriftstellerin und Sozialarbeiterin Lina Morgenstern (1830–1909), die zu Lebzeiten als »Suppen-Lina« berühmt wurde. Schon als 18-Jährige gründete die Fabrikantentochter einen »Pfennigverein zur Unterstützung armer Schulkinder«. Seit 1854 in Berlin lebend, rief diese tapfere, praktisch veranlagte Frau, die ein großes Organisationstalent besaß und die ihre Kinder und Freunde in der Grabinschrift eine *große Menschenfreundin* nannten, einen Kinder- und Frauenverein nach dem anderen ins Leben: 1866 den »Verein Berliner Volksküchen«, 1868 den Kinderschutzverein, 1869 war sie Mitbegründerin des ersten Arbeiterinnen-Bildungsvereins und der ersten Krankenkasse für Arbeiterinnen, 1873 bildete sie den »Berliner Hausfrauenverein gegen Verteuerung und Verfälschung der Lebensmittel« und 1880 den »Frauenverein zur Rettung sittlich verwahrloster und strafentlassener minderjähriger Mädchen«. 1907 gab es in allen Berliner Bezirken solche Volksküchen. Zugleich verfasste Lina Morgenstern Haushaltsbücher, Erzählungen, Kinderbücher und setzte sich publizistisch für die Frauenbewegung ein. Als ihre Hauptwerke gelten »Die Frauen des 19. Jahrhunderts« und »Frauenarbeit in Deutschland«. Seit 1895 gehörte sie dem Vorstand der Deutschen Friedensgesellschaft an, von 1874 bis 1904 gab sie die an den Sonntagen erscheinende »Deutsche Hausfrauenzeitung« heraus.

Eigentlich als Wundarzt und Geburtshelfer in Berlin tätig, wurde Salomon Neumann (1819–1908) einer der verdienstvollsten Sozialmediziner und Sozialhygieniker. Bereits 1847 hatte er die Programmschrift »Die öffentliche Gesundheitspflege und das Eigentum« veröffentlicht. Auf seine Anregung wurde dann 1860 in Berlin ein statistisches Büro geschaffen, das sich besonders der Armenkrankenpflege widmete. Neuman war zugleich Mitbegründer der Berliner Hochschule für die Wissenschaft des Judentums.

Von den Gelehrten, deren Leistungen das Ansehen Berlins ausmachten, sind weiter zu nennen: der Physiker Hermann Aron (1845–1913), der die drahtlose Telegraphie erfand und schon 1880 drahtlos Signale über den Wannsee sandte, 1884/85 den ersten praktisch brauchbaren Elektrizitätszähler, Aronzähler genannt, baute, 1891 die für Drehstrommessungen erforderliche Zwei-Watt-Meterschaltung angab, Arbeiten über Kondensatoren, Mikrophone, Akkumulatoren lieferte und nebenbei noch das Glasglühlicht erfand. Sein Grabmal am Wasserturm schuf der Architekt Max Landsberg. Der Mediziner Ismar Boas (1858–1938), ab 1882 als praktischer Arzt in Berlin tätig, gründete das erste deutsche Hospital für Unterleibskranke und eine Armenapotheke. Nach dem Internisten Moritz Litten (1845–1907) ist das Litten-Phänomen in der Medizin benannt. Der Urologe Eugen Joseph (1879–1933) leitete die Urologische Abteilung der Chirurgischen Universitätsklinik, war Verfasser des Standardwerkes »Lehrbuch der Hyperämiebehandlung akuter chirurgischer Infektionen« und seit 1927 Mitherausgeber der »Zeitschrift der Urologie«. Nachdem ihn die Nationalsozialisten aus Amt und Lehre gejagt hatten, nahm er sich das Leben. Er wurde auf dem Erbbegräbnis in L 5 bestattet. Der Bakteriologe Hans Aronson (1865–1919) leitete die bakteriologische Abteilung der Firma Schering-Chemie und stiftete einen nach ihm benannten Preis zur Förderung von Ärzten und Forschern, die auf dem Gebiet der experimentellen Therapie und Mikrobiologie arbeiteten. *Auf den Mund von Kindern hast du deine Macht gegründet,* steht auf dem Grabstein von Adolf Baginsky (1843–1918), einem der Begründer der modernen Kinderheilkunde, der Schulärzte, Säuglingsasyle und eine systematische Jugendfürsorge in Berlin einführte. Er gründete und leitete das Kaiserin-Friedrich-Krankenhaus, verfasste unter anderem ein Lehrbuch für Schulhygiene und schuf 1880 das Archiv für Kinderheilkunde. Ein Pionier der modernen Nasenplastik war der begnadete Operateur Jacques Joseph (1865–1934), der um die Jahrhundertwende in Berlin Ohren und Nasen chirurgisch korrigierte und unter dem Namen »Nasen-Joseph« populär wurde. Während des 1. Weltkrieges und noch danach leitete er eine Abteilung für plastische Behandlung Kriegsverletzter in der Charité und operierte verstümmelte Soldaten so kunstreich, dass sein Ruf noch während des Krieges bis in die USA drang. 1934 starb er an Herzversagen, das Jahr zuvor war er von den neuen Machthabern misshandelt worden. Sein Erbbegräbnis liegt in H 5.

Der Arzt und Schriftsteller Iwan Bloch (1872–1918) war einer der bekanntesten Sexualforscher seiner Zeit. Er veröffentlichte seine sexualpsychologischen Arbeiten unter dem Pseudonym Eugen Dühren; als sein Hauptwerk gilt »Das Sexualleben unserer Zeit«, das 1919 in 12. Auflage erschien. Sein Erbbegräbnis befindet sich in A 4 gegenüber von B 4. Eines der ersten Opfer der nationalsozialistischen Judenverfolgung ist der in Berlin-Biesdorf praktizierende, beliebte Arzt

Arno Philippsthal gewesen. Er wurde am 9. April 1933 von SA-Leuten ermordet. Er wurde im Feld H 7 bestattet. Von schlichten Grabsteinen bis zu prachtvollen Grabanlagen und Mausoleen findet man auf dem Friedhof alles, was die Epoche hervorbrachte: vom zitierfreudigen Historismus bis zur schöpferischen Moderne. Dabei ist auf viele künstlerisch bedeutende Grabmäler zu verweisen, aber auch auf solche, denen wir heute verständnislos gegenüberstehen, die aber als Ausdruck der Zeit verstanden werden müssen.

Am Ende von C 2 erhebt sich eines der aufwendigsten und kostspieligsten Mausoleen in Berlin überhaupt, das Erbbegräbnis für die Familie des Bankiers Sigmund Aschrott (1826–1915) ist: Ein kolossaler roter Granitbau trägt über trapezförmigem Grundriss mit leicht zum Rondell hin ausschwingender Vorderseite einen Architrav mit einem zur Mitte eingerückten und auf Pfeilergruppen gestellten Turmhelm. Der pyramidale Helm wird durchzogen von einem Band mit durchbrochenem und als Oberlicht dienendem Davidstern und gekrönt von einer orientalisch geformten Haube. Erbauer ist der Architekt Bruno Schmitz, als Fachmann für Gesinnungsarchitektur von gigantischen Ausmaßen bekannt; er hatte das Völkerschlachtdenkmal in Leipzig entworfen.

Im Winkel von historisierenden Wandgrabmalen an der Nord- und Südwestmauer befindet sich das Erbbegräbnis Michaelis, eine zentralisierende offene Halle auf 16 korinthischen Säulen, in der Mitte bekrönt von einer achteckigen, oben offenen Kuppel mit einem in halbrunde Bögen aufgelösten Tambour. Es ist eine einfühlsame Nachbildung der italienischen Hochrenaissance.

Inmitten einer langen Reihe von renaissancehaften Grabmalen aus Sandstein zeichnet sich das Grabmal für Manfred Cahn (1854–1903) durch einen phantasievoll ägyptisierenden Stil, massig und düster durch die ausschließliche Verwendung von schwarzem poliertem Granit, aus. Das Medaillon mit dem Bildnis des Verstorbenen konnte einstmals verschlossen werden. Ein solches für ein jüdisches Grabmal ungewöhnliches Bildnis findet sich ebenso an dem Grabmal für Berthold Kempinski, wie selbst christliche Symbole, so die Lünette mit dem »Auge Gottes« im Strahlenkranz am Grabmal Wilhelm Ledermann, Verwendung finden.

Eine hochansteigende dreiteilige Architekturkulisse in Renaissance- und Rokokoformen, das Grabmal für Theodor Leberecht David (1852–

1898), bildet unter den historisierenden Beispielen eines der anmutigsten Grabmale.

Zu den dekorativ bedeutsamsten Grabmalen des romanisierenden Stils zählt das Erbbegräbnis Salinger-Daniel. Dessen Prachtstück ist das rundbogige Tympanon, das, von ornamentierten, auf Säulen aufsteigenden Archivolten umrahmt, völlig von den Blüten und Blättern eines Rosenstrauches ausgefüllt wird. Historismus mischt sich hier mit Jugendstil, auch in der Schrift mit den Familiennamen, die vieles mit der Kalligraphie auf dem Grabmal von Benjamin Liebermann auf dem Friedhof in der Schönhauser Allee gemeinsam hat. Die Blendarkade unter dem Tympanon setzt sich als geöffnete dreiachsige Arkade in den Seitenteilen fort, während deren Stirnseiten mit typischen Flechtbandmustern der Romanik geschmückt sind. Unter den Grabmalen, die aus Säulenreihen errichtet wurden, gehört das Grabmal für den Dresdener Bankdirektor Georg Wilhelm Arnstaedt (1844–1911), das Friedrich Blau schuf, zu den aufwendigsten. Die Mitte bildet ein von einer Flachkuppel überdeckter und von dorischen Säulen getragener Bau über ovalem Grundriss. Daran schließen sich zu beiden Seiten symmetrisch Säulenreihen an. Von den auf dem Architrav aufgestellten Urnen aus Kupferblech sind nur noch Reste geblieben.

Einen eigentümlichen, wegen der hohen Rückwand und der seitlichen, konvex geschwungenen Lehnen einem Thronsessel vergleichbaren Typ vertreten verschiedene Grabmäler aus dem ersten Jahrzehnt des 20. Jhs. So das Grabmal Israel Baer (1824–1905) mit kugelig zugeschnittenen Buketts aus Kupferblech über den Lehnen, charakteristisch für den floralen Dekor des Sezessionsstils.

Anstelle der Schrifttafeln am Grabmal Baer ist in dem ebenfalls dem Thronsessel-Typ zugehörigen Grabmal für Rosalie Baszynski (1854–1905) in die Nische der Rückwand ein Relief aus Kupferblech eingelassen – eine symbolische Landschaft mit Jugendstilmotiven aus dem ersten Jahrzehnt des Jahrhunderts. Das Relief kehrt wörtlich wieder in dem Grabmal gleichen Typs für Abraham Harrison (1831–1908). Dagegen erinnert das Jugendstil-Wandgrabmal für Fanny Beck (1863–1909) mit seiner straffen Tektonik und seinem linearen Ausdruck an Gestaltungen Heny van de Veldes, wie dieser sie 1901 im Karl Ernst Osthaus Museum in Hagen schuf. Auch die Grabmäler für Alexander Aronheim (1861–1906) und Adolf Bernhard (1843–1901) sind weitere Beispiele für den Thronsessel-Typ, letzteres mit hoher, von jugendstilig bewegten Drapierungen besetzter Rückwand, in die eine rechteckige Öffnung eingelassen ist. Eine reich ausgestattete Variante des Ziborium-Typs, den auf Säulen ruhenden, überdachten Überbau eines Grabes, präsentiert das Grabmal für Rosalie Ernst (1853–1899): Über quadratischem Grundriss erhebt sich der tempelartige, üppig dekorierte Bau, eingefasst von Balusterschranken, die Säulenschäfte unten mit Girlanden umwunden, über dem Architrav Volutengiebel, als Abschluss eine doppelt gestufte Laterne aus Kupfer. Auch das Mosaikbild an der Rückwand enthält, sich auf den Vornamen der Toten beziehend, einen fülligen Rosenbusch.

Bei dem Sandsteingrabmal für Salo Rawitzki (1846–1921) handelt es sich ebenso um eine Ziborium- oder Tabernakelform aus vier an den Basen und Kapitellen floral ornamentierten Säulen über quadratischem Grundriss, in der Mitte ein Kubus mit einer Art Opferschale aus Metall, das Ganze von einer kugeligen Kuppel aus Laubwerk bekrönt. Der nachwirkende Einfluss des Jugendstils verbindet sich hier mit Formen des für die frühen 1920er Jahre typischen Dekorationsstils, expressiv spitzigen, dreieckigen und Zickzackformen. Architektonisch vergleichbar, ebenfalls ein Tabernakel auf quadratischem Grundriss, doch der Inschriftpfeiler organisch mit dem Gehäuse verbunden, ist das Grabmal des Pelzwarenfabrikanten Abraham Wolff (1866–1924). Romanisierende Säulen, Dreipassbögen und die orientalisierende Faltkuppel über dem von einem Band mit Davidsternen ornamentierten Architrav weisen hier mehr auf den Historismus zurück.

Ausschließlich romanisierende Tendenzen weisen dagegen die Mausoleen für Mathilde Mecklenburg (1884–1907) und Hermann Hoffmann (1847–1907) aus dem ersten Jahrzehnt des 20 Jhs. auf. Das Mecklenburgische, eine offene Halle auf Eckpfeilern und eingestellten Säulen, vertritt eine antikische Haltung, die an die südfranzösische Romanik um 1100 erinnert. Das Hoffmannsche weist mit seinem üppigen Pflanzendekor eher auf die spätmitteleuropäische Romanik, besonders im großen Rundbogen vorn und in den schönen Seitennischen. Bei beiden mischt sich aber das Romanische mit dem Gotischen, so in der kunstvollen Fensterrose im Giebel des Mecklenburg-Grabmals, oder mit dem Byzantinischen, so im Mosaik im Inneren des Hoffmannschen Mausoleums. Das Grabmal Jacob Appelbaum (1836–1911) übertrifft die im historisierenden Stil der Romanik gehaltenen Familiengräber in der Vollkommenheit seiner Ausstattung. Es besteht aus einem Haus mit geschlossener Rückwand, von einem Satteldach bedeckt. Die Vorderfront und die beiden Seiten sind in dreiteilige Säulenarkaden gegliedert, die mittlere Arkade jeweils erhöht. Eine Zwerggalerie umläuft die Fassade und steigt im Giebelfeld an.

Zu den herausragenden Beispielen des neugotischen Stils – allerdings aus späterer Zeit – zählt das Grabmal Adolph Köhler (1858–1919), eine aus Muschelkalk errichtete dreiachsige Spitzbogenarkade auf segmentbodigem Grundriss. Die Säulen haben Zickzack- und Rhombenmuster auf dem Schaft und die für die Übergangsphase von der Romanik zur Gotik typischen Kelchblockkapitelle. Nur die Ornamentbänder, Arkadenbögen und das Abschlussgesims sind freie, aus der Zeit heraus geborene Erfindungen.

Ungewöhnlich und einmalig ist das Grabmal für Alfred Abraham Cohn (1861–1932), das Otto Stichling 1903 entwarf. Zwei nach oben sich verjüngende, durch ein Band aus hellblauen Kacheln farbig hervorstechende Pylonen tragen jugendstilhafte Gebilde aus züngelnden Flammen und vegetativen Motiven. Dazwischen, wie eingeklinkt, eine Bronzetafel, die in fast schon neuklassizistischer Majuskelschrift neben dem Namen den 23. Psalm wiedergibt. Auch das sonst kaum erwähnenswerte Grabmal für Henriette Kalischer (1845–1900) trägt in einem Tympanon einen Sinnspruch aus dem Hohelied Salomons: *Stark wie der Tod ist die Liebe, /Unwiderstehlich wie das Grab ist ihre Gewalt.* Er steht in jugendstilmäßiger Majuskelschrift – wie ineinander verwoben – vor einem Spalier aus Efeu, einer Pflanze, die seit dem Altertum und in allen Religionen als Symbol der Fruchtbarkeit und treuen Anhänglichkeit gilt.

Das Erbbegräbnis für den im ostpreußischen Bernsteinabbau tätigen Unternehmer Moritz Becker (1830–1901) ist ein interessantes Zeugnis aus der Zeit der Stilwende im ersten Jahrzehnt des 20. Jhs. Martin Dülfer erbaute es aus strengen, stehenden Rechteckfeldern und -öffnungen sowie aus kleinen gruppierten Quadraten mit einem untrüglichen Sinn für Proportionen. In seiner monumentalen Würde und geometrischen Schlichtheit nimmt es Elemente der späteren kubistischen und funktionellen Architektur vorweg. Aus der Werkstatt von Hugo Lederer, dem Schöpfer monumentaler Denkmalkunst in den 1920er Jahren, stammt das Wandgrab für Toni Wallach (1881–1930). Dessen übergiebelte Rückwand ist monumental gestaltet, das plastische Empfinden aber drückt sich in den gedrungenen wie gewundenen Säulen der seitlichen Schranken, vor allem aber in den vier großen Kugeln am Eingang aus, die einst ein Gitter trugen.

Eine der schönsten Grabstätten des Friedhofes ist die für Markus Goldschmidt (1851–1922). Sie besteht aus einer rechteckigen Sandsteinanlage. Die Vorderfront öffnet sich in acht Rundbögen, die, ganz im Stil der zwanziger Jahre, wie aus der glattflächigen Mauer ausgeschnitten sind. An den Schmalseiten sind es jeweils zwei Bögen. In die vorderen Bögen sind stilvoll gestaltete Gitter eingelassen, mit lanzettförmigen Blüten geschmückte Vierpässe, in deren Mitte abwechselnd der Davidstern, eine Sanduhr, eine Schlange und verschiedene Monogramme eingefügt sind, auf dem Rahmen oben Palmen in der für diese Zeit typischen stilisierten Form. Zwei Ädikulen gliedern die schmucklose Rückwand und fassen eine Nische ein, in die auf hohem kanneliertem Sockel eine Vase hineingestellt ist. Das Ganze ist ein hervorragendes Beispiel für das Ineinander von traditionellen und neuen Formen. Das Mausoleum Katz-Lachmann ist um 1910 nach eigenem Entwurf des Baumeisters Louis Lachmann (1860–1910) in ungewöhnlicher Gestalt errichtet worden. Es ist ein amorphes, grottenähnliches Gehäuse aus dem in dieser Zeit gern für historistische Architektur verwendeten Rustika-Mauerwerk, grob zugehauenen Bruchsteinquadern. Vorbild scheint das von Hermann Obrist als riesige Muschel gestaltete Grabmal Örtel aus dem Jahre 1901/02 im Fichtelgebirge gewesen zu sein, auch wenn bei Lachmann die Lotrechte, die Fenster und Gewölbe doch stärker auf Architektur verweisen. Der Kontrast zu dem rechts anschließenden Grabmal für den Bankier Eugen Panofsky (1855–1922), das der langjährige Berliner Stadtbaurat Ludwig Hoffmann errichtete, ist besonders groß: Aus großporigem Muschelkalk entstand 1919 eine vornehm-stilvolle, von Halbarkaden proportional untergliederte Architekturwand, die neuklassizistische und neubarocke Tendenzen ausgewogen und harmonisch miteinander zu vereinen weiß. Setzt man dazu noch das Erbbegräbnis des Bankiers Oscar Loewenberg (1853–1919) in V I gegenüber der Abteilung Wasserturm in Beziehung, wird man sich der rasanten Form- und Stilentwicklung jener Zeit bewusst: Hier vereinen sich in einer breiten, senkrecht geriefelten Wand, die von fünf hochrechteckigen Öffnungen durchbrochen wird und die einen von stilisierten Blumen geschmückten Gesims trägt, Sachlichkeit und Expressionismus. Aber auch hier wird an die jüdische Grabmalkunst in Form von Stelen angeknüpft, die sonst die

Giebelseiten der Grabmale in Hausform darstellen, hier aber zu Paaren verbunden und in die rechteckigen Öffnungen hineingestellt wurden. Das gänzlich abhanden gekommene Gitter zwischen den Einfassungspfeilern muss man sich allerdings hinzudenken.

Zu einer ganzen Reihe von Architekturgrabmälern, die dem Konstruktivismus und Funktionalismus zuzurechnen sind, gehört auch das streng monumentalisierte Grabmal Netti Garfunkel (1887–1925), ein dreiflügeliger, nach oben und zu allen Seiten offenen Quader- und Pfeilerbau, der doch ziemlich roh und plump wirkt. Ganz im Unterschied zu dem durch seine monumentale Schlichtheit wie geistige Spannung überzeugenden Grabmal für den Kaufmann Albert Mendel (1866–1922), der nach einem Entwurf von Walter Gropius 1923 als Werkstattarbeit des Weimarer Bauhauses errichtet wurde. Die auf ein Prisma reduzierte Form des seitlich stehenden Sarkophags vor einer gesimsversehenen Rückwand, der links die Rahmenleiste fehlt, ist ebenso kühn wie reizvoll in der belebenden Asymmetrie wie erreichten Raumwirkung. Hier wurde eine Einheit von plastischer und architektonischer Form erreicht, die, nur noch vergleichbar mit dem architektonisch gerahmten Sarkophag Hugo Lederers für die Grabstätte Stresemann auf dem Luisenstädtischen Friedhof, von den vielen üblichen Fassadenarchitekturen der Berliner Friedhöfe absticht.

Der Bildhauer Fritz Klimsch, der schon die Grabstele für Emilie Loeffler (1904) und das Grabdenkmal für Emil Fischer (1920), beide eine Synthese von Jugendstil und Klassizismus, geschaffen hatte, ist auch der Schöpfer des Erbbegräbnisses für den Juristen Hugo Sonnenfeld (1863–1927) in der Abteilung U I. Sonnenfeld war ein bedeutender Strafverteidiger, wirkte 1900 auch am Aufsehen erregenden Ritualmordprozess von Konitz mit. Seit 1917 war er Hauptvorstandsmitglied des Central-Verbandes der deutschen Juden. In reinen, klassischen Formen, die sein Spätwerk bestimmten, hat Klimsch das in seinen Formen klare und schmucklose Grabmal gestaltet, die Wandfläche allein von den leicht angeschrägten Eckpfeilern, von Lisenen und einem konkav ausschwingenden Gesims mit Deckplatte gegliedert. Es vertritt nahezu pur die Neue Sachlichkeit der zwanziger Jahre, allerdings mit ägyptisierenden Zügen.

Das expressiv-architektonisch angelegte Grabmal für den Regierungsbaumeister Louis Fränkel (1863–1922) wird vermutlich von Fränkel selbst stammen. Der auf fünf Stufen errichtete und nach oben spitz zulaufende Bogen der Schrifttafel, der sich in sechsfacher Wiederholung nach hinten vergrößert, reckt sich symbolhaft zum Himmel empor. Der Davidstern bildet den einzigen ornamentalen Schmuck.

In unmittelbarer Nachbarschaft des Erbbegräbnisses Goldschmidt am Wasserturm steht ein monumentaler Findling für Hugo J. Herzfeld (1869–1922). Er wird noch übertroffen von dem riesigen, hochgestellten Findlingsensemble des Grabmals Dridso an der Nordostecke von O 5, das 1921 anlässlich des Todes des 8-jährigen David errichtet und dessen mittlerer, 4 m hoher Stein mit einer kleinen Erinnerungstafel für den 1944 in Auschwitz umgekommenen Gregor Dridso versehen wurde. Die vorgeschichtlich anmutenden Steinmonumente erinnern an die sogenannten Menhiren, die im Bereich der westeuropäischen Megalithik und bis nach Mitteleuropa verbreitete monolithische, symbolische Denkmalform des späten Neolithikums und der frühen Bronzezeit. Die größten monumentalen Kreisbauten aus mächtigen menhirartigen Monolithen stellen ja die Anlagen von Stonehenge und Avebury (Wiltshire) in England dar.

Hier ist auch noch an den roten Granitfindling für Jakob Scherek zu erinnern, in den eine Eule und ein sinnreicher Spruch eingehauen ist.

Bedeutende Berliner auf weiteren Friedhöfen

Balden, Theo (1904–1995), Bildhauer, dessen Werke in eine gespannte, ruhelose Kurve oder in den statisch aufstrebenden Block eingebunden sind. Später verschmelzen das Statuarisch-Stabilisierende und das Rundend-Verschleifende zu einer neuen Einheit, die sich der Wirkung von Hohlräumen und Ummantelungen bedient sowie Innigkeit oder Dramatik zum Ausdruck bringt. (Friedhof Pankow III, Leonhard-Frank-Str. 103)

Begas, Reinhold (1831–1911), Bildhauer, der als Hauptvertreter des Neubarock in Berlin zum Schöpfer malerisch-sinnlicher Werke erzählerischen Charakters wurde. Trotz bedeutender Staatsaufträge wurde sein Stil später durch einen Neuklassizismus abgelöst, wie von seinem künstlerischen Antipoden Adolf von Hildebrand vertreten. Zwei marmorne Kissensteine auf den efeubepflanzten Begas-Gräbern werden von vier gusseisernen Pfosten mit Pinienzapfen und verbindenden Ketten begrenzt. (Alter Friedhof der Zwölf-Apostel-Gemeinde, Kolonnenstr. 24/25)

Behrens, Peter (1868–1940), Architekt, Grafiker und Industriedesigner der Neuen Sachlichkeit, er war seit 1907 als künstlerischer Berater des AEG-Elektrokonzerns in Berlin tätig. Damit hatte erstmals ein Gestalter Einfluss auf alle Bauten und Produkte eines Konzerns. Behrens wurde so zum führenden deutschen Industriearchitekten und Industrieformgestalter. (Raum 16 der Urnenhalle Städtischer Friedhof Wilmersdorf, Berliner Str. 81–103)

Benn, Gottfried (1886–1956), Dichter und Arzt, er erhielt 1951 den Georg-Büchner-Preis und hat fast 20 Jahre in Berlin-Kreuzberg gelebt, von 1918 bis 1935 betrieb er eine Praxis als Facharzt für Haut- und Geschlechtskrankheiten. Der aus dem Expressionismus hervorgegangene Verfasser bedeutender Gedichte und Prosa hat der modernen Literatur viele Anregungen gegeben. Während er in seinen frühen Dichtungen eine Welt von Krankheit und Verwesung zeichnete und der Rationalität das Streben nach dem Rauschhaft-Irrationalen, nach Auflösung der Individualität entgegensetzte, sind die sprachkünstlerisch bedeutenden Spätgedichte Bekenntnis zu

Form und Stil, in denen sich der Geist inmitten des Wortzerfalls behauptet. (Waldfriedhof Dahlem, Hüttenweg 47)

Bildt, Paul (1885–1957), Schauspieler, der seine Qualitäten als Charakterspieler von außerordentlicher Wandlungsfähigkeit in den Dienst so unterschiedlicher Regisseure wie Reinhardt, Jessner, Piscator und Gründgens stellte. Sein Grabmal trägt eine Kleinbronze »Eirene« auf hohem, schmalem Pfeiler von Gerhard Marcks aus dem Jahre 1937. (St.-Annen-Kirchhof und Städtischer Friedhof Dahlem, Königin-Luise-Str. 55–57)

Blacher, Boris (1903–1975), Komponist. Er war 1953–70 Direktor der Berliner Hochschule für Musik (West), seit 1968 Präsident der Akademie der Künste und wurde besonders durch die Opern »Die Flut« (1947), »Die Nachtschwalbe« (1948) und »Preußisches Märchen« (1950) bekannt. Seit 1950 wandte er für die Satzstruktur bestimmende, nach mathematischen Regeln gebildete Taktwechsel, die variablen Metren, an. (Waldfriedhof Zehlendorf, Nikolassee, Potsdamer Chaussee 75–77)

Bobrowski, Johannes (1917–1965), Lyriker und Prosaschriftsteller; seine dichterische Heimat ist das Land »Sarmatien«, ein östliches Land als Stätte des Zusammenlebens verschiedener Völker. Die Gedichte sind Beschwörungen von Landschaft und Vergangenheit, Zeugnisse mythenbeladener Erinnerung; die Prosa gilt meist den früheren Konflikten in seiner litauischen Heimat. Das »unglückliche und schuldhafte Verhältnis meines Volkes zu den europäischen Völkern im Osten« nannte Bobrowski sein »Generalthema«. Das Grabmal, ein sandsteinerner Kubus mit Kreuzzeichen, hat Wieland Förster gestaltet. (Friedhof Friedrichshagen, Assmannstr.)

Bode, Wilhelm von (1845–1929), Kunsthistoriker, Mitbegründer des modernen Museumswesens, gründete 1904 das Kaiser-Friedrich-Museum (heute Bodemuseum) und brachte während seiner Generaldirektorentätigkeit 1906–20 die Berliner Museen zur Weltgeltung. (Luisenkirchhof II, Königin-Elisabeth-Str. 46)

Brandt, Willy (1913–1992), Politiker (SPD), Journalist. Als Regierender Bürgermeister von Berlin (1957–66) gewann er besonders seit der Berlinkrise von 1958 internationales Ansehen und wurde 1964 Bundesvorsitzender der SPD. Als Bundeskanzler führte er 1969–74 eine sozialliberale Koalitionsregierung und setzte eine neue, von scharfen Auseinandersetzungen mit der Opposition begleitete Konzeption in der Deutschland- und Ostpolitik durch. Für seine Bemühungen um Entspannung im Ost-West-Konflikt erhielt er 1971 den Friedensnobelpreis. Die Entdeckung eines DDR-Spions im Bundeskanzleramt veranlasste Brandt 1974 zum Rücktritt als Bundeskanzler. 1987 trat er auch als Vorsitzender der SPD zurück, nachdem er mehr als 20 Jahre immer wieder in diesem Amt bestätigt worden war. Mit der Maxime »Es muss zusammenwachsen, was zusammengehört« wurde er zu einem leidenschaftlichen Verfechter der Einigung Deutschlands. Auf seinem Grabstein sind die Worte eingefügt: »Man hat sich bemüht«. (Waldfriedhof Zehlendorf, Nikolassee, Potsdamer Chaussee 75–77)

Brockhusen, Theo von (1882–1919), Maler märkischer Landschaften und – als Nachfolger Max Liebermanns – Präsident der Berliner Sezession; Granitskulptur der »Trauernden« von Fritz Klimsch. (Evangelischer Kirchhof Nikolassee, Kirchweg 12)

Busch, Ernst (1900–1980), Schauspieler und Arbeitersänger, der seit 1927 in Berlin bei Piscator spielte, daneben in Kabarett, Rundfunk und Film auftrat, 1933 emigrierte, die internationalen Brigaden in Spanien mit Kampfliedern unterstützte, 1943 in Berlin wegen Hochverrats durch Hilfe von Gründgens nicht zum Tode, sondern zu Zuchthaus verurteilt wurde und nach 1945 wieder als Schauspieler im Deutschen Theater und im Berliner Ensemble sowie als Sänger tätig war. Er gewann seinen Rollen völlig neue Aspekte oder überraschende Dimensionen ab, setzte souverän alle seine Mittel ein, auch seine einmalig metallische und durchdringende, weit reichende und mitreißende Stimme. Brecht hat ihn als großen Volksschauspieler bezeichnet. (Friedhof Pankow III, Leonhard-Frank-Str. 103)

Caspar, Horst (1913–1952), Schauspieler, der als Hamlet (Shakespeare) und Prinz von Homburg (Kleist) Triumphe feierte. (St.-Annen-Kirchhof und Städtischer Friedhof Dahlem, Königin-Luise-Str. 55–57)

Cremer, Fritz (1906–1993), Bildhauer, der mit Seitz, Grzimek, Steger u. a. das geistige und gestalterische Erbe der antifaschistischen und humanistischen Künstler aus den 1930er Jahren antrat. Für ihn wirkte zunächst die feste tektonische Form Blumenthals disziplinierend. In seinen späteren Werken, beginnend mit der Arbeit am Buchenwald-Denkmal, folgte er mehr der von Rodin ausgehenden Entwicklungslinie. Die sinnliche Erscheinungsform wurde ebenso wichtig wie das Moment der Bewegung, des Aktiven. Wo jedoch bei Rodin die von der Psyche aufgewühlte Gebärdensprache dominiert, setzte Cremer demonstrative Gesten ein; sie greifen in gegensätzlichen Richtungen in den Raum, bleiben aber meist in einer Ebene und assoziieren eine notwendige Verbindung zur Architektur. (Friedhof Pankow III, Leonhard-Frank-Str. 103)

Dibelius, Friedrich Karl Otto (1880–1967), Theologe, der sich 1945–66 als Bischof der Kirche von Berlin-Brandenburg verdient gemacht hat. Er war zugleich 1949–61 Vorsitzender des Rates der Evangelischen Kirche in Deutschland und 1954–61 als erster Deutscher einer der fünf Präsidenten des Ökumenischen Rates der Kirchen. Er vertrat die Eigenständigkeit der Kirche dem nationalsozialistischen wie dem kommunistischen Herrschaftsanspruch gegenüber. Wegen seiner kritischen Stellungnahmen zum Problem der »Obrigkeit« in totalitären Staaten heftig angegriffen, wurde ihm seit 1960 die Ausübung seines Bischofsamtes im Ostteil seiner Diözese verwehrt. (Parkfriedhof Lichterfelde, Thuner Platz 2–4)

Drewitz, Ingeborg (1923–1986), Schriftstellerin. Sie war eine politisch und sozial engagierte Autorin, die sowohl in der Öffentlichkeit als auch in ihrem literarischen Werk Partei für Unterdrückte und Benachteiligte ergriff. Sie stellte sich in ihren Dramen, Hörspielen, Romanen und Essays rückhaltlos den Problemen deutscher Geschichte über die NS-Vergangenheit bis zur Gegenwart, so in ihrem Roman »Gestern war heute – hundert Jahre Gegenwart«, wobei sie immer ihre Sicht als Frau einbrachte. (Städtischer Friedhof Zehlendorf, Onkel-Tom-Str. 30)

Epstein, Walter (1874–1918), Architekt; das Grabmal, eine schlichte konische Urne auf glattem Sockel, in großen S-förmigen Windungen von einem Schlangenleib umfangen, stammt von Richard Scheibe. (Evangelischer Kirchhof Nikolassee, Kirchweg 12)

Felixmüller, Conrad (1897–1977), Maler und Grafiker. Einen expressiven Realismus prägend, hielt er in Holzschnitten von kraftvoll-sensibler Liniensprache Szenen des Lebens und führende Vertreter des Geisteslebens der Zeit fest, während seine Gemälde von veristisch harter Farbigkeit sind. Nach 1930 erhielt seine Kunst thematisch eine mehr erzählerische, genrehafte Tendenz. Die Reliefplatte an der kleinen Grabstele wurde von Heinz Spilker geschaffen und zeigt den Verstorbenen mit Pinsel und Palette vor der Staffelei stehend. (Städtischer Friedhof Zehlendorf, Onkel-Tom-Str. 30)

Fischer, Karl (1881–1941), er gründete als Abiturient des Steglitzer Gymnasiums zusammen mit seinem Mitschüler Hans Breuer 1901 den »Wandervogel«, die Keimzelle der deutschen Jugendbewegung. (Städtischer Friedhof Steglitz, Bergstr. 37–47)

Fontane, Theodor (1819–1898), der Meister des Berliner Gesellschaftsromans vor märkisch-preußischem Hintergrund, stammt aus der französischen Kolonie Berlins. Der Apothekersohn aus Neuruppin war zunächst Zeitungsschreiber aus Passion, bevor er über den historischen Roman, die Ballade und Novelle erst im Alter das fand, was ihm eigentlich aufgegeben war: die Darstellung des Berlin der Gründerzeit. Im Dichter lebte dieses Berlin fort in der nüchternen Ehrlichkeit, mit der er phrasenlos aufdeckte, was mit seiner Gesellschaft los war. Dazu schuf er die heute wie damals beliebten »Wanderungen durch die Mark« – Landschaft einzigartig verflochten mit Geschichte um Junker, Pfarrer, Adel, Volk und Bürger. Nur eine schmucklose Grabtafel deutet auf seine letzte Ruhestätte hin. (Friedhof II der Französischen Gemeinde, Liesenstr. 7)

Friedrich, Götz (1930–2000), Opernregisseur und Intendant. Er war seit 1959 Regisseur, 1968–72 Oberspielleiter an der Komischen Oper in Berlin (Ost), wurde neben Joachim Herz der wichtigste Schüler Walter Felsensteins, dessen Regieprinzipien eines realistischen Musiktheaters er fortsetzte; 1973 wurde er Oberspielleiter der Hamburger Staatsoper, 1976 zugleich leitender Regisseur der Covent Garden Opera in London, seit 1981 war er Generalintendant der Deutschen Oper Berlin, auch Gastregisseur an renommierten Opernhäusern, u. a. in Bayreuth. Er hat Klassik ebenso phantasievoll und genau in Szene gesetzt wie zeitgenössische Opern. Die Fachkritik stufte als »erinnerungsmächtige« Inszenierungen Janáceks »Aus einem Totenhaus« (1981) und den »Ring des Nibelungen« (1984/85) im berühmten »Zeittunnel« ein. Mit dem »Parsifal« (1998) komplettierte er den Zyklus sämtlicher in Bayreuth gespielter Wagner-Opern in seinem Haus. Die Uraufführung von Gian Carlo Menottis winterlichem Zauberstück »Amahl und die nächtlichen Besucher« (2000) verstand er als sein »künstlerisches Testament«. (Waldfriedhof Dahlem, Hüttenweg 47)

Fuchs, Günter Bruno (1928–1977), Malerdichter, er gründete mit Robert Wolfgang Schnell und Günter Anlauf 1959 in Neukölln eine Hinterhof-Galerie. Er war Holzschneider der »Rixdorfer Drucke«, und an deren künstlerische Technik anknüpfend hat sein Künstlerfreund Anlauf die Figur des Verstorbenen mit dem blumengeschmückten Krempenhut in einen Granitfindling eingeritzt. (Landeseigener Friedhof Neukölln, Columbiadamm 122–158)

Fulda, Ludwig (1862–1939), Dramatiker, Lyriker und Übersetzer, der zunächst naturalistische Gesellschaftsdramen und später neuromantische Vers- und Märchendramen verfasste und 1889 auch Mitbegründer der »Freien Bühne« war. (Waldfriedhof Dahlem, Hüttenweg 47)

Gaul, August (1869–1921), Tierbildhauer, ein Schüler von R. Begas. Seine Grabplatte mit dem Wort Goethes »Denn er war unser« schmückten drei bronzene Echsen von Max Esser. (St.-Annen-Kirchhof und Städtischer Friedhof Dahlem, Königin-Luise-Str. 55–57)

Gollwitzer, Helmut (1908–1993), Theologe, lehrte 1957–75 an der FU Berlin, stellte sich stets quer zur herrschenden Meinung, trat für den christlich-marxistischen und christlich-jüdischen Dialog ein, räsonierte über »Theologie und Klassenkampf«, wurde zu einer Symbolfigur der Friedensbewegung der 1980er Jahre. (St. Annen-Kirchhof und Städtischer Friedhof Dahlem, Königin-Luise-Str. 55–57)

Grzimek, Waldemar (1918–1984), Bildhauer, der es verstand, aus der einfachen Gebärdensprache wesentliche Ausdrucksmomente seiner Plastiken zu schöpfen; seine Brunnenanlage auf dem Berliner Wittenbergplatz ließ ihn der Tod nicht vollenden. (St.-Annen-Kirchhof und Städtischer Friedhof Dahlem, Königin-Luise-Str. 55–57)

Hartmann, Eduard Karl Robert von (1842–1906), Philosoph, mit seiner »Philosophie des Unbewussten« wurde er ein Vorläufer von Sigmund Freud. (Landeseigener Friedhof Neukölln, Columbiadamm 122–158)

Hartung, Karl (1908–1967), Bildhauer. Sein Werk ist durch Körperabstraktionen, durchbrochene Plastiken und baugebundene abstrakte Reliefs bestimmt. (Waldfriedhof Zehlendorf, Nikolassee, Potsdamer Chaussee 75–77)

Haushofer, Albrecht (1903–1945), Professor für politische Geographie und Geopolitik sowie Lyriker und Dramatiker. Er scharte einen Kreis intellektueller Hitler-Gegner um sich, hatte auch Verbindungen zu den Verschwörern des 20. Juli 1944, wurde nach deren Attentat gegen Hitler erneut verhaftet und als eines der letzten NS-Opfer vor dem Moabiter Gefängnis erschossen. Bei seiner Leiche fand man ein blutbeschmiertes Manuskript mit 80 Gedichten, die später als »Moabiter Sonette« bekannt wurden. Es sind die ersten eindrucksvollen poetischen Manifestationen des bürgerlich-humanistischen Widerstandes gegen den Nationalsozialismus. (Friedhof Alt-Moabit, Wilsnacker Str.)

Heinroth, Oskar (1871–1945), Zoologe, bekannt geworden durch sein Standardwerk »Die Vögel Mitteleuropas« und als »Vater der Vergleichenden Verhaltensforschung«. Er leitete 1911–13 die Vogelwarte, gründete das Aquarium und hatte später als Direktor des Zoos und des Aquariums wesentlichen Anteil an der Erweiterung des Tier- und Gebäudebestandes. An seiner Wirkungsstätte wollte er begraben werden. Aus den Resten des früheren Elefantentores schuf Elise Fraenkel-Bauer als Schmuck des Urnengrabes einen Gedenkstein mit dem Hochrelief des Kopfes des Verstorbenen. (Zoologischer Garten, Hardenbergplatz 8/Budapester Str. 24)

Hinz, Werner (1903–85), Schauspieler, der mit Vorliebe sowie erstaunlicher Vielfalt im Repertoire und in den Ausdrucksmitteln Figuren in komplizierten Konflikten verkörperte. (St.-Annen-Kirchhof und Städtischer Friedhof Dahlem, Königin-Luise-Str. 55–57)

Höch, Hannah (1889–1978), die große alte Dame der Berliner Dada-Bewegung, sie schuf nur wenige Arbeiten, zeigte aber in ihren Fotomontagen eine bitterböse Vision, die Figuren waren geschickt verformt, die Gebäude multiplizierten sich und ragten drohend auf wie in einer expressionistischen Filmmontage, dazwischen waren Fragmente von Maschinen, Kugellagern und Zahnrädern eingestreut. Daraus entstand eine Welt, die zugleich verfremdet, tragikomisch und schon in der Wurzel vergiftet war. Die Künstlerin brach zu einem symbolträchtigen Surrealismus auf, der damals in Deutschland nicht seinesgleichen hatte. (Friedhof Heiligensee, Sandhauser Str. 78–130)

Höflich, Lucie (1883–1956), Schauspielerin, die fast 30 Jahre bei Max Reinhardt spielte und 1956 den Max-Reinhardt-Ring erhielt. (St.-Annen-Kirchhof und Städtischer Friedhof Dahlem, Königin-Luise-Str. 55–57)

Hofer, Carl (1878–1955), Maler und Grafiker. Er gehörte zu den führenden Vertretern eines gemäßigten expressiven Realismus, machte neben Landschaften, Stillleben und leuchtenden Blumenstücken des Menschen Einsamkeit und Maskenhaftigkeit zum wichtigsten

Thema und wurde 1945 Direktor der Hochschule für Bildende Künste in Charlottenburg. (Waldfriedhof Dahlem, Hüttenweg 47)

Juhnke, Harald (1929–2005), Schauspieler und Entertainer. Zu breiter Popularität war er als Serienstar und Entertainer in den 1970er Jahren durch das Fernsehen gekommen. Daneben fand er immer wieder Zeit zu Bühnen-Engagements. Seine angenehme Nonchalance wurde ein Markenzeichen des Schauspielers. Mit Bravour oszillierend zwischen U- und E-Kultur kam es zwischendurch immer öfter zu alkoholbedingten Eskapaden wie abgesagte Tournee- und Fernsehauftritte. Eine seiner letzten großen Rollen war der »Hauptmann von Köpenick« 1996 am Berliner Maxim-Gorki-Theater. Drehorte und Intensivstationen bestimmten in immer schnellerem Wechsel in den späten 1990er Jahren den langen Abschied des Berliner Originals von seiner Karriere. Zuletzt lebte er in einem Pflegeheim für Demenzkranke in der Nähe von Berlin. (Waldfriedhof Dahlem, Hüttenweg 47)

Käutner, Helmut (1908–1980), Regisseur, Schauspieler, Kabarettist, Bühnenbildner und Drehbuchautor, der vor allem nach 1945 in Hamburg, West-Berlin und Bochum Shakespeare, Wilder, Scribe, Ustinov, Cocteau, Walser, Brecht und Dürrenmatt hinreißend inszenierte. (Waldfriedhof Zehlendorf, Nikolassee, Potsdamer Chaussee 75–77)

Kempner, Robert W. (1900–1993), Hauptankläger der Amerikaner bei den »Nürnberger Prozessen«. Er hatte 1931 vergeblich gefordert, die NSDAP zu verbieten und Hitler unter Anklage zu stellen. Von Hermann Göring persönlich aus dem preußischen Innenministerium entlassen, musste der Jude Kempner 1935 Deutschland verlassen und nahm die US-Staatsbürgerschaft an. 1945 hielt er die Anklagerede gegen Göring und den ehemaligen NS-Innenminister Frick und kehrte 1951 nach Deutschland zurück. Jutta Limbach nannte den Verstorbenen einen »Herkules der deutschen Justiz«, der wie Sisyphos dagegen gekämpft habe, dass nicht ein Richter des NS-Volksgerichtshofes in der Bundesrepublik verurteilt worden sei. (Parkfriedhof Lichterfelde, Thuner Platz 2–4)

Klepper, Jochen (1903–1942), Schriftsteller, wurde 1933 wegen seiner jüdischen Frau vom Rundfunk entfernt. Die Familie ging gemeinsam in den Tod, als die Stieftochter Renate deportiert werden sollte. (Evangelischer Kirchhof Nikolassee, Kirchweg 12)

Knef, Hildegard (1925–2002), Schauspielerin und Chansonsängerin. »Die Knef« war ein Star des deutschen Nachkriegsfilms und erreichte 1954/56 als Ninotschka in Cole Porters Musical »Seidenstrümpfe« am New Yorker Broadway auch ihren internationalen Durchbruch. Sie spielte für das Theater wie für den Film und begann 1963 auch eine zweite Karriere als Sängerin (mit einem unverwechselbaren rauchigen Timbre) von z. T. selbst verfassten Chansons. Ein sensationelles Debüt feierte sie 1970 auch als Schriftstellerin mit ihrer Autobiographie »Der geschenkte Gaul«. Als sie mit 76 einer schweren Lungenkrankheit erlag, widmete ihr Klaus Wowereit, Berlins Regierender Bürgermeister, folgenden Nachruf: »Hildegard Knef war wie Berlin. Wie die Stadt hat sie Höhen und Tiefen durchlebt, aber nie den Willen zu kämpfen aufgegeben.« (Waldfriedhof Zehlendorf, Nikolassee, Frankfurter Chaussee 75–77)

Körner, Hermine (1878–1960), Schauspielerin und Theaterleiterin. Sie bot ebenso als große Tragödin (Königin Elisabeth, Lady Macbeth, Phädra, Iphigenie, Hekuba) wie als Dame von Welt (Lulu, Frau Warren, Claire Zachanassian) virtuose Schauspielkunst. (Waldfriedhof Zehlendorf, Nikolassee, Potsdamer Chaussee 75–77)

Kretzer, Max (1854–1941), Schriftsteller, er erschloss dem Roman durch die Behandlung des Großstadtelends neue Stoffgebiete; das Bronzerelief schuf Otto Petri. (Luisenkirchhof II, Königin-Elisabeth-Str. 46)

Lammert, Will (1892–1957), Bildhauer, der in den 1920er Jahren monumentale bauplastische Werke schuf. Er war auch ein hervorragender Porträtist. Sein Schaffen fand seinen Abschluss in der Fragment gebliebenen, überlebensgroßen Gruppe der »Tragenden« (Mahnmal im KZ Ravensbrück), die durch ihre spannungsvolle, herbe Formensprache und Ausdruckskraft von Leid und Größe besticht. (Friedhof Pankow III, Leonhard-Frank-Str. 103)

Legal, Ernst (1881–1955), Schauspieler und Bühnenleiter, zuletzt Intendant der Staatsoper Unter den Linden. Er spielte unter bedeutenden Regisseuren von Jessner und Fehling bis Stroux, inszenierte Brecht, Goethe, Schiller, Shakespeare und Zuckmayer, und sein Charakterkopf ist auch aus zahlreichen Filmrollen noch wohlbekannt. Sein Grabspruch lautet: *Nichts ist verloren,/wenn wir vergehn!/Vergehen ist Werden.* (Städtischer Friedhof Zehlendorf, Onkel-Tom-Str. 30)

Leistikow, Walter (1865–1908), Maler und Begründer der Berliner Secession. Auch wenn ihn die Nachwelt einseitig auf den Grunewald und die Mark Brandenburg festgelegt hat, vermochte er ein umfangreiches Œuvre von Landschaften aus ganz Europa zu schaffen. Aber die Föhren in der Umgebung Berlins mit ihren im Abendlicht rot glühenden Stämmen und die Widerspiegelung der schweren Wipfel in der ruhigen und glatten Oberfläche der märkischen Seen sind zu seinem eigentlichen »Objekt« geworden. Eine schlichte Kalkstein-Stele mit einem reliefierten Rosenkranz im Giebelfeld – ein Entwurf des Architekten Seeck – bezeichnet sein Grab. (Städtischer Friedhof Steglitz, Bergstr. 37–47)

Lessing, Otto (1846–1912), Maler und Bildhauer, galt als der erfahrenste Architekturplastiker Berlins und führte Aufträge im Bereich der Dekorationsplastik und der Malerei an öffentlichen und Privatbauten aus, schuf aber ebenso Porträtbüsten, Kleinplastiken, Figuren und Gruppen, Grab- und Denkmalsplastiken. Stilistisch verharrte er im naturalistischen Kanon der späten Rauch-Schule. (Städtischer Friedhof Halensee-Grunewald, Bornstedter Str. 11–12)

Lilienthal, Otto (1848–1896), Pionier der Flugkunst, der die Aerodynamik des Vogelfluges untersuchte und den Vorteil des gewölbten Flügels erkannte. Seit 1891 führte er von erhöhten Geländepunkten – so in den Rhinower Bergen – über 2000 Gleitflüge bis 300 m Länge mit selbst gebauten »Hängegleitern« durch, von denen er 18 verschiedene Typen konstruierte. Bei einem Flug mit einem Eindecker erlitt er durch Absturz bei Stölln (unweit von Rathenow) tödliche Verletzungen. (Friedhof Lichterfelde, Lange Str. 8–9)

Loerke, Oskar (1884–1941), Lyriker, Essayist und Literaturkritiker; von 1917 bis zu seinem Tode Lektor des S. Fischer Verlages, schrieb er eine eigenwillig-herbe Lyrik von epigrammatischer Härte. Entdeckt wird »der grüne Gott« jenseits der Großstadt, die Formel einer ganzen künftigen Lyrik-Richtung. Er war ein maßgeblicher Vertreter der inneren Emigration in der Zeit des Nationalsozialismus. (Friedhof Frohnau, Hainbuchenstr. 64–76)

March, Ernst (1798–1847), Töpfermeister, er hatte 1837 eine später königliche Tonwarenfabrik gegründet, die speziell Mosaiken herstellte; Wandgrab in neugotischen Formen mit Terrakotten aus der eigenen Werkstatt. (Luisenkirchhof I, Guerickestr. 5–9)

Matkowsky, Adalbert (1857–1909), Hofschauspieler, wirkte als Helden-

und Charakterdarsteller bis zu seinem (Erschöpfungs-)Tod. Ädikula in romanischen Formen: Zwei schwere korinthische Säulen tragen den sich nach unten öffnenden Giebel, der als einzigen Schmuck einen Rundbogenfries hat. (Luisenkirchhof II, Königin-Elisabeth-Str. 46)

Mohr, Arno (1910–2001), Zeichner und Grafiker, hat an der Kunsthochschule Weißensee viele, die heute anerkannte Künstler sind, zeichnen und drucken gelehrt. Das Liebermann-Wort »Zeichnen heißt Fortlassen« setzte er in eine ihm gemäße Form um. Ein warmherziges Verhältnis zum Leben verband er mit der Knappheit und Prägnanz der Form, dem geschärften Blick für das menschlich Wesenhafte in Bewegung, Gestus und Haltung seiner Gestalten und für das Fluidum des Milieus. (Friedhof II der Französischen Gemeinde, Liesenstr. 7)

Moll, Oskar (1875–1947) und **Margarethe** (1884–1977), Malerehepaar. Oskar Moll studierte bei Corinth und Matisse, gründete in Paris gemeinsam mit Purrmann, Will, Blair Bruce, M. Moll und Gertrud Stein die Matisse-Schule. Er ging vom Impressionismus zu abstrahierender Form, reiner Farbe und Flächenmalerei über. Margarethe Moll war Aquarellistin und Bildhauerin, gehörte zur Gruppe der Konstruktivisten. Ihre flache, vorn eingeschwungene Grabarchitektur wurde von Hans Scharoun entworfen. (Städtischer Friedhof Zehlendorf, Onkel-Tom-Str. 30)

Mühsam, Erich (1878–1934), Schriftsteller, der, beeinflusst von G. Landauer und den radikal-anarchistischen Ideen Bakunins und Kropotkins, aggressiv-satirische Chansons für Münchener Kabaretts schrieb und für verschiedene Zeitschriften arbeitete. 1919 verbüßte er sechs Jahre Festungshaft, wurde 1933 erneut verhaftet und nach grausamen Misshandlungen im KZ Oranienburg ermordet. Seine zeitgeschichtlich bedeutsame Autobiographie »Namen und Menschen« erschien erst 1949. (Waldfriedhof Dahlem, Hüttenweg 47)

Nipkow, Paul Julius Gottlieb (1860–1947), Ingenieur und Erfinder der Nipkow-Scheibe (1884), mit der das Fernsehen seinen Anfang nahm. (Friedhof Pankow III, Leonhard-Frank-Str. 103)

Ossietzky, Carl von (1889–1938), Widerstandskämpfer, Schriftsteller und Publizist, der, 1935 mit dem Friedensnobelpreis ausgezeichnet, drei Jahre später an den Folgen der langjährigen KZ-Haft verstarb. Eine kleine Granittafel mit vergoldeter Inschrift gibt seinen Namen (mit dem Spruch *Frieden für immer*) und den seiner Frau Maud wieder, die die »Weltbühne« fortführte. (Friedhof Pankow IV, Buchholzer Str.)

Pauly, Charlotte (1886–1981), Malerin und Grafikerin, die die ganze Welt bereiste und dabei intensiv zeichnete und malte. Sie war berauscht vom Einklang Mensch/Tier/Landschaft, vom einfachen So-Sein. Herbert Tucholski regte die bereits 75-Jährige an, ihre Zeichnungen für Lithografien und Radierungen zu nutzen. Für sie war »alles Schaffen [...] insofern für den denkenden Künstler illusionär, als der höchste, innerste Traum vom Gegenstand in der Ausführung nie ganz erreicht wird«. (Friedhof Friedrichshagen, Assmannstr.)

Pechstein, Max (1881–1955), Maler und Grafiker. In seinem expressionistischen Frühwerk entwickelte sich seine Kunst von einem mehr deskriptiven Impressionismus zu einer nicht vom Naturvorbild abhängigen Synthese aus frei erfundenen, fest umrissenen Formen weiter. Durch die Tatsache, dass er die Idee des Expressionismus – auch durch Betonung des dekorativen Elements – populär gemacht hat, zählt er zu den wichtigen Vertretern dieser Richtung. (Städtischer Friedhof Schmargendorf, Kirchstr./Ecke Breite Str., Eingang Misdroyer Str. 51–53)

Piscator, Erwin (1893–1966), Regisseur und Intendant. Er schrieb eine ganze Epoche deutsche Theatergeschichte und unternahm in der Weimarer Republik den konsequentesten Versuch zu einem kollektiven, politisch-agitatorischen Theater, setzte dabei dokumentarisches Material und aufwändige Maschinerie ein, um die emotionale Wirkung zu erhöhen. 1927 gründete er die Piscator-Bühne im Theater am Nollendorfplatz, 1930 das Piscator-Kollektiv, während der Emigration in New York den Dramatic Workshop, seit 1962 war er Intendant der Freien Volksbühne in West-Berlin und verhalf hier dem Dokumentartheater zum Durchbruch. (Waldfriedhof Zehlendorf, Nikolassee, Frankfurter Chaussee 75–77)

Porten, Henny (1890–1960), Theater- und Filmschauspielerin, ein noch aus der Stummfilmzeit bekannter Star; ihr Gedenkstein an der linken Friedhofsmauer trägt ein Bronzerelief von Dolina Lindenberg, beigesetzt ist sie mit ihrem Mann Wilhelm von Kaufmann in der Gruft der Kaufmanns in der Friedhofskapelle. (Friedhof der Kaiser-Wilhelm-Gedächtnis-Gemeinde, Fürstenbrunner Weg 69)

Rathenau, Walther (1867–1922), Großindustrieller und Politiker, der als Reichsaußenminister 1922 den Rapallo-Vertrag mit der Sowjetunion abschloss. Die Tafel zur Erinnerung an seine Ermordung 1922 wurde vier Jahre später angebracht. Das Grabmal besteht aus einer hohen Rustikamauer auf gestrecktem Rechteckgrundriss, über dem gerahmten Eingang in der Mitte der Vorderseite erhebt sich ein zyklopischer Giebel mit den überlebensgroßen Figuren eines trauernden Paares; es wurde nach dem Gesamtentwurf von Alfred Messel 1904 ausgeführt, die Bildhauerarbeiten stammen von Hermann Hahn. (Waldfriedhof Oberschöneweide, An der Wuhlheide)

Redslob, Edwin (1884–1973), Kunsthistoriker und Reichskunstwart, der zugleich Mitbegründer und erster Rektor der Freien Universität Berlin war. (St.-Annen-Kirchhof und Städtischer Friedhof Dahlem, Königin-Luise-Str. 55–57)

Reuter, Ernst (1889–1953), Kommunalpolitiker (SPD), Oberbürgermeister bzw. Regierender Bürgermeister von Berlin von 1949 bis zu seinem Tode. In den kritischen Tagen der sowjetischen »Blockade« West-Berlins stand er an der Spitze der Bevölkerung und stärkte durch seine Unerschrockenheit den Durchhaltewillen. Als Repräsentant Berlins hat er dessen Belange in der Bundesrepublik und in der Weltöffentlichkeit vehement vertreten. (Waldfriedhof Zehlendorf, Nikolassee, Potsdamer Chaussee 75–77)

Rheiner, Walter (1895–1925), expressionistischer Dichter, der nach unstetem Leben in einer Charlottenburger Absteige mit einer Überdosis Morphium aus dem Leben schied. Großstadt, Nacht, Verlassenheit und berauschtes Entschweben waren die Themen, die ihn gleicherweise faszinierten wie ängstigten. (Friedhof der Kaiser-Wilhelm-Gedächtnis-Gemeinde, Fürstenbrunner Weg 69)

Rode, Christian Bernhard (1725–1797), Maler und Akademiedirektor. Dem »Berliner Rembrandt«, dem Meister des Helldunkels, der die Altarbilder von St. Marien am Neuen Markt schuf, wurde nach Aufgabe des Grabes auf dem alten Friedhof in der Schützenstraße ein Grabmal neu errichtet, offensichtlich in dem einst in Berlin von Rode oft entworfenen Typus: Auf einem hohen Postament erhebt sich eine Urne, drapiert mit Girlande und marmornem Bildnismedaillon nach einer Zeichnung von Daniel Chodowiecki. (Alter Friedhof der St.-Nikolai- und der St.-Marien-Gemeinde, Prenzlauer Allee 1)

Scheibe, Richard (1879–1964), Bildhauer, bekannte sich zu einem geläuterten Realismus, einer maßvollen Distanz zum Alltag. Bereits kurz nach 1918 waren seine Arbeiten expressionistisch beeinflusst. Er bevorzugte die verhaltene Bewegtheit und eine überschaubare Tektonik, fasste den menschlichen Körper symbolhaft auf, der Schönheit und Würde, Maß und Disziplin offenbarte. Die schlichte Stele mit dem alten Sinnspruch entwarf der Freund Gerhard Marcks. (Städtischer Friedhof Schmargendorf, Kirchstr./Ecke Breite Str., Eingang Misdroyer Str. 51–53)

Schmidt-Rottluff, Karl (1884–1976), Maler und Grafiker, Mitbegründer der »Brücke«. Er war kein empfindsamer Poet wie sein »Brücke«-Gefährte Erich Heckel, seine Farbzusammenstellungen sind kräftiger, ihre Dissonanzen explosiver; sie enthalten die ganze Ausdruckskraft des Expressionismus und zeugen von einer starken Erlebnisfähigkeit für das Drama des Daseins und der menschlichen Gefühle. Das Interesse an der großflächigen, vereinfachten Form kennzeichnet sein Werk ebenso wie der Drang zum inneren Erlebnis und Gefühlsbetonten. Als »entartet« verfemt, hatte er in der NS-Zeit Malverbot. Auf seine Anregung hin entstand 1967 das Brücke-Museum an der Grenze zwischen Dahlem und dem Grunewald. Schmidt-Rottluff lehrte seit 1947 an der Hochschule der Bildenden Künste in Charlottenburg. (Waldfriedhof Dahlem, Hüttenweg 47)

Schröder-Sonnenstern, Friedrich (1892–1982), war eine originelle Künstlerpersönlichkeit, die seit 1949 in den Ruinen von Berlin systematisch mit Buntstiften seltsame mythologische Szenen zeichnete. Erinnerungen an biblische Themen durchsetzten sich mit seinen eigenen Zwangsvorstellungen. Aber nicht nur jüdisch-christliche Themen inspirierten ihn, sondern ganz allgemein die volkstümlichen Klischees der westlichen Kultur, die in seiner frischen und ätzenden Phantasie auflebten und sich verwandelten. Erst 1959 entdeckten ihn die Surrealisten, die in ihm die reine Form der surrealistischen Kreativität erkannten. (Alter Friedhof der Zwölf-Apostel-Gemeinde, Kolonnenstr. 24/25)

Siemering, Rudolf (1835–1905), Bildhauer, der sich in Zusammenarbeit mit Martin Gropius mit den Problemen farbiger Skulpturen beschäftigte und durch farbige Reliefs eine Variante des bürgerlichen Denkmals in der Tradition der Florentiner Frührenaissance entwickelte. Seine Grabstätte bildet ein einfacher Werkstoffbau, die Seitenteile eingeschwungen, die Mitte mit flachen, breiten Wandpfeilern, Gebälk und flachem Giebel. Davor ein Sarkophag. Das Relief ist eine Nachbildung desjenigen, das Siemering für den 1883 verstorbenen Architekten Martin Gropius auf dem Dreifaltigkeitsfriedhof in Kreuzberg schuf. (Luisenkirchhof II, Königin-Elisabeth-Str. 46)

Simmel, Paul (1887–1933), Zeichner, der als Karikaturist vor allem für die »Berliner Illustrierte« arbeitete und als Mann »mit dem Jungensherzen« der frechen Berliner Range urwüchsigen, schlagfertigen Wortwitz in den Mund legte. (Neuer Zwölf-Apostel-Friedhof, Werdauer Weg)

Sintenis, Renée (1888–1965), Bildhauerin, sie schuf Tierplastiken, wobei sie das bewegte Tier und verschiedene Elemente transitorischer Bewegungsabläufe bevorzugte, ausdrucksstarke Akte, Porträts und Selbstporträts, die sowohl psychologisch gesehen als auch auf das Erfassen des Tektonischen gerichtet sind, auch Radierungen (z. T. als Buchillustrationen). Seit 1947 lehrte sie an der Hochschule für Bildende Künste in Charlottenburg. (Waldfriedhof Dahlem, Hüttenweg 47)

Skladanowsky, Max (1863–1939), Filmtechniker und -produzent, einer der Wegbereiter des Films, der 1892 eine Aufnahmekamera und einen Vorführapparat baute und drei Jahre später im »Wintergarten« die Bilder das Laufen lehrte sowie mit seinem »Bioskop« dem Film den Weg ebnete. 1895 gab er im »Feldschlösschen«, dort wo heute das Filmtheater Tivoli steht, seine ersten Filmvorführungen. Eine breite Granitstele mit kleinem bronzenem Bildnismedaillon ziert sein Grab. (Friedhof Pankow IV, Buchholzer Str.)

Spielhagen, Friedrich (1829–1911), Schriftsteller, Verfasser von Zeitromanen, die eine literarhistorisch interessante Dokumentation Deutschlands in der zweiten Hälfte des 19. Jh. geben; seine Grabstätte wird aus zwei vor einer Werksteinmauer auf einem Unterbau errichteten dorischen Säulen mit Gebälk gebildet. (Friedhof der Kaiser-Wilhelm-Gedächtnis-Gemeinde, Fürstenbrunner Weg 69)

Sudermann, Hermann (1857–1928), Dramatiker und Romancier, seine virtuos bühnenwirksamen Gesellschaftsstücke in französischer Manier zählten zu den meistgespielten seiner Zeit. Mit den Dramen »Die Ehre« und »Heimat« gewann er Welterfolge. Frei von Routine wurde er aber erst mit den »Litauischen Geschichten« von

1917 im Raum der Kindheitslandschaft. Auf seinem Grab steht eine schlichte Steinsäule, die von der Plastik eines Frauenkopfes gekrönt wird. (Städtischer Friedhof Halensee-Grunewald, Bornstedter Str. 11–12)

Tuaillon, Louis (1862–1919), Bildhauer, der mit seinen Reiterstandbildern ebenso bekannt wurde wie mit seinen klar disponierten Statuetten. Ein Steinquader mit einer Steinurne bezeichnet sein Grab. (Urnenfriedhof am Ruheplatz, Gerichtsstr. 37/38)

Warthmüller, Robert (1859–1895), Genremaler; sein Grab bezeichnet ein Wandmal aus hochpoliertem schwedischem Granit mit lorbeergeschmücktem Bronze-Bildnismedaillon und einem großen Bronze-Hochrelief von Ernst Herter. Die trauernde Kunst ist als geflügelter Genius mit Palette und Lorbeer dargestellt. (Alter Friedhof der Zwölf-Apostel-Gemeinde, Kolonnenstr. 24/25)

Wauer, William (1866–1962), Bildhauer, einer der Wortführer des »Sturm«-Kreises, der mit expressionistischen Skulpturen und Gemälden hervortrat. (Waldfriedhof Dahlem, Hüttenweg 47)

Wiechert, Ernst (1887–1950), der aus Ostpreußen stammende Schriftsteller hat der entmenschten Zeit die Kraft des einfachen Herzens entgegengestellt. Aus dem Gegensatz zur Gewalt des Hitler-Regimes schöpfte er unermüdliche Kräfte, befeuerte in Reden die Jugend zum inneren Widerstand und stellte in seiner Prosa das »Ewige« gegen das Gewaltsam-Entmenschlichende der Macht. Das erlebte Grauen einer Lagerhaft in Buchenwald bestimmt sein Alterswerk (»Der Totenwald«), das erst nach 1945 erscheinen konnte. (Alter Friedhof der Zwölf-Apostel-Gemeinde, Kolonnenstr. 24/25)

Wolff, Albert (1814–1892), Bildhauer, einer der letzten und bedeutendsten Schüler Christian Daniel Rauchs. Sein Grabmal, eine gelbe Ziegelwand mit einem beschrifteten Architrav und einem Banddekorgesims, haben 1891 Bernhard Sehring und W. Krauss nach Wolffs Vorstellungen entworfen. (Luisenkirchhof II, Königin-Elisabeth-Str. 46)

Register der Künstler

Das Künstlerregister enthält ausschließlich die Namen von Architekten, Baumeistern, Bildhauern und Kunsthandwerkern, die unmittelbar im Zusammenhang mit Friedhofsanlagen, Kirchenbauten, Denk- oder Grabmälern stehen

Register der Verstorbenen